U0037724

血濺江東

南北朝蕭氏帝國往事

姜狼◆著

蕭氏帝國

在浩瀚的歷史長河中，只存在了二十四年的南齊，僅僅是一朵毫不起眼的浪花，瞬間就被歷史的滔天巨浪淹沒。但就在這個不經意的瞬間，南齊依然給後人留下了太多驚奇與沉重的話題……官場鬥爭，鐵血生涯，人性的真實，在亂世中一一顯無遺，全程演繹南北朝蕭氏帝國的興衰風雲，披露其他史書上沒有講到的事兒。

目錄

前言

自秦漢以來，中國歷史上共出現六十多個為正史所承認的政權。在這些讓人眼花繚亂的政權更迭中，有後人非常熟悉的統一政權，比如秦、漢、隋、唐、宋、元、明、清。有些割據政權，因為某些特殊的原因，也為後人所熟知，比如三國蜀漢，中國人有幾個不知道劉備和諸葛亮呢？

但並非所有的割據政權都有蜀漢這樣的幸運，畢竟羅貫中只有一個，《三國演義》只有一部。有些政權在當時雖然威風一時，但最終都被歷史的滔天巨浪所淹沒，在歷史上籍籍無名。這些的政權雖然寂寞，卻不缺乏精彩，比如此書將要講述的南北朝南齊政權。

中國歷史上的蕭姓名人非常多，其中最有名的應該是西漢開國名相蕭何。而蕭姓歷史上第一個皇帝，正是建立南齊的蕭道成。其實，蕭道成就是蕭何的第二十四代孫。

劉宋元嘉四年（西元四二七年），武烈將軍蕭承之的夫人陳道正生下了一個大胖兒子，他就是後來的南齊皇帝蕭道成。作為庶族地主家庭出身的蕭承之，他並不指望這個兒子將來能有多麼大的成就，畢竟在魏晉南北朝時，權力從來都是世家豪門的內部遊戲。但所有人都沒有想到，這個小名「鬥將」的男孩子最終會闖進豪門的宴會，搶走所有的蛋糕。

劉宋帝國是一代鐵血梟雄劉裕積三十年之功創建的。劉宋之初，國勢強盛，劉裕的兒子宋文帝劉義隆開創了歷史上赫赫有名的元嘉之治。但自劉義隆去世後，劉宋帝國開始不可逆轉地走上了下坡路，最終導致劉宋帝國被北方強大的鮮卑北魏帝國死死壓制住，眼看著龐大的劉宋帝國就將滑進歷史的深淵。在這個關鍵時刻，蕭道成站了出來……

蕭道成通過政變奪取了劉宋帝國的最高權力，並殺光了近乎所有的劉宋宗室。從私的角度看，蕭道成也許對不起劉宋。但從公的角度看，蕭道成的奪權，及時拯救了風雨飄搖中的漢文明。無法想像在當時漢文明處於弱勢的情況下，剽悍的鮮卑人闖進江南會是一個什麼樣的場面。

除了蕭道成對劉宋宗室下手太重之外，很難找到蕭道成有什麼失德的地方，至少對於百姓來說，蕭道成的所做所為，遠遠要比劉宋那幾個殘暴皇帝更符合百姓的利益。蕭道成掌權後，廢除了劉宋的一系列弊政，減輕賦稅，給在苦難中掙扎的底層百姓帶來了光明，這也許就是蕭道成對歷史做出的巨大貢獻。

蕭道成在位時間很短，僅四年，彈指一揮間而已。幸運的是，他的事業繼承人蕭賾，和他一樣優秀。蕭賾遠沒有他的堂弟——梁武帝蕭衍出名，但蕭賾的綜合能力，放在中國歷史幾百個皇帝中是頂尖的。衡量歷史人物的標準，不是看他有多大的知名度，而是看他是否做出了對歷史發展有益的貢獻。

南齊的歷史很短暫，卻有七個皇帝，這也意味著皇族內部的權力鬥爭非常的殘酷激烈。七個皇帝中，除了蕭道成和蕭賾，以及齊明帝蕭鸞，其餘四個全是被人殺死的。更加荒謬的是，南齊在歷史上僅有的一點知名度，還是靠行為怪誕的東昏侯蕭寶卷「掙」來的。

其實早在蕭寶卷出場之前，南齊已經有一個非常荒誕滑稽的皇帝，即海陵王蕭昭業，他是蕭賾的孫子。但歷史並沒有記住在位僅一年的蕭昭業，也不應該記住這樣對歷史發展毫無貢獻的荒唐皇帝。可惜歷史總會在人們意想不到的時候，出現荒謬的輪迴，蕭寶卷的上臺意味著南齊的歷史還將繼續沉淪下去。

西元五〇二年的四月初八日，南齊名將蕭衍意氣風發地建立了在歷史上赫赫有名的梁朝，南齊僅存在了二十三年，就成為歷史上一段並不引人注意的灰色記憶。建康城郊的禪讓台下，沖天的火光襯映著蕭衍燦爛的笑容，已經無人記得，當初蕭道成是如何從劉宋帝國手上得到的天下。

時間已經過去了一千五百多年，當年南齊的輝煌盛景，現在還剩下多少？也許只有那一部稍顯簡略的《南齊書》，才會提醒人們，在歷史上曾經發生過怎樣的一段悲喜人生故事。

唐太宗李世民有一句寓意非常深刻的名言：「以銅為鏡，可以正衣冠；以史為鏡，可以知興替；以人為鏡，可以明得失。」歷史的價值，不僅在於創造了多少輝煌，更大的意義在於留下了多少不堪回首的回憶。以史為鑒，從一段段灰色的記憶中汲取教訓，避免後人再犯同樣的錯誤，這才是歷史資料的真正價值所在。

第一章

蕭道成的帝王之路

一　廢宋建齊

在中國歷史上，有兩個政權是由蕭姓建立的，而且是前後繼承的關係，即南北朝的南齊和南梁，雖然南北朝後期江陵（今湖北荊州）還存在一個北周卵翼下的後梁蕭氏小朝廷，不過史家一般都不承認。

蕭姓是一個非常古老的姓氏，最早可以上溯到商朝。現在普遍的說法是，蕭姓的始祖是春秋初期宋國蕭君子大心。大心的家世可謂顯赫至極。他是商朝子姓王族的直系後代，遠祖是微子啟，就是著名的「暴君」紂王的異母兄長。後來大心被封在蕭地（今安徽蕭縣），其後人就以蕭作為姓氏。

讓人感到奇怪的是，蕭姓在歷史上和國號稱「宋」的政權有著非同一般的淵緣。除了蕭姓直接出於宋國之外，北宋時北方有個契丹大遼國，遼國皇后全部姓蕭，最有名的是蕭燕燕。而在南北朝時期，第一個蕭姓政權——南齊，就是從劉宋手上奪去的政權，建立南齊的是齊太祖高皇帝蕭道成。

蕭道成，字紹伯，小名鬥將。宋文帝元嘉四年（西元四二七年）生於南蘭陵郡南蘭陵縣（今江蘇武進西北）。據《南齊書》上的記載，蕭道成是漢朝開國名相蕭何的第二十四代孫，這身分可是夠顯赫的了。

可這些不過是陳年舊賬。蕭道成實際上出生在一個庶族地主家庭。自東漢魏晉以後，士族高門集團開始形成並壯大。他們壟斷著政治、經濟和文化等重要領域，庶族是很難輕易染指這些領域的。

與宋朝開國皇帝劉裕出身草根相比，蕭道成的出身算是好的。大宋朝是劉裕赤手空拳打下來的，個中辛苦，自不必說。蕭道成的家世比劉裕要好得多，父親蕭承之是劉宋前期軍界要員。蕭承之的軍旅生涯中最漂亮的一次經歷就是曾經在濟南城下大擺空城計，嚇跑了強悍的鮮卑騎兵。

為了給兒子的仕途鋪一條金光大道，蕭承之動用了自己縱橫交錯的人脈關係，耗費了許多心血，但這一切都是值得的。宋文帝劉義隆的表叔雍州刺史蕭思話和蕭承之的私交非常好，蕭思話也願意提拔世侄蕭道成。宋元嘉二十三年（西元四四六年），蕭道成跟著蕭思話征討雍州境內的山蠻，立功卓著，得到左軍中兵參軍的位子，從此穩穩當當地走上了仕途。

雖然一年後蕭承之就死了，但路已經給兒子鋪好。兒子以後混得怎麼樣，全靠他自己的本事。只是蕭承之無論如何都想不到，這個寶貝兒子最後居然推翻了宋朝，建立起蕭姓的第一個帝國。

在宋孝武帝劉駿之前，蕭道成雖然偶爾做了幾件出鋒頭的事情，但終究是個跑龍套的，只混到了權力金字塔的中下層，一直沒有實質的突破。

蕭道成和劉宋皇族是拐彎抹角的親戚，和宋武帝劉裕的表弟蕭思話同宗，但這又如何，在士族集團呼風喚雨的時代，庶族出身的人想出人頭地，能力是一方面，運氣也很重要。

蕭道成的運氣就出奇的好，在他為擠進權力核心而苦苦努力時，人生中的「貴人」從天而降，一不小心砸到他頭上。這個「貴人」就是明帝朝右衛將軍褚淵。

褚淵出身於河南陽翟褚氏，東晉著名的士族豪門，是宋武帝劉裕的外孫，同時也是宋文帝劉義隆的女婿，父子二代粉侯（粉侯是駙馬的雅稱），身分非常尊貴。宋明帝劉彧在快要嚥氣的時候，任命尚書令袁粲、中領軍劉勔、荊州刺史蔡興宗、郢州刺史沈攸之和褚淵為顧命大臣，輔佐皇太子劉昱。

此次任命顧命大臣本來沒有蕭道成什麼事情，但因為他和褚淵的私交甚好，褚淵為了拉個幫手，就在劉彧面前美言了幾句。劉彧對蕭道成很不放心，因為當時有傳言說「蕭道成當為天子」，劉彧怎麼可能用蕭道成？

不過這時蕭道成只是未來可能會篡位的嫌疑人，朝中比蕭道成地位高的有很多，難道都要懷疑？所以劉彧並沒有除掉蕭道成，再加上褚淵的面子，蕭道成的政治生涯不但沒有就此結束，反而飛上了枝頭做鳳凰，晉升為右衛將軍，領衛尉，入閣顧命，擠進了劉宋權力集團的核心。

在上述幾位顧命大臣中，蕭道成排在最後一位，卻是唯一負責京師軍事防務的，位輕而權重，這就為他後來成為劉宋軍界頭牌夯實了基礎。元徽二年（西元四七四年），在平定桂陽王劉休範軍事叛亂的過程中，蕭道成立下了首功，分到的蛋糕也最大，幾乎控制了劉宋王朝的軍政大權。在劉休範叛亂時，中領軍劉勔戰死，他的「顧命大臣」位置就由尚書左僕射劉秉接替。而荊州刺史蔡興宗在泰豫元年（西元四七二年）病死，劉宋統治集團人員出現了很大的變化，新的輔政班子由四人組成，即袁粲、褚淵、劉秉、蕭道成，官場上稱為「四貴」。接替蔡興宗做荊州刺史的沈攸之雖然也戴著一頂「顧命大臣」的政治帽子，實際上不再過問京中事務。

蕭道成依然負責京師防務，他在軍界高層的影響越來越大，人脈也越來越廣，這引起了小皇帝劉昱的猜疑，甚至差點讓蕭道成死於非命。有一天，因為天氣炎熱，蕭道成在家裡脫了衣服睡覺。劉昱卻突然闖進來，讓蕭道成站起來，並在他的肚皮上畫了一個靶子，舉箭要射。幸虧衛護隊長王天恩和蕭道成私交不錯，在劉昱面前勸說幾句，蕭道成這才僥倖逃過一劫。

蕭道成知道，以劉昱這種無賴脾性，自己躲得過初一，也躲不過十五，早晚要死在這小瘋子手裡。他活得挺滋潤，可不想到地卜見閻王，為了保全蕭家百口人的性命，他決定開一場賭局，用蕭家百口的人頭來賭劉昱的人頭。

蕭道成通過自己的關係網收買了劉昱身邊的狗腿子楊玉夫等人。楊玉夫也真夠朋友，二話不說，趁著劉昱玩累了昏睡之際，用劉昱防身用的千牛刀砍下了他的人頭，打包送給蕭道成。

事情發展到這個地步，蕭道成已經不滿足於保命了，劉昱死後留下的權力真空讓他垂涎三尺。是繼續給老劉家做牛做馬，還是做歷史的主人？蕭道成根本不用選擇，餡餅砸到他頭上，要是不吃，那就是天下第一號傻瓜。

隨後蕭道成主持了一場他自編自導自演的分贓會，硬生生從袁粲和劉秉手裡搶走了最高權力，成為劉宋實際上的大掌櫃。蛋糕本來是自己的，卻平白讓蕭道成給搶了，袁粲和劉秉心裡如何能服氣？接替蔡興宗做的荊州刺史沈攸之雖然和蕭道成是世交，也是親家，但眼瞅著蕭道成吃香喝辣呼風喚雨，酸勁大發，一狠心，在荊州扯旗造反。京師的袁粲和劉秉為了配合沈攸之，決定在建康城鬧一場，幹掉蕭道成，弟兄們吃大頭。

平心而論，袁粲、劉秉和沈攸之，三個人加在一起也不是蕭道成的對手。沈攸之雖然手上有荊州兵，卻被代理郢州刺史的柳世隆死死拖在夏口，進退不得。袁粲和劉秉則是繡花枕頭兩包草，袁粲人品不錯，但能力嚴重欠缺，至於劉秉，根本就是爛泥糊不上牆，仗還沒打呢，就嚇得尿了褲子。指望這等人物和蕭道成掰腕子？等著伸頭挨刀吧。

蕭道成沒有費什麼力氣，就把這兩路勢力下鍋煮了餃子，吃得那叫一個香！

那些人嫌狗憎的夯貨都被蕭道成掃進了垃圾堆，接下來要做的是打掃乾淨屋子，換塊招牌重新開張，經營他的蕭家老店。新開張的店鋪通常都要搞一個剪綵儀式，蕭道成自然也不能免俗。

當然，他不能直截了當地搶老劉家的店面，他要讓劉家的小掌櫃「心甘情願」地把店面傳給他，這樣傳到江湖上，才不怕別人罵他欺負孤兒寡母。蕭道成真夠累的，一人飾演正反兩角，先登場扮個黑臉，然後再換身行頭唱紅臉。直到覺得戲演得差不多了才篡位，因為再裝下去大尾巴就掖不住了，是時候開張營業了。

在魏晉南北朝時期，新皇帝要建立自己的王朝，通常都採取「禪讓」的方式。所謂禪讓，其實只是做表面文章，全是在演戲，但形式上必須這麼做，否則會授人以柄。舊主「禪位」於新主，並不是直接把帝位交出去，而是有一個漸進的過程，先封為公，再封為王，最後才舉行「禪讓」大典，新王朝建立。

這樣的劇本，在蕭道成之前，已經有曹操父子、司馬昭父子等人寫過了，所以他不用再費心勞神地去寫新劇本，直接抄現成的就能用。小皇帝劉準的性命捏在他手上，根本不用考慮劉準是否配合的問題，劉準沒有反抗的膽量。

宋昇明元年（西元四七七年）三月初二，在蕭道成爪牙的張羅下，劉準以皇帝的名義下詔，晉封太傅蕭道成為相國，總百揆，封齊公，加九錫、置齊國百官。前兩個官銜都是虛的，後三個才是最重要的，這是蕭道成建國登基的最關鍵一步。

蕭道成的封地共有十個郡，分別是：齊郡（今江蘇儀征）、梁郡（今河南商丘）、南蘭陵（今江蘇武進）、琅邪（今江蘇南京以下）、南東海（今江蘇鎮江）、晉陵（今江蘇常州）、吳郡（今江蘇蘇州）、南魯（今蘇州附近）、義興（今江蘇宜興）、會稽（今浙江紹興）。

不過，他最先定的國號並不是「齊」，而是二十四年後他的堂侄蕭衍建國時用的「梁」。反對蕭道成將國號定為梁的是撫軍行參軍崔祖思，他反對的理由是民間有句讖語，說「金刀利刃齊刈之」。「金刀利刃」，合起來就是一個繁體的「劉」字。按讖書上的解釋，應該由齊國來取代劉宋。所以崔祖思建議蕭道成易梁為齊，蕭道成覺得崔祖思說的有道理，就同意了。

蕭道成加快了篡位的速度。四月初一，劉準又下了一道詔書，給齊國再加十個郡，晉封蕭道成為齊王。二十天後，即四月二十一，劉準下了《遜國詔》，這也是大宋王朝歷史上最後一道詔書，劉裕建立的鐵血大宋王朝即將成為歷史。

不過，劉準的任務卻還沒有最終完成，他必須在蕭道成登基之前離開皇宮，去他該去的地方。

四月二十一日，蕭道成的馬仔、中領軍王敬則率領大批將士，抬著木製板輿闖進宮中，說是「請」小皇帝移居新宮。這年（西元四七九年）劉準只有十歲，還是個不諳世事的孩子，見許多大人拿著刀進來，他嚇得躲在殿上佛像的後面哆嗦。

皇太后王貞鳳知道王敬則的脾氣，不敢怠慢，連哄帶騙地將劉準叫了出來，讓他乖乖聽王敬則的指揮。劉準哭哭啼啼地上了板輿，可能有些不祥的預感，他淚流滿面地問王敬則：「我的末日是不是就要到了？」

落架的鳳凰很可憐，但王敬則不會濫施同情心，權力鬥爭向來如此，不需要同情誰。他面無表情地回答：「出居別宮而已。再說，官家六十年前取司馬氏天下時，也是如此。」

王敬則這句話實際上已經點明了劉準的下場。東晉恭帝司馬德文遜位於宋，依然被劉裕殺掉。劉準心中一陣悲涼和辛酸，他流著淚對左右人說：「願後身世世勿復生天王家！」聽完劉準心酸至極的臨終告白，眾人淚流滿面，有些人哭絕於地，場面異常悲涼淒慘。生在帝王家，得勢時還好，可以享盡榮華富貴。一旦失勢，欲為匹夫而不可得！南北朝的遜國皇帝全部被殺，就是例證。

劉準臨出宮前，宋朝的文武百官最後一次對劉準三跪九叩，行君臣大禮。

劉宋王朝六十年輝煌與恥辱的歷史結束了。

宋昇明三年（西元四七九年）四月二十三，五十二歲的蕭道成大搖大擺地坐在了權力金字塔的最頂端，接受天下臣民的舞蹈山呼，建立了蕭姓歷史上第一個大帝國，國號大齊，改元建元。

宋高祖武皇帝劉裕血雨腥風中打拼出來的大宋帝國在蕭道成得意的笑容中轟然倒塌，劉裕的子孫們在慘厲哀號聲中人頭落地，用鮮血為蕭家人鋪出了一條通天大道。一個月後，蕭道成派人殺掉了宋廢帝劉準，劉宋宗室幾乎全被蕭道成殺掉。歷史，在蕭道成這裡停頓了一下，然後朝著另一個方向走去。

二　勵精圖治

按照歷史上以所謂「禪讓」方式改朝換代的慣例，蕭道成在南郊建壇稱帝的同時，首次以皇帝的身分向天下頒發了一份詔書，開頭都是老三篇，什麼「臣某某，敢用玄牡，昭告于皇皇后帝」云云。

他的意思無非就是向世人宣告，取代劉宋政權是天意，天下既不是他搶來的，也不是他偷來的，「水德即微，仍世多故，賴道成匡拯之功」。

所謂水德，就是中國歷史上五行五德那一套唯心主義學說。按五德相替學說，劉宋屬水德，所以劉宋也稱為「水宋」。另一個由趙匡胤建立的宋朝屬火德，也有稱趙宋為「火宋」的。而蕭道成的齊朝，據他自己的說法，屬木德，服色尚青，與劉宋服色尚黑不同。

和結婚一樣，熱熱鬧鬧的婚禮結束以後，無論是夫妻還是看客都一哄而散，各自回家過自己精彩或平淡的小日子去了。蕭道成折騰完了，也該幹點正事，弟兄們都等著老大發米下鍋煮飯呢。

蕭道成自然知道應該怎麼做，開國大典結束後，他大封宗室文武。肥水不流外人田，好餅得自家人先吃，吃不完再給別人。蕭道成立長子蕭賾為皇太子，先確定皇位繼承人，畢竟自己已經五十多歲，不知道哪天就伸腿見閻王去了。其他兒子也都封了王。

跟蕭道成闖江湖的弟兄們，以褚淵為首，依次收到大哥發的紅包。褚淵晉位司徒，王儉爵南昌郡公，王僧虔進侍中，張敬兒為中軍將軍，陳顯達為中護軍，王敬則為南兗州刺史，垣崇祖為豫州刺史，其他弟兄也都有肉吃。

表面上褚淵是群臣之首，但蕭道成身邊實際上的頭號軍師是王儉。王儉是琅琊王氏出身，只有二十七歲，畢竟太過年輕，爬得太高的話，怕輿情不服。蕭道成特意安慰王儉：「卿襄贊之功，今世無二，朕心裡是清楚的。現在朕只給你食邑兩千戶，你不會覺得少吧？朕相信你明白朕的意思。」

王儉當然明白，立刻接過話茬：「當初宋武帝開基，佐命功臣也不過二千戶，臣才薄寡，得二千戶已是覺得慚愧了。」蕭道成大笑：「卿心明意爽，不遜張良。」

蕭道成把自己當成了漢高祖劉邦的盜版，不知道他手下的「蕭何」是誰。

蕭道成自稱是蕭何的後人，官場上的滑頭們誰也不敢做當今皇帝的祖宗。不過「韓信」已經有人選了，就是豫州刺史垣崇祖，不過這是垣崇祖自封的。蕭道成手下有這一幫盜版傍名牌的「張良、韓信」，腰杆子硬了不少，雖然不是原裝，但湊合著用還是可以的。

當然，並不是所有人都願意趴在地上舔蕭道成的臭腳丫子，奉朝請裴覬就不稀罕這個富貴，他上表把蕭道成狠狠臭罵了一頓，什麼難聽罵什麼。裴覬罵足了癮，把大帽子一扔，回家做閒雲野鶴去了。蕭道成看完後氣得七竅生煙：你想當閒人？先問問朕答不答應！隨後派出殺手送裴覬上了西天。

和裴覬相比，侍中謝朏算是幸運的。謝朏向來不服蕭道成。蕭道成舉行禪讓大典時，時任侍中的謝朏就拒絕將玉璽送給他，讓他很沒面子。皇太子蕭賾早就惦記上了謝朏，這個老傢伙連父親的面子都不給，以後自己未必能控制住他，不如趁早除掉，於是勸蕭道成殺掉謝朏，以除後患。

還是蕭道成老謀深算，拈著花白的鬍鬚笑道：「謝朏巴不得我們殺了他，正好成全他的一世英名，我們不能上當，他活著對我們也不會產生什麼威脅。」話是這麼說，但蕭道成也不敢重用謝朏，將他的官帽子一擼到底，踢回家裡遛鳥去了。

蕭道成心裡明白，像謝朏和裴覬這樣的反對派不在少數，自己拼下這份偌大基業的過程也並非光明正大。為了摸清情況，蕭道成特意在華林園召見了著名學者劉瓛，他開門見山地問劉瓛：「朕初承天命，建立新朝，不知道外面對朕有什麼看法？」

劉瓛自然不敢說實話，說陛下您的位子是偷來的，他告訴蕭道成：「陛下承自天命，誰敢有異議？只要陛下以宋朝失國為前車，寬厚治人，雖危亦可安。如果重蹈宋朝的覆轍，雖安亦足危。」一話說得滴水不漏，蕭道成布滿皺紋的老臉笑成了一朵花。

劉瓛後半句說的沒錯，但更深層的一點，他並沒有點破。只要蕭道成能牢牢控制住手上的槍桿子，蕭家的天下是塌不下來的，在正常情況下，筆桿子是很難戰勝槍桿子的，謝朏這些書生不可能給蕭道成帶來任何實質上的傷害。

新官上任三把火，新皇帝登基也要放幾把火，面子工程其實還是次要的，最主要的是鞏固一下自己好不容易搶來的家業。蕭道成讓文武百官暢所欲言，共議國事。

征虜將軍劉善明此時還在淮南、宣城二郡太守的任上，得到消息後，立刻上書朝廷，談了自己對時政的看法。劉善明的觀點歸納起來有十一點，涉及政治、軍事、經濟、外交、文化等各方面，文字不多，但言簡意賅，說得很透徹，蕭道成看得連連點頭。

給事黃門郎崔祖思也不甘落後，也上了議國事九條，寫得比劉善明的詳盡，他的觀點主要集中在經濟、法律和文化上，側重點和劉善明不同。

其他人也從自己的角度出發，提出了不少有利於鞏固統治和發展經濟的措施，蕭道成基本上都給予採納並實施。為了向天下人顯示蕭家人比劉家人更優秀，蕭道成下詔「二宮諸王，悉不得營立屯邸，封略山湖」。剛建國，民心比什麼都重要，他自己倒能克制，主要是擔心家裡那幫小少爺到外面欺男霸女，砸了自家的招牌。

當然，最重要的還是要做好應戰準備，因為北魏隨時都有可能發起武裝進攻。北魏皇帝拓跋弘早在三年前（西元四七六年）被生母馮太后毒死了，而在此之前的五年，即魏皇興五年（西元四七一年），拓跋弘在馮太后的威逼之下，將皇位讓給了五歲的兒子拓跋宏，即著名的北魏孝文帝，後來改姓為元。

從拓跋弘開始，北魏就開始了有意識的漢化和政治改革，國力不斷增強。可是無論漢化與否，鮮卑人的性格都不會改變，他們早就盯上了南朝這塊肥肉。十年前因為宋明帝劉彧激起內亂，讓北魏平白吞掉了北方四州。這次蕭道成易幟，又惹得鮮卑人口水直流，他們不相信蕭道成會比劉彧強多少，能搶劉彧的蛋糕，照樣可以搶蕭道成的。至於打什麼旗號根本不是問題，逃到北魏混飯吃的前宋義陽王劉昶就是現成的幌子。

北魏這邊正積極準備對齊朝發起大規模的攻擊，那邊蕭道成就嗅出異味來了。他特意召見兗州刺史垣崇祖，命令道：「朕應承天意，開建新朝，天下無不順服，唯獨索頭虜貪小利、忘大義，必然會打著宋文帝之子劉昶的旗號找我們的麻煩，而且依朕的判斷，鮮卑人最有可能集中兵力攻擊壽春（今安徽壽縣）。朕素知你忠勇無二，所以決定把壽春交給你，相信你能為朕守住江東門戶。」而後改任垣崇祖為豫州刺史，並督豫州、司州二州軍事，守好北大門。

客觀地說，到了蕭道成這一代，能稱得上偶像級的武將基本沒有，但實幹型的卻有許多，比如垣崇祖、垣榮祖、李安民、劉懷珍、周山圖、周盤龍等人。這次蕭道成重用垣崇祖，也許是因為垣崇祖曾經自比韓信和白起，蕭道成也想看看這個盜版的「韓信」到底有多大能耐。

三　鮮卑騎兵的馬蹄聲

從權力鬥爭的角度來說，蕭道成取代劉宋只是江東統治集團內部的權力更迭，對底層百姓沒有什麼太大的影響。但從民族利益的角度來說，蕭道成上臺的同時就要肩負起保衛江東漢族文明的重任。從東晉衣冠南渡以來，江東已經成為中國漢文明的中心，抵禦來自北方鮮卑人的侵略，意義非常重大。

在做好抵禦鮮卑人入侵準備的同時，蕭道成開始布局，他不能只把眼光盯在鮮卑人身上，方方面面都要照顧到，不然萬一後院起火，恐怕會燒到他的屁股。

首先是交州，也就是今天的越南北部地方，這裡一直是中央政府統治的薄弱地帶，為了減少行政成本和壓力，一般都由當地的豪強來管理。

在宋明帝劉彧初年，交州刺史李長仁死了，他的弟弟李叔獻實際控制交州。不過李叔獻沒名分，就向朝廷申請派個刺史過來，實際上李叔獻是希望宋朝能給他戴頂紅帽子，好名正言順地統治交州。

沒想到劉彧太不識趣，調南海太守沈煥為交州刺史，只給了李叔獻寧遠司馬的職位。李叔獻自然非常惱火，發兵拒絕沈煥入境。沈煥巴不得吃閉門羹呢，誰願意去那個煙瘴之地吃苦受罪？於是乾脆待在鬱林享福，沒幾年就死了，交州依然是李叔獻的天下。

蕭道成建立齊朝後，手上有許多事情要做，沒有功夫理睬李叔獻這個土鼈，就賞了他兩顆甜棗，下詔封他為交州刺史，說了幾句好聽的話。李叔獻要的就是這個，心滿意足地玩泥巴去了。

搞定了交州，蕭道成下一步就是對付獐頭鼠目的梁州刺史范柏年。這位范大人是個騎牆派，而且為人狂妄囂張，得罪的人太多，左衛率胡諧之就和他有仇。

當初胡諧之看中了老范的一匹好馬，派人來要。范柏年是隻鐵公雞，沒捨得給，還冷鼻子冷臉地對來人說：「這年頭馬多少錢一匹？狗多少錢一條？哪能說給就給，要狗的話，倒可以送你幾十條。」

來人懷恨在心，回去見到胡諧之，添油加醋地胡說八道：「范柏年不但不給您馬匹，反而說：『胡諧之算個什麼玩意兒，豬狗不如，也敢來找我要馬？』」胡諧之哪知事情的真假，氣得暴跳如雷，隨後就找到蕭道成往范柏年頭上栽贓：「范柏年準備割據梁州謀反，請陛下早做決斷。」

蕭道成知道范柏年和他不是一條心，決定解除范柏年的軍權。他讓長孫、時任雍州刺史的蕭長懋用甜言蜜語將范柏年誘到襄陽，準備關起來了事。可胡諧之不想放過范柏年，勸蕭道成不要放虎歸山，蕭道成便將范柏年賜死。

范柏年死了，他的篋片朋友李烏奴聞到血腥味，立刻逃到仇池。李烏奴為了給范柏年報仇，在仇池的統治者楊文弘身邊一通煽陰風點鬼火，楊文弘果然坐不住了，調了一千多仇池兵給李烏奴，讓他去取梁州。

李烏奴倒還有點本事，帶著嘍囉們向東挺進，佔領了白馬戍（今陝西勉縣西）。李烏奴佔到一點便宜，尾巴便翹到了天上。梁州刺史王玄邈設了一個詐降計，派人誘李烏奴，李烏奴果然上當，大搖大擺地準備接收梁州城。沒想到走到半路就被埋伏好的齊軍一口給吃掉了。李烏奴命大，狼狽逃回仇池。楊文弘這才知道自己幾斤幾兩，螞蟻啃大象的遊戲最好不要玩，要是把大象惹急了，一腳踩你個粉身碎骨。於是老老實實地窩在仇池，不敢再找蕭道成的麻煩。後院打掃乾淨，蕭道成可以安心地等待鮮卑人上門作客了。

北邊的馮太后聽說蕭道成這麼好客，也想會會，見識一下這個老男人的成熟魅力。齊建元元年（西元四七九年）十一月十五，北魏皇帝拓跋宏大舉南下，這次出了血本，動用了近二十萬精銳步騎兵。魏軍執行的是東線作戰計畫，代理梁郡王拓跋嘉率軍攻淮陰，隴西公拓跋琛攻廣陵，河東公薛虎子攻壽陽。

這次魏軍打的旗號是幫助丹陽王劉昶恢復劉宋政權，拓跋宏耍起寶來也是有一套的，在賜劉昶的詔書中，拓跋宏說得天花亂墜：「卿宗廟不復血食，朕聞期悶，矜忿兼懷。……克蕩凶醜，翦除民害，氛穢既清，即胙卿江南之土，以興蕃業。」

劉昶明白鮮卑人的條件，人家也不是活雷鋒，表面上說滅掉蕭道成後，劉宋世世代代向魏稱臣納貢。但這恐怕不過是鮮卑人給他的空心大餅，他們真要滅了南齊，會把肉吐出來給他吃？這是不可能的事情。

自從宋明帝劉彧因為耍寶平白被鮮卑人奪去淮北四州（青州，今山東東北部；兗州，今山東中部；徐州，今江蘇北部，山東南部、安徽東北部交界；豫州，今河南東南部，安徽西北部交界）後，鮮卑人很少對南朝發動大規模攻擊。看樣子鮮卑人這次是下了狠心的，他們的原則就是只要動手，就一定要撈點什麼，反正不會空手回去。

因為魏軍聲勢很大，南朝的一些軟骨頭就有了「想法」，比如一個叫謝天蓋的義陽（今河南信陽）土豪，就想拜鮮卑人的碼頭。他糾集了一幫閒漢，自稱司州刺史，準備將司州（今河南信陽）

作為見面禮打包獻給鮮卑人。

而真正的齊朝司州刺史蕭景先聽說有人盜版他的官銜，非常惱火，立刻向豫章王蕭嶷求援，蕭嶷不敢大意，調中兵參軍蕭惠朗帶著兩千精銳前去收拾這個賣國賊。同時遣南蠻長史崔慧景帶著三千弟兄屯於方城（今河南方城）作為後隊，隨時出手幫助蕭景先。

北魏方面為了接應謝天蓋，派樂陵鎮將韋珍率樂陵鎮本部人馬過來砸場子。蕭道成聽說司州方面告急，又調屯騎校尉苟元賓守住淮河要塞，不能放韋珍過淮河。沒想到苟元賓太不爭氣，被韋珍在背後捅了一刀，敗得一塌糊塗。不過謝天蓋的人馬卻在此時發生內訌，謝刺史被嘍囉們幹掉了，嘍囉們帶著人頭投降了崔慧景。

韋珍確實很厲害，剛擺平苟元賓，接著又把方城的崔慧景給修理了，賺了不少便宜。不過韋珍這支魏軍不是此次南下的主力，他也不想和齊軍玩命，為國盡忠的勾當留給拓跋嘉他們去做吧。韋珍押送抓到的七千多戶漢人百姓北上，算是交了差。

司州不是此次魏軍進攻的重點，鮮卑人準備強力突破淮河防線，將主要兵力集中在淮河壽陽以東地區。南齊方面承受此次魏軍進攻的有豫州、北徐州、南兗州和青冀二州，其中豫州和北徐州是防禦重點。

不過還沒等魏軍打過來，南兗州刺史王敬則就嚇得尿了褲子，騎馬逃回建康。蕭道成氣得鬍子直翹，但因念王敬則是元勳功臣，就饒了他一命。

建元二年（西元四八〇年）正月初四，魏軍前鋒、隴西公拓跋琛的部隊渡過淮河，對齊朝發動了第一波攻擊，很快就拿下了南岸要塞馬頭戍（今安徽懷遠），太守劉從也被鮮卑人給殺了。消息傳到建康後，蕭道成知道該來的遲早要來，沒什麼話好說，奉陪就是。

正月十八，蕭道成下詔在全國實行緊急戒嚴，遣右將軍周盤龍出兵前往壽陽，跟著垣崇祖陪鮮卑人玩。這次魏軍的主攻方向是壽陽，豫州刺史垣崇祖經常自我吹捧是韓信第二，現在給他機會了，他到底是韓信還是趙括，蕭道成在一旁等著看呢。

此時齊朝的各路人馬已經作好了防禦鮮卑人的一切準備，既然鮮卑人不請自來，那就讓他們見識見識大齊雄師的厲害，不然這幫人尾巴能翹上天去。齊朝北徐州刺史崔文仲就不是個善茬，他在鍾離防區熱情招待了鮮卑人，劈頭蓋臉好一頓暴打，魏軍死傷慘重。

崔文仲精通兵法，他知道與其被動死守，不如主動出擊，扭轉不利局面。他派軍主崔孝伯渡過淮河，進攻北魏的茌眉戍，同時軍主崔延叔奉命進攻北魏淮陽郡（今江蘇睢寧）。崔孝伯很快就拔下了茌眉戍，斬殺北魏守將龍得侯、一個太守和兩個縣令。

遠在建康的蕭道成得知齊軍攻克茌眉後，高興地告訴左右：「索虜搶朕的馬頭戍，朕就拔掉他們的茌眉戍，朕也不是好欺負的。」崔孝伯中了彩，崔延叔也不甘示弱，攻下淮陽城，殺掉太守梁惡。

四　壽陽之戰

魏軍沒想到齊人這麼難對付，但既然來了，就沒有退回去的道理。魏鎮南將軍薛道標領著大批人馬撲向壽陽。

對南朝人來說，薛道標並不陌生，他的父親就是背叛宋朝的名將薛安都。蕭道成和薛安都也算是老相識，知道他不是個善茬，就使了一招反間計，讓留在南朝的薛安都侄子、將軍薛道淵給北朝的堂兄薛道標寫了一封熱情洋溢的家信。薛道標北逃時，妻兒都留在了建康，薛道淵就拿這個說事，勸薛道標迷途知返。

這封信雖然是寫給薛道標的，但收信人卻是平城的拓跋宏。拓跋宏看完信後嚇了一跳，急忙派人快馬追回薛道標，調代理梁郡王拓跋嘉取代薛道標進攻壽陽。

蕭道成之所以使反間計，很大程度上不是因為軍事上的考慮，而是出於政治原因。薛道標再有能耐，蕭道成也不至於怕他，主要還是擔心他有可能利用自己的身分誘降某些意志不堅的本朝將領，給自己添亂。

拓跋宏拿掉薛道標後，梁郡王拓跋嘉奉命領著丹陽王劉昶來到了壽陽城下，準備幫助劉昶「復國」。劉昶明白，拓跋嘉若真的滅了蕭道成，他和鮮卑人之間短暫的蜜月就會自動結束，翻臉是不可避免的。但現在他還得繼續表現對鮮卑人的感激之情，戲還沒演完呢。

在壽陽城外的魏軍大營裡，劉昶轉著圈給一干鮮卑貴族下拜，嘴裡不住地念叨：「家國淪喪，蒙朝廷慈悲為念，出師克賊，昶願與諸公同心戮力，滅老賊，寧天下！」

劉昶也是動了真感情的，其實他真的很不容易，家業被蕭道成搶了，自己孤零零地寄居鮮卑人膝下苟且偷生，他何嘗想如此？心中的委屈和酸楚不是三言兩語就能說清的，劉昶一時控制不住感情，號啕痛哭，座中鮮卑人也被他的真情所感動，唏噓不已。

但歷史就是這樣殘酷，劉昶在淮河北岸失聲痛哭，但在淮河南岸的壽陽城裡，齊朝的將軍們想的卻是如何粉碎劉昶的幻想。他們現在的主人是蕭道成，宋朝已經成為歷史，劉昶的眼淚在他們看來只是一個笑柄。

二十萬鮮卑大軍黑鴉鴉地向壽陽撲來。豫州刺史垣崇祖知道證明自己是當朝韓信的機會來了，立刻把州中文武集合起來議事，商量著如何對付鮮卑人。垣崇祖想了個好辦法，他告訴弟兄們：「敵我雙方兵力相差懸殊，不能硬拼，要以智取勝。我們可以在城外修築工事，然後將淝水屯堰起來，等鮮卑人攻城的時候，我們就放水淹死他們。」

大多數人並不認同垣崇祖的辦法，有人當面反駁：「將軍莫非瘋了！自有淝水以來，從來沒有過築堰蓄水的事情，這恐怕是將軍一廂情願吧？三十年前，拓跋燾南犯時，南平王劉鑠兵力遠強於我，仍然放棄外城，死守內城，將軍沒讀過書麼？」

垣崇祖聽著這些人的高論，不住地搖頭：「你們說的不對。如果鮮卑人佔領外城，居高臨下對我們發動攻擊，敵眾我寡，一戰必為其所擒。你們不用多說了，我決定了的事情，不會改變。」在這裡垣崇祖是老大，說一不二，弟兄們只好閉嘴，反正真要吃了敗仗，也是垣老大頂著。

齊軍在壽陽城西北處築堰蓄水，將淝水引入壩裡，同時在壩的北邊修了一座小城，留下幾千名士兵把守。垣崇祖告訴長史封延伯：「鮮卑人貪圖小利，他們見我修築這個小城，肯定會打過來。都給我放精神點，鮮卑人一攻城，你們就立刻放水。」

垣崇祖的辦法雖然狠毒了點兒，但叢林世界向來只看結果，不看過程。醜陋的勝利永遠要比華麗的失敗更能贏得歷史的尊重，正如孫武所說：「故兵聞拙速，未睹巧之久也。」

魏軍果然中了垣崇祖的圈套，以為天上掉餡餅，一窩蜂似的擁到了淝水堰前，甩開膀子攻城。

垣崇祖對封延伯不很放心，命手下用一頂軟轎抬著他登上城樓，親自指揮戰鬥。

與其說垣崇祖是來指揮戰鬥的，不如說他是來開閘放水的，這比項羽背水一戰的難度小多了。到了傍晚時分，垣崇祖估摸著差不多是時候了，一聲令下，弟兄們嬉笑著打開了小史埭的堰閘。

魏軍還在愣頭愣腦地攻城的時候，突然聽到一陣沉悶的聲響，還沒等他們反應過來，淝河水已經順勢奔騰而下，沖到了眼前。措手不及的魏軍被大水一通狂淹，連人帶馬損失了好幾千。

這還不算完。齊右將軍周盤龍和輔國將軍張倪趁著鮮卑人倒楣的時候，在半路攔截了敗退下來的鮮卑人。鮮卑人根本沒有還手之力，丟下數不清的牛馬輜重拼命向北逃竄，拓跋嘉和劉昶好不容易撿了條小命，灰頭土臉地回去向拓跋宏請罪去了。

鮮卑人就這樣稀里糊塗地敗給了齊軍，連個喊冤的時間都沒有，真是窩囊透了。建康城中的蕭道成可不管這些，他容不得他人染指自己的地盤，劉昶也不行。何況江東本也不是劉家的，他們還不是從司馬家手裡搶過來的？誰也不比誰高尚多少，蕭道成有足夠的理由在江東經營他的蕭家老店。

壽陽大捷的消息傳到了建康，蕭道成笑得合不攏嘴，他一方面為打退了強悍的鮮卑人感到興奮，一方面又為發現了「當代韓信」垣崇祖而欣慰。當初垣崇祖在眾人面前自比韓信，幾乎所有人都嘲笑他吹牛，韓信也是你當得起的？這次壽陽大捷後，蕭道成給足了垣崇祖面子，當著滿朝大臣的面，給垣崇祖戴起了高帽：「垣敬遠曾經答應為朕擊退索頭虜，朕相信他能做得到，果然就做到了。你們笑他自比韓信，在朕看來，他就是當代的韓信！」遠在壽陽的垣崇祖要是知道皇帝這麼給他面子，一定高興得蹦上天去，這獎賞可不是三瓜倆棗的待遇，當代韓信，當代能有幾個韓信？

另一路跟著垣崇祖破魏的右將軍周盤龍，蕭道成也沒有虧待。周盤龍的愛妾杜氏收到了以皇帝名義送來的二十支金釵，隨金釵送來的還有皇帝的手敕。看來蕭道成和周盤龍的私交非常好，手敕寫得非常隨意：「餉周公阿杜。」阿杜看到這些禮物一定非常開心和驕傲，二十支金釵想必她也買得起，但皇帝陛下送的，意義可就不一樣了，阿杜也好在姐妹們中間顯擺顯擺。

對蕭道成來說，別說送二十支金釵，就算是送二百支他也不會心疼，和偌大的帝國相比，這點東西又算得了什麼？

討人嫌的鮮卑人終於被打跑了，蕭道成長長地出了一口氣。江東的天下是他的，不管是鮮卑人還是劉昶，都別想從他手上奪去這塊大肥肉。

蕭道成的天下說難聽些也是偷來的，不如劉裕來得光明正大，為了蕭家江山的千秋萬代，他不得不強打起精神，替兒孫們披荊斬棘，殺出一條血路出來。

五　蕭道成的成績單

蕭道成上臺後的第一把火就燒向了黃籍制度。所謂黃籍，就是戶籍管理制度。蕭道成之所以把戶籍作為政治改革的突破口，主要原因是從宋孝武帝劉駿到如今的這二十多年裡，江東政局混亂，導致戶籍管理名存實亡，漏洞百出。最大的問題就是豪強隱匿人口，大量的稅賦外流，無論是從政治角度還是經濟角度，朝廷對這種事情都無法容忍。

蕭道成在官場上摸爬滾打幾十年，知道主權下移對皇帝來說意味著什麼，於是決定在黃籍上大做文章。當然他只負責制定大政方針，跑腿打雜的事情自然由手下兄弟去做。他選中黃門郎虞玩之和驍騎將軍傅堅二人主管戶籍改革，隨後下了一道詔書，向群臣們公開自己的改革思想，為什麼要改，怎麼改，都說得很明白，同時又讓群臣開動智慧，為國家出謀劃策。

其實這話主要是說給虞玩之聽的，虞玩之心領神會，立刻上表，說了自己對戶籍改革的看法。在表中，虞玩之先是回顧了宋朝戶籍制度的歷史，然後指出宋朝戶籍制度的主要問題是宋孝武帝大明年間以來，政局動盪，一些官員勾結地方豪強，瞞報大量人口。

虞玩之舉了一個例子：揚州轄下九個郡在宋明帝至宋後廢帝時期曾經查出七萬多戶被豪強隱匿的百姓，但到了齊建元二年，這七萬多「黑戶」入黃籍的還不到四萬。這還僅是揚州的情況，其他各州的情況不見得比揚州好。

虞玩之建議此次核查戶籍應該以宋文帝劉義隆元嘉二十七年（西元四五〇年）的戶籍為標準，制定新的戶籍管理辦法，同時嚴厲打擊瞞報戶口的行為，如果發現還有人繼續拿朝廷當猴耍，一旦查實，州縣各級官員全部治罪。

當然也要給這些人改過自新的機會，早點坦白，早點安生，不然朝廷是有辦法對付他們的。蕭道成對虞玩之的建議非常重視，覺得這是個好辦法，決定採納。還專門設置了版籍官，稱作令史，管理戶籍。

在蕭道成的努力下，齊朝國勢呈現出平穩上升的趨勢，不過和劉宋相比，齊朝的綜合國力還是相對弱一些。以齊建元三年（西元四八一年）的資料為例，齊朝有二十三個州，三百九十個郡，一千四百八十五個縣。從數字上來看，三百九十個郡不算少了，但其中包括了一些邊疆地區的羈縻郡，即所謂的「俚郡、獠郡、荒郡、左郡」等，甚至有些郡的下面一個轄縣也沒有，純粹是掛塊招牌糊弄人的。臣民也不算多，如果參照宋大明八年（西元四六四年）的人口基數，拋開被北魏奪去的淮北四州，齊朝大約有四百萬至四百五十萬人。當然這只是官方調查的數目。

和北魏相比，齊朝的人口不多、地盤不大，但也夠蕭道成和他的子孫吃喝了，做人不能太貪，蕭道成不是野心很大的人，能守好這一畝三分地就已經很滿足了。

蕭道成想過安生日子，可有人卻偏偏想給他搗亂。這個人是誰呢？就是前次在梁州被王玄邈打跑的李烏奴。梁州兵敗後，李烏奴老實了一陣子，暫時在蕭道成的視線裡消失了。不過李烏奴天性好動，不甘心窩在仇池，又想劫蕭道成一票。魏軍剛剛在壽陽被垣崇祖灌了一肚子的水，李烏奴就跳了出來，他不信蕭道成這塊骨頭就這麼難啃。

李烏奴帶著大批嘍囉兵下了山，準備再流竄到梁州打家劫舍。當然，李烏奴也懂一點兵法，知道「先禮後兵」的道理。他派人到荊州來找蕭道成的二兒子、豫章王蕭嶷，說是準備投降。蕭嶷知道李烏奴是什麼貨色，他這哪兒是在投降，分明就是在探路。這種人蕭嶷哪裡敢要，冷著臉給拒絕了。

蕭嶷可真夠狠的，不但不收李烏奴做馬仔，反而想斬草除根，絕李烏奴的後路。他派中兵參軍王圖南帶著益州軍從劍閣出發，抄到李烏奴的背後，狠狠地扎了李烏奴一刀。李烏奴哪裡想得到蕭嶷會玩這一手，在毫無防備的情況下被齊軍打了個落花流水，帶著殘部狼狽逃竄到武興（今陝西略陽）。

蕭嶷佔了便宜，隔壁的梁、秦二州刺史崔慧景非常眼饞。崔慧景派出探馬摸清了李烏奴的行軍路線，然後派出一支軍隊開到了白馬戍（今陝西勉縣西郊），和蕭嶷手下的王圖南所部協同作戰，前後夾擊，差點把李烏奴打成了夾心餅乾。李烏奴兩次偷嘴都被人家捉了個現行，一文錢沒撈到不說，還把老本全賠了進去，只好逃回武興保命。

崔慧景想「借」李烏奴的人頭去皇帝那裡領賞錢，於是派長史裴叔保帶著弟兄們強攻武興。不料楊文弘不樂意了，武興是仇池的門戶，武興要是丟了，估計自己沒幾天就得去建康喝茶。思慮一番後，他出兵狠狠地教訓了裴叔保一通，崔慧景大敗，沒辦法，只好又跑回來。

好不容易擺平了李烏奴，蕭道成以為自此天下太平，哪知道拓跋宏不甘心壽陽慘敗，又來找他的麻煩。這次齊魏之戰的起因是齊邊境上的角城（今江蘇淮安北郊）戍主突然投降北魏，拓跋宏得到消息後，覺得機會來了，立命徐州刺史拓跋嘉迎接這位不知名的好漢。同時制定了攻齊的軍事計畫，和上次以壽陽為進攻重點不同，這次拓跋宏選擇了齊朝的冀州（今江蘇連雲港一帶）做主攻方向。

根據拓跋宏的指令，北魏平南將軍郎大檀進攻朐城（今江蘇連雲港），將軍白吐頭進攻海西（今江蘇贛榆附近），將軍元泰進攻連口（今江蘇漣水），將軍封延進攻角城，四路並進。為了牽制齊壽陽一帶的兵力，拓跋宏又派鎮南將軍賀羅進攻下蔡（今安徽鳳台），去找「當代韓信」垣崇祖切磋兵法，這時已是建元二年（西元四八〇年）的八月了。

蕭道成派出領軍將軍李安民率軍北上屯駐於泗口（今江蘇淮安市郊），根據戰場形勢變化，對付討厭的鮮卑人。

其實以上這四路魏軍不過是拓跋宏使出的障眼法，魏軍真正的主力還是已經擔任徐州刺史的拓跋嘉所部十萬大軍。拓跋嘉上次在壽陽差點被垣崇祖整成了淡水魚類，在皇帝面前很沒面子，一直憋著勁要報仇呢。這次得了機會，自然不會錯過。拓跋嘉領著十萬鮮卑步騎兵浩浩蕩蕩殺向了朐山，他以為齊朝的將軍們會像那位不知名的角城戍主一樣諂媚地跪倒在他的腳下，搖頭擺尾地高呼大魏皇帝萬歲。

但拓跋嘉幻想的場面並沒有出現，齊朐山戍主玄元度不給他半點面子，據城死守，還時不時放冷箭招呼鮮卑人。這次魏軍攻擊的蘇東北地區是齊朝青、冀二州刺史盧紹之的地盤，盧紹之一邊痛罵拓跋宏，一邊派兒子盧奐帶著精銳官兵幫助玄元度守城。

盧紹之也不閒著，和弟兄們來到朐山城南的石頭亭，全力抵抗鮮卑人的進攻。

由於陸路已經被鮮卑人切斷，為了保障朐山城中齊軍的物資供應，盧紹之只能將糧食和木柴裝在船上，走海路運抵朐山，供守城的弟兄們吃喝。拓跋嘉見朐山城源源不斷地接收守城物資，非常不高興，覺得該給齊朝人一點兒顏色看，不然他們能蹦上天去。他把魏軍拉到海岸邊，一方面堵死了盧紹之的物資供應，一方面沿著陡峭的海岸攻城。

讓人同情的是，拓跋嘉的命實在是太苦了，上次差點做了淡水魚，這次又差點做了鹹水魚。正當鮮卑人拼命攻城的時候，海面上突然暴漲起大潮，鋪天蓋地的大浪朝著鮮卑人沖了過來，鮮卑人猝不及防，被淹死大半部分。城上的玄元度見狀大喜，知道立功的機會來了，立刻招呼弟兄們衝出朐山城，痛宰鮮卑人。

六　老將周盤龍的傳奇搏殺

拓跋嘉越想越窩火，還想繼續和齊軍玩命，於是在城下死撐不退。這個時候，突然從海上冒出一支打著齊朝旗幟的艦隊，在不遠的海上舉著火把，向海邊的鮮卑客人展示風采。

這支軍隊是蕭道成派來的，由齊軍將領崔靈建、楊法特和房靈民等人率領，大約有一萬人。拓跋嘉嚇了一大跳，因為是夜晚，對方又舉著火把，聲勢浩大，根本看不清有多少人。拓跋嘉不知齊軍底細，怕被齊軍一鍋端，於是乾脆領著殘兵敗將，倉皇向北撤退。

這一路的魏軍就這樣稀里糊塗地敗退了，拓跋嘉灰頭土臉地逃了回去，另一路魏軍卻沒覺得齊朝的將軍們有什麼了不起，建元三年（西元四八一年）正月剛過，就趾高氣揚地來攻角城（今江蘇淮安北郊）。

為齊朝守城的角城戍主成買可不像那個不知名的前任那麼油頭滑腦，成買很有民族氣節，上任之前，他就告訴左僕射王儉：「我今一去，如果不幹掉鮮卑人，就是被鮮卑人幹掉。我要是立了功，而且還活著，我的兒子就是世子；如果戰死了，我的兒子就要做孝子！」

成買上任不久，鮮卑人就殺了過來，成買死守拒戰。蕭道成聽說鮮卑人又來砸場子，急派李安民和周盤龍火速救援。角城是江南門戶，絕對不能落到鮮卑人手上。

周盤龍這邊火急火燎地北上，角城那邊的戰爭已經進入了白熱化階段。成買真是個鐵打鋼鑄的漢子，帶著弟兄們出城和鮮卑人決戰，僅死在他刀下的魏軍就有上百。但和上萬魏軍相比，齊軍人數還不夠人家一個零頭，成買終因寡不敵眾，悲壯戰死。

成買的人頭被魏軍一個飛刀砍掉，可屍體卻僵坐在馬上，直到戰馬狂奔還營，他的屍體才轟然倒下，齊軍將士見狀，無不淚下如雨。真是為成買可惜，這樣的良將，關於他的史料卻只有零散不成篇章的幾句話。

成買戰死了，但角城之戰卻沒有結束，後援的齊朝軍隊已經趕到了角城，和強悍的鮮卑人展開決鬥。齊軍打頭陣的是周盤龍的兒子周奉叔，不過他帶的兵太少，只有區區兩百人，丟在一萬多鮮卑騎兵裡頭跟撒胡椒麵似的，魏軍漸漸縮小了包圍圈，眼看著就要吃掉這頓美餐。

幸運的是，在這被圍的兩百多齊朝騎兵中，有一位軍爺逃了出來，飛馬回營，氣喘吁吁地告訴周盤龍：「少將軍危矣！」周盤龍正在帳中悠閒地喝著小酒，吃著佳肴，順帶想念建康城裡嬌滴滴的阿杜，聽說兒子有難，急了，立刻扔下筷子披甲橫槊上馬，也不帶衛兵，一個人就衝上陣了。六十七歲的周盤龍摸清了兒子被圍的方向，大吼一聲：「鮮卑小虜何欺我兒太甚！你家周爺爺來了！」

周盤龍舞著大槊衝進陣中尋找兒子。周盤龍以六十七歲的高齡，居然在千軍萬馬陣中殺出了一條血路，不時有倒楣的鮮卑人被醉龍狂舞一般的大槊砸死馬下。

周奉叔起初並不知道父親來救他，和弟兄們衝出包圍圈後才得知父親一個人殺入鮮卑陣中，頓時嚇出了一身冷汗，這老爺子逞什麼能？周奉叔撇下弟兄們，單槍匹馬又殺回去。

俗話說「老子英雄兒好漢」，這話放在周家父子身上是再合適不過了，這爺倆都是有名的練家子，渾身上下都是好功夫。父子兩個人，兩匹馬，兩條大槊，在一萬多鮮卑騎兵中撒起歡兒來，斬殺無數敵人。鮮卑人的心理防線在周盤龍父子的非人折磨下徹底崩潰，狂呼亂叫著慘敗而逃。這場莫名其妙的戰爭失敗者是一萬多鮮卑騎兵，勝利者是周盤龍和周奉叔。

戰爭史上的奇蹟！我們都知道趙雲單槍匹馬在八十三萬曹軍中殺了個七進七出，不過那是《三國演義》，虛構成分居多。周盤龍和周奉叔這爺倆向歷史展示了人類體能上的極限，兩人對決上萬重甲騎兵，這比後來陳慶之以三千騎兵對決二十萬鮮卑鐵騎還要恐怖。面對周家父子追著上萬鮮卑騎兵到處打的曠世奇觀，我們還能說什麼，只能恭維一句：這爺倆不是人，是神！

經過這場戰役，周盤龍和周奉叔的名字叫響了北國大地，鮮卑人一聽周家父子的名字無不敬畏。他們最講叢林法則的，不管你是誰，只要能把他們打服氣，就敬重你是條好漢。否則，窩窩囊囊地裝孫子，他們根本不把你當人看，從骨子裡鄙夷你。

鮮卑人想來就來，想走就走，太不拿齊朝的領軍將軍李安民當回事了。李安民自然不想放掉這條大魚，功勞總不能讓周盤龍一人獨吞吧。都說南北朝牛人多，這話半點不假，單說南朝，我們不能把眼光盯在劉裕、陳慶之這些著名的牛人身上，還有一些牛人雖然名氣不響，但他們的故事同樣精彩。

周盤龍夠有個性，李安民同樣也不示弱，他最牛的事蹟發生在劉宋王朝。時任武衛將軍的李安民跟著大軍平定了晉安王劉子勳在江州的叛亂，事後劉宋明帝劉彧把立功的將軍們請到新亭樓吃喝玩樂，劉彧覺得這樣玩沒意思，就和將軍們一起玩賭博，君臣同樂。

在古代，賭博是老少咸宜的遊戲，富人和窮人都對此樂此不疲。要說南北朝頭號賭神，可能是劉裕。劉裕在稱帝前，曾經和晉衛將軍劉毅賭博，劉毅擲出了「雉」，即四個黑子一個白子，而劉裕出手的時候也是四個黑子，只有一個骰子還在轉，他急得指著這個骰子大罵：「給老子一個

『盧』！」果然得了「盧」。

劉裕賭技算可以了，但和李安民比起來好像還差了一點兒。酒席上李安民的朋友們開始擲骰子，他們當中手氣最好也不過中了「雉」，輪到李安民的時候，他看都不看，拿起骰子隨手一扔，就中了「盧」，五個全是黑子。劉彧只知道李安民打仗是把好手，沒想到還是個賭神，當面恭維李安民：「李將軍面方如田，將來一定能封侯拜相。」

原來在劉彧看來，封侯拜相的標準是會玩一手好骰子。幸虧五代後梁太祖朱溫生得晚，如果早生幾百年，憑朱溫這臭手氣，別說節度使了，恐怕連個小隊長都混不上。

七　齊朝的將軍們

當然這些都是閒篇，對於武將來說，想在朝廷上混出個臉面，首先要會打仗，其他的都不重要。

李安民先派堂弟、馬軍主李長文帶著二百騎兵前去打探魏軍的動靜，自己和周盤龍在後面跟著。李長文在宿豫（今江蘇宿遷南）發現了至少好幾千鮮卑騎兵，沒想到魏軍看到李長文的兵少，漸漸圍了上來，想吃掉他。

李長文又不是傻子，哪敢和鮮卑人玩騎兵決戰，還不夠人家塞牙縫呢，乾脆把他們介紹給堂兄認識吧。於是急速向南撤退，鮮卑人傻頭傻腦地追了過來，李長文把他們引到孫溪渚附近的戰父灣。正好李安民的大隊齊軍趕了上來，魏軍措不及防，被士氣正盛的齊軍揪住就是一頓狠打，死傷極為慘重，被擠到水裡淹死的數不勝數，李安民狠狠地撈了一票，吃得滿嘴流油。

齊朝的將軍一夜之間彷彿都打了雞血似的，個個興奮得要命，倒楣的鮮卑人都成了他們盤中可口的美味。齊將桓康也跟著湊了一回熱鬧，帶著本部兄弟在淮陽追上魏軍，將鮮卑人打得找不著北。這還不算完，桓康吃飽喝足之後，又跑到魏軍把守的樊諧城（今江蘇宿遷西），三拳兩腳打跑了鮮卑人，霸佔了城池。

桓康發完飆後，下一個閃亮登場的是「當代韓信」——垣崇祖將軍。桓康都能贏得滿堂喝采，垣崇祖自然不能落在人後，否則「當代韓信」的帽子豈不是白戴了？垣崇祖確實有本事，用水灌跑了拓跋嘉後，知道鮮卑人不會善罷甘休，早晚還要來搗亂，他時刻準備著。

該來的總會來。時隔不久，魏鎮南將軍賀羅就領著大隊兵馬氣勢洶洶地殺到了下蔡。在此之前，垣崇祖已經將下蔡城從淮河北岸遷到了淮河南岸，賀羅率軍殺過來後，看到下蔡整體被搬遷了，就放出風聲說準備夷平舊城，然後渡河。

齊軍大部分將領都認為魏軍會在下蔡舊城安營紮寨，垣崇祖卻搖搖頭，笑道：「你們算錯了，我料鮮卑人沒膽量在我眼皮底下紮營，他們只不過是想藉著舊城過河罷了。」

垣崇祖果然算準了賀羅的心思，魏軍果真開始夷城，垣崇祖瞅準時機，率領大隊人馬坐船渡過淮河，大刀朝鮮卑人的頭上砍去。這場戰爭是怎麼打的，史書說得不具體，但我們知道了結果，魏軍大敗。垣崇祖越殺越上癮，直殺得血流成河，一直追出幾十里開外，將鬼哭狼嚎的鮮卑人禮送出境，這才回城。

一個又一個捷報傳到建康宮中，蕭道成喜笑顏開，弟兄們太給他這個老大爭面子了。在這場拓跋宏強加給他的戰爭中，蕭道成是打算採取守勢的，能把討厭的鮮卑人請出去就滿足了。不過經過這幾次勝利，他覺得鮮卑人並沒有傳說中那麼可怕，既然你們三番兩次來找朕的麻煩，朕也要讓你們難受一回。

蕭道成想到了十幾年前因劉宋內亂被鮮卑人偷去的淮北四州。這四州地廣人多，經濟發達，對南朝來說，是重要的戰略緩衝地帶，他不知流了多少口水。

蕭道成決定反擊。

而此時，因為魏軍屢戰屢敗，淮北四州的漢人們也動了背魏歸齊的心思，何況這四州本就是南朝漢人的，物歸原主是天經地義。蕭道成向來比較重視對北四州漢人精英的策反工作，經常派出大批間諜進行策反。

《魏書・尉元傳》關於這件事的記載非常有意思：「蕭道成既自立，多遣間諜，煽動新民，不逞之徒，所在蜂起。」還別說，蕭道成策反的效果還是不錯的。淮北四州的漢人精英們以司馬朗之、桓標之、徐猛子、張和顏等人為首，聚眾於五固山（今山東滕縣東北），舉起反魏大旗。

看到淮北義民如此識時務，蕭道成大喜，立刻派李安率軍北上，支援這些義民。同時兗州刺史周山圖也奉命從淮河北上，行前周山圖接到蕭道成的手敕，他的口氣很大，告訴周山圖：「天下事，唯同心力，山岳可摧……若不藉此平四州，非丈夫也。」蕭道成還是很偏愛周山圖的，在手敕的最後他提醒周山圖，做事最好快 點，不要讓別人把首功給搶了。蕭道成說的這個「別人」，十有八九就是李安民。

周山圖「倍道應赴」，想撈到頭功，可惜還是晚了一步。平城的拓跋宏看到蕭道成在山東地面窮折騰，有些坐不住了，已經吃到嘴裡的，怎麼能再吐出來？他派出鎮西大將軍、淮陽王尉元和平南將軍薛虎子，讓他們率軍搶在李安民、周山圖之前消滅司馬朗之這些土霸王。

鮮卑人雖然打齊朝的正規軍比較吃力，但對付這些烏合之眾還是綽綽有餘的，沒練上幾招，司馬朗之這些人都被尉元給滅了，被尉元拎著人頭回平城交差。

從地理位置上來說，齊軍本該先於魏軍趕到山東，結果卻是魏軍先到達，問題出在李安民的身上。李安民本是這次北上救援的主帥，可這位李將軍倒好，行軍跟蝸牛似的，慢慢騰騰地往前爬，等爬到山東，司馬朗之們的人頭早就飛走了。

難道李安民不知道如果能奪回淮北四州就能拿到首功，為什麼還要放棄？最大的可能就是李安民知道了蕭道成寫給周山圖那道敕令的內容。都是在老大手下混飯吃的，你做老大的卻偏心眼，大魚大肉都撥到周山圖的盤子裡了，還要我這個電燈泡做什麼。

蕭道成精心策劃的策反淮北四州的計畫就這麼稀里糊塗地失敗了，一怒之下將李安民罵了個狗血噴頭。

其實這也不能全怪李安民，蕭道成也要好好反思一下自己的用人方式，手心手背都是肉，要公平對待手下弟兄，何況周山圖的能力並不比李安民強多少。在權力場上，最忌諱的就是把私情摻進政治中，蕭道成也是個久經江湖的，怎麼會犯下這種低級錯誤？令人費解。

八 一場熱鬧的國宴

齊魏兩國處在戰爭狀態，兩個彪形大漢抱在一起連掐帶咬，雞毛亂飛，大呼小叫的，好不熱鬧，不過這並不影響兩國的高層領導交流。用現代話說，就是兩個國家一邊發動戰爭，一邊保持著外交關係，這種事情放在現代並不少見。

具體到這次齊魏戰爭，其實這並不是蕭道成的本意，根本就是拓跋宏強加給他的。蕭道成手上一大攤子破事還沒解決呢，實在騰不出多少精力來對付鮮卑人，在垣崇祖大敗劉昶後，他就派出一隊使節前往平城（今山西大同），來找拓跋宏講理。這次出使領頭的是後軍參軍車僧朗。

車僧朗奉命北上，一路風塵僕僕。齊建元三年（西元四八一年）七月初六，車僧朗一行進入平城，拓跋宏熱情地接見了他。拓跋宏本指望趁著蕭道成剛當皇帝，內部局勢不穩，狠宰他一頓。哪知道老蕭也不是吃素的，幾頓拳腳下來，拓跋宏鼻青臉腫，好不難堪。

平城和建康遠隔千山萬水，拓跋宏正愁沒有辦法當面罵蕭道成一頓呢，車僧朗就送上門了，拓跋宏大喜，當著蕭道成奴才們的面罵蕭道成也是件非常爽的事情。

罵什麼好呢？拓跋宏到底是個聰明的孩子，他知道蕭道成的位子是怎麼來的，這正是蕭道成最忌諱的地方。這就好辦了，蕭道成哪兒疼，他就專往哪兒戳。

拓跋宏非常禮貌地問車大使：「朕聽說貴主做前宋的宰相沒幾年，怎麼突然就把宋主給廢掉了，自己爬上去做老大？是不是太不講江湖道義了？」拓跋宏這一刀實在夠狠，一下就戳到了蕭道成的命門。

車僧朗可能沒想到拓跋宏會突然給他來這一刀，有點兒手足無措，回答得也含含糊糊：「這個嘛——當初舜禹登基，本身就是天子，而後來的魏晉匡弼前朝，是將天下交付子孫，不過是各自形勢不同而已。」

拓跋宏見車僧朗似乎有些理屈詞窮，知道他有些撐不住了，決定趁熱打鐵，駁倒車僧朗，替當初被蕭道成打敗的弟兄們出口惡氣。不過拓跋宏到底年輕，問了一個等於是自動給車僧朗解圍的愚蠢問題。拓跋宏問車大使：「你給朕嘮嘮，你們蕭皇帝都有些什麼功德？」

車僧朗正暗自抹汗呢，一聽拓跋宏問這個，心中暗喜，順著他的杆就往上爬：「我主陛下聖武英明，睿智弘遠，宋太祖曾深器之。及明帝時四方反亂，我主陛下東征西戰，南討北伐，立功最著，江東士民無不心服。後又廢昏暴敗德之蒼梧（劉昱），殄袁劉沈同惡之逆謀，掃靖江左，致治太平。」

聽完車僧朗對蕭道成的吹捧，拓跋宏立馬就後悔了，真想抽自己幾個大嘴巴子，這不是沒事找抽嗎？他有些不甘心，繼續發難：「蒼梧王在時，也是一國主上，貴主作為大臣，怎麼能以臣弒主，不怕春秋筆法麼？」

車僧朗已經緩過氣來了，何況拓跋宏這個問題比剛才那個還愚蠢，車大使繼續拍自己主子的馬屁：「蒼梧兇殘暴虐，有史以來，聞所未聞，惡比桀紂，人神共憤。我主陛下順天應人，誅此逆頑，天經地義之事。」

話都說到這個地步，再問下去也問不出什麼來，拓跋宏只好作罷，不能再給車僧朗吹捧蕭道成的機會。隨後設國宴，款待車僧朗一行，不過拓跋宏又耍了一個小小的陰謀，他把宋朝昇明年間出使鮮卑的前宋使節殷靈誕請來入宴，居然坐在了車僧朗的前面。其用意再明顯不過，就是說蕭道成的齊朝根本就是個偽政權，魏朝承認的還是劉宋。

這下可捅了馬蜂窩，車僧朗當場指責拓跋宏這是設外交陷阱，站起來指著殷靈誕問拓跋宏：「殷靈誕過去是宋使，但大齊已經承天受命，殷靈誕現在的身分是大齊官員，今日之事，僧朗為使，貴主讓殷某人坐在僧朗的前面，是什麼意思！」

拓跋宏當然知道自己這麼做是什麼意思，他就是想讓車僧朗難堪。不過還沒等他為自己辯解，坐在車僧朗前面的前宋使節殷靈誕就跳了出來，指著車僧朗的鼻子好一頓臭罵，無非是罵車僧朗甘心助逆，喪盡天良云云。

車僧朗也不甘示弱，回嘴也是一通好罵，前任訪魏大使和現任訪魏大使就這樣當著魏朝皇帝的面幹上了。二人越說越不對路，爭得面紅耳赤，就差抄傢伙光著膀子單挑了。

好戲就這樣結束了嗎？不，精彩的還在後邊呢。

自從蕭道成廢宋建齊以後，在北魏滯留了許多從劉宋逃過來的官員，包括像殷靈誕這樣的使節。殷靈誕是個堅決的挺宋派，他非常不滿蕭道成篡位，曾經勸說拓跋宏出兵伐齊，為宋報仇。

隨後拓跋宏大舉攻齊，這其中也有殷靈誕的一份嘴功。看樣子殷靈誕和蕭道成有深仇大恨，北魏出兵後，殷靈誕就想做前宋降王劉昶的司馬，跟著魏軍伐齊，不過拓跋宏沒有同意，他便一直留在平城。

劉昶很重視對北逃宋人的拉攏工作，許多逃過來的宋人都自覺地站在他的旗下，這些人中，有一個劉宋的降將叫解奉君，劉昶和他的關係不錯。這次拓跋宏在平城南郊設國宴款待車僧朗一行，劉昶不方便在場，解奉君卻參加了這場國宴。

劉昶應該就在平城，或者就在宴會場地的隔壁，自然聽到了車僧朗吹捧蕭道成的那些話。車僧朗公然詆毀他們老劉家，作為劉宋皇族的劉昶自然異常惱火，一怒之下，暗中和正在享受國宴的解奉君搭上了手，指示他想辦法讓車僧朗從平城消失。

解奉君是個愣頭青，平時沒少從劉昶這裡揣走真金白銀，吃人的嘴軟，拿人的手短，既然王爺發話，照吩咐做就是，至於後果，他根本就沒多想。

這時車僧朗和殷靈誕依然在沒完沒了地對罵，罵累了就吃點肉喝點酒，然後繼續開戰。在座的鮮卑人都被這兩個活寶給迷住了，津津有味地欣賞這場精彩的辯論會，確切地說，是一場對罵會，拓跋宏也笑眯眯地看著。

就在眾人聚精會神地看殷車大戰的時候，現場卻發生了任何人都沒有想到的戲劇性變化。坐在下面一聲不吭吃東西的降人解奉君突然大喝一聲，挺身而起，還沒等眾人看明白這是哪一齣呢，解奉君就已經竄到了車僧朗面前，一把揪住他。解奉君膽夠大的，握著不知道從哪兒抄來的一把刀，當著北魏皇帝拓跋宏的面，刺殺了南齊大使車僧朗。

一齣鬧劇、喜劇，被解奉君這樣一攪和，就成了一場悲劇。

現場頓時大亂，哭聲、罵聲、大叫聲不絕於耳。拓跋宏萬萬沒有想到，平時不聲不響的解奉君居然敢當庭刺殺南朝大使，這還了得。這是一起嚴重的外交事故，蕭道成豈能放過他，現在兩國關係正處在敵對狀態，弄不好會給自己惹大麻煩的。

最讓拓跋宏感到恐怖的是，解奉君身上居然有刀，如果解奉君刺殺的是自己呢，那還有活路嗎？拓跋宏也是讀過書的，三國蜀漢丞相費禕就是被魏國降將郭循在宴會上刺死的。他越想越害怕，喝令武士拿住解奉君，當場撲殺。

車僧朗已經死了，拓跋宏也無回天之力，只好用最隆重的規格將遇害的車大使發喪送葬，以示他作為北魏皇帝對友邦的尊重。所謂發喪送葬，其實都是做給活人看的，人一死，萬事皆休，知道什麼？

拓跋宏這麼興師動眾，無非是想用實際行動告訴建康城中的蕭道成：蕭大爺，您可瞅準了，這事不是我幹的，您老的口水不要吐在我的臉上，要罵您就罵劉昶吧。這時拓跋宏可能已經知道解奉君行刺是受劉昶的指使，但現在顯然還不能動劉昶，拓跋宏還指望留著他給蕭道成添噁心呢。

車僧朗的遺柩由誰護送回江東呢？拓跋宏已經有了中意的人選，這位護「靈」使者居然是殷靈誕。殷靈誕本就是南朝人，這次能夠有機會回祖國也是好事，關鍵是不知道他願不願意回去。不過拓跋宏已經無意再留他們在北朝了，這些人如果都像解奉君那樣，自己不知道還能活到哪天呢，乾脆都打發回去。

殷靈誕無奈之下硬著頭皮以滯留使節的身分護送車僧朗的靈車，忐忑不安地回到了南朝，同行的還有當初和他一起出使北朝留在平城的使節苟昭先。

也許是蕭道成不知道在這次平城宴會的罵戰中殷靈誕都罵了自己什麼，或者是殷靈誕花言巧語避了過去，總之蕭道成沒有拿他問罪，殷大使僥倖多活了幾年。

可惜殷靈誕好日子沒過多久，蕭道成剛剛駕崩，他罵蕭道成的那些髒話就被同行的苟昭先捅給了繼位的齊武帝蕭賾。蕭賾聽說殷靈誕在平城大罵自己的父親，大怒，立刻捕拿殷靈誕，下獄論罪。不久之後，殷靈誕便死於獄中。

九　皇家父子情

隨著訪魏大使車僧朗的柩車緩緩駛進建康城，新興的大齊帝國和大鮮卑帝國的第一場有頭無尾的戰爭就這樣以莫名其妙的方式結束了。當然蕭道成和拓跋宏也知道，雖然現在都無法吃掉對方，但如果還有機會，這爺倆隨時都會光著膀子上陣玩命。這一切，和人品無關，和道德無關，只和利益有關。

建元四年（西元四八二年）的春天來了，大地回春，萬物甦醒，寒冷即將回到遙遠的西伯利亞。蕭道成有些傷感地意識到，自己真的老了，今年已經五十六歲，長孫蕭長懋已經二十五歲，甚至至嫡曾孫蕭昭業都九歲了。

蕭道成總共有十九個兒子，四個早夭，其他十幾個都活蹦亂跳的。他結婚非常早，十三歲就生下了皇長子蕭賾，十九個兒子的年齡跨度非常大，其中有八個是他在五十歲以後生的，最小的十九皇子河東王蕭鉉只有四歲，甚至比曾孫蕭昭業小了五歲。

雖然帝王家的權力鬥爭極其殘酷，但對於四十三歲的皇太子蕭賾來說，蕭鉉這樣的小娃娃顯然不能對他的儲君位子造成任何威脅，安心做他的皇太子就是。

如果說一定要找出一個有威脅的弟弟，無疑是比自己小三歲的二弟豫章王蕭嶷，但實際上蕭賾和蕭嶷兄弟二人的感情非常好。於是蕭賾相信在弟弟中沒有人可以威脅到自己，只等著老爹伸腿嚥氣，自己就可以做大齊朝的皇帝了。

排除了蕭嶷對自己的威脅，蕭賾長長出了口氣，可他的還沒笑容褪去，就發現自己突然掉進一個可怕的政治漩渦，差點沒毀掉他的錦繡前程。如果追究起這場災難的始作俑者，蕭賾會沮喪地發現，這惡魔不是別人，正是他自己，確切地說，是他膨脹的私欲。

和劉裕、蕭衍這樣要名氣有名氣，要能力有能力的偶像型皇帝不同的是，蕭賾是屬於那種實力派的，名氣不大，但實力很強。他後來能當上皇帝，首先第一個原因是他佔了出身的便宜，他是老蕭家的嫡長子，根紅苗正；第二個原因是他在官場上出道非常早，從小就跟著比他大十三歲的小爹蕭道成闖江湖，為蕭道成打天下立功無數，史稱蕭賾與「太祖（蕭道成）同創大業」。

蕭道成開國後，皇太子的位置自然而然地落到蕭賾的頭上，這在當時沒有任何異議，蕭賾自己對此也是心安理得，這本來就是他應該得到的。不過他並沒有擺正自己的位置，他的身分是皇太子，朝中事務最有決定權的是皇帝蕭道成，而不是皇太子蕭賾。他卻不管這些，只圖自己快活，有些不該他管的事情也伸手摸上一把，而且態度專橫跋扈，絲毫不把父親放在眼裡。

蕭道成對此當然是知道的，他很了解兒子的性格，有時甚至很欣慰地想，兒子這種強悍的性格恰恰正是大齊帝國千秋萬代的保證。但很快他就洩氣了，因為在沒有任何心理準備的情況下，他突然接到豫章王司空諮議荀伯玉的絕密奏章。

荀伯玉在奏章中揭發皇太子蕭賾私下僭越朝廷禮儀制度，有違國體。不僅他自己趾高氣揚，甚至他的奴才張景真也跟著主子耍威風，讓蕭道成不能容忍的是，這個奴才做得比蕭賾還過分，蕭賾在太子宮中過把皇帝癮也就算了，畢竟天下早晚是他的，張景真算幹什麼的，居然也「被服什物，僭擬乘輿」，跟著蕭賾在府中扮皇帝！

最可怕的是，張景真這麼做是得到蕭賾默許的，東宮人等知道張景真是蕭賾的貼身奴才，誰也不敢公開指責。倒是荀伯玉還有些膽量，拼了一條命，把這事捅給皇帝。

蕭道成看完奏章後，快氣瘋了。反了！反了！這是他最器重的兒子做的事麼？蕭道成無論如何都想不通蕭賾為什麼要這麼做？自己還沒死呢，這個不孝子就敢當自己不存在，他真要當了皇帝，還不一定怎麼樣呢。盛怒之下的蕭道成立刻指示有關部門火速前往東宮，調查這起嚴重的僭越事件。

蕭賾這時並不在京師，他奉蕭道成之命去蘭陵祭掃祖陵，正在回來的路上。蕭道成這次的行動是比較機密的，閒雜人等都不知道，但蕭嶷卻通過各種管道知道了這事。

要說蕭嶷人品就是好，如果換成楊廣那號人物，早就落井下石，背地裡捅大哥一刀了。要是能扳倒蕭賾，那太子的位子肯定就是他的。可蕭嶷不但沒有這麼做，反而騎上心愛的寶馬飛駑，連夜出城，在方山（今南京江寧區方山鎮）截下了毫不知情的蕭賾。

蕭嶷火急火燎地把事情的經過告訴了大哥，蕭賾一聽就懵了。蕭賾不清楚蕭嶷趕來通知他這些事情的動機是什麼，也顧不上去猜，他最關心的是父親對他的態度，擔心因為這事在父親的心中失分，自己好容易搏來的皇位繼承人身分，豈能拱手讓人？

蕭賾擔心的事情最終還是發生了。見過二弟之後，他在第一時間趕回了京師，蕭道成並沒有對他說什麼。第二天一早，蕭道成派兩個孫子南郡王蕭長懋和聞喜公蕭子良帶著他的詔書來到東宮，嚴厲譴責蕭賾置國法於不顧，寵信張景真，僭越制度，作亂朝綱。蕭賾跪在自己兒子面前，羞愧得無地自容，他還能說什麼？蕭賾也是久經官場的，自然能從中嗅出異味來，暴風雨就要來臨了。

蕭賾按父皇的旨意殺掉了張景真，然後讓兩個兒子回去報信，自己則躲在宮裡裝病，想暫時避避風頭。不過蕭道成並沒有就此收手的打算，通過這次僭越制度事件，他對蕭賾已經失去了信心，易儲的念頭越來越強烈。

拿下蕭賾，從各方面來說條件最符合的肯定是老二豫章王蕭嶷，蕭嶷史稱「寬仁弘雅，有大成之量」，蕭道成對二兒子的印象自然非常好。雖然《南齊書》是蕭嶷的兒子蕭子顯寫的，難免有吹捧之嫌，但從蕭嶷的為人處世上來看，這個評價大體是準確的。

面對這個從天而降的餡餅，蕭嶷卻溫柔地拒絕了，具體是怎麼拒絕的？很簡單，他對太子大哥蕭賾的態度越來越恭謹，這麼做等於是給蕭賾吃了一顆定心丸：大哥，你不要多心，我不會落井下石的。同時也在做給蕭道成看，自己對東宮沒興趣。

當然不排除還有一種可能，就是蕭嶷在玩反向苦肉計，有意在蕭道成面前展示自己的「寬仁弘雅」。就像楊廣在楊堅和獨孤伽羅面前裝孝子一樣，以此博取蕭道成的好感，奪過儲位，同時還向世人證明，他和大哥的感情「好」著呢，奪儲不是他的本意云云。這種可能性不能說沒有，但存在的概率非常低，相信蕭嶷不是喜歡搞陰謀詭計的人。

即使這樣，蕭道成依然沒有恢復對蕭賾的好感，還在生氣呢。雖然沒有立刻易儲，但明白人都知道，蕭賾的太子位置搖搖欲墜，只要蕭道成願意，蕭嶷取代蕭賾只是個時間問題。

蕭賾這回真急了，他無法想像自己被廢掉之後，將如何面對天下人好奇的目光。自己辛辛苦苦打拼半輩子，血雨腥風歷經無數，眼看著離帝位就差最後一步了，他不允許煮熟的鴨子從自己嘴邊飛了，絕對不允許。

為了挽回敗局，蕭賾決定對蕭道成發動感情攻勢，雖然他不敢確定父親一定會給自己這個面子，但顯然已經沒有其他更好的辦法，只能冒險一試，再賭這最後一局。

蕭賾在官場中的人緣很好，許多大佬都願意在危難時刻拉他一把，在皇帝面前給他美言幾句，雖然直接效果不明顯，但總比在蕭道成面前說他的壞話好。

一個月後的某一天，撫軍將軍王敬則屁顛屁顛地來到宮裡，搖醒正在太陽殿午睡的蕭道成。蕭道成不住地打哈欠，看來還沒睡醒，自然不太高興：怎麼跟土匪似的，一點規矩也不講？沒看朕正在睡覺嗎？

王敬則是個直筒子脾氣，開門見山，把來意告訴了蕭道成：「大齊隆興，陛下即真不過數載，人心未必盡服，而陛下卻因小節苛責太子，動搖國本，輿情譁然。為我大齊社稷計，臣敢請陛下赴東宮，與太子言好，以寧天下物議。」

蕭道成無語。

王敬則說的這些蕭道成聽不懂麼？怎麼可能？只是現在他還沒有廢掉蕭賾改立蕭嶷的決心。在家天下的時代，易儲可不是小事，牽扯到方方面面的利益，蕭道成自然慎重。

不管是維持現狀，還是廢賾立嶷，都是蕭道成自己的事情，沒來由讓外人操這份閒心，王敬則出來搗什麼亂？蕭道成正想呵斥他，沒想到他卻先開口了。

王敬則說的什麼？就一句話：「主上有詔，起駕幸東宮！」王敬則當著皇帝的面矯詔啊，膽子夠大的，蕭道成根本就不想去。王敬則豁出去了，把目瞪口呆的蕭道成晾在一邊，指揮左右人馬抬來轎子，強行把蕭道成塞進了轎子前往東宮，蕭道成叫罵聲不斷：「王敬則，你要造反嗎！」

這頂小轎很快被強壯武士抬到了東宮玄圃，蕭道成罵罵咧咧地從轎上走下來，知道這回躲不過去了，心說王敬則這狗才，看回去朕怎麼收拾他。蕭道成遵照王敬則將軍的「指示」，將散居京師各處的皇子們都叫到玄圃，說是要開一場家宴。

「演員」們很快都到齊了。隨著王敬則導演一聲令下，蕭氏皇族開始進入角色。按照劇本安排，老四長沙王蕭晃站在父皇身後撐起了遮陽傘，別把老爹曬黑了；老三臨川王蕭映用雞毛扇子給老爹扇風驅蒼蠅；皇次長孫聞喜公蕭子良端著酒盤；皇長孫南郡王蕭長懋微笑著勸酒。

當然這幾位都是跑龍套的，真正主演的是蕭賾和二弟蕭嶷——這次易儲醜聞的男主角，還有膽大包天的王敬則。以蕭賾為首，三人捧著酒食，膝行數步，爬到蕭道成面前，叩頭山呼，祝皇帝陛下福如東海長流水，壽比南山不老松。

蕭道成平時比較忙，沒有多少時間把家人都召到一起暢敘親情，這次被王敬則一攪和，反倒給了他一次和家人增進感情的機會。這時的蕭道成已經打定主意，念在蕭賾為自己出生入死多年的份上，暫時不動他了。當然，主要原因還是他最鍾愛的蕭嶷沒有當太子的意思，如果拿掉蕭賾，蕭嶷不答應，蕭道成就要出大洋相了，所以老蕭乾脆就坡下驢，不失為明智之舉。

這場家宴一直持續到傍晚，眾人吃飽喝足，也玩夠了，拍拍屁股，各回各家。蕭賾在眾人的幫助下，勉強從老爹的刀口上撿了一條小命，不由得長長出了一口氣。

在這場易儲風波中，蕭賾無疑是最大的輸家，差點連底褲都輸掉。有輸家自然有贏家，贏家是誰呢？有三個人，第一個是蕭嶷，蕭嶷堅決辭讓儲君，為他贏得了大量的印象分，同時最重要的是讓蕭賾欠了他一筆天大的人情，以後就等著收高額利息吧。第二個贏家是王敬則，史稱「是日無敬則，是東宮（蕭賾）殆廢」。和蕭賾一樣，王敬則也做了一筆人生最大的投資，最後賺了個盆滿缽溢。

第三個贏家蕭賾這輩子都忘不了：荀伯玉！荀伯玉趁蕭賾去蘭陵祭祖時狠狠告了一個刁狀，差點毀掉了自己的政治生涯，蕭賾能不恨他嗎？

十　荀伯玉很狂，垣崇祖很傻

荀伯玉因揭發張景真僭越有功，被蕭道成特別提拔，從此一躍成為齊朝政壇的頭號紅人。荀伯玉當時能紅到什麼程度？他的母親病故，他給亡母大辦喪事，建康官場上的好漢們得到這個消息，個個興奮得跟吃了藥似的，就差燃放一萬響的大花炮了。

能有機會給當今官場第一權臣溜鬚拍馬屁裝孫子，那是他們無上的光榮。至於皇太子，他們認定蕭道成如此寵信荀伯玉本身就是一個政治信號，蕭賾的位子坐不了幾天了，天下早晚是蕭嶷的。

這夥人在荀伯玉亡母發喪的那天成群結隊地來到荀府弔唁，所過之處，遮雲蔽日，寸草不留。當時來了有多少高官？據不完全統計，僅荀府門外二里地就都擠滿了當朝頭號人物們的小車轎子，估計除了蕭氏嫡親皇族，江東能掛得上號的人物，能動的都爬了過來。

當然，並不是所有的好漢們都能吃到荀伯玉施賞的那塊若有若無的大餅，其中有兩位的遭遇非常值得同情。司州刺史蕭景先和前太子中庶子王晏也跟著大隊人馬跑到荀府覓食，五更天的時候，也就是現在的凌晨三點到五點，天還沒亮呢，二位大爺坐著一輛車就來了。

他們以為自己睡得比狗晚，起得比雞早，一定能趕在最前面，可是到了荀府門面一看，全都洩了氣。門前已經擠滿了當道大佬們，司徒褚淵和衛軍將軍王儉都到了，正在為排隊加塞兒打架呢，現場雞毛亂飛。

蕭大人和王大人只好耐心地在後面等，哪知道一直等到太陽落山，才輪到他們進去弔唁。二人正準備進門，中書舍人徐希秀卻奉命出來告訴他們，這天的弔唁活動到此結束，諸位的好意荀公心領了，都請回吧。二人當然不願意，指天畫地地和徐希秀吵罵，吵了半天也沒效果。二人急了，乾脆直接闖進靈棚，衝著荀老太太的靈柩就是張牙舞爪一通鬼哭狼嚎，醜態百出。

這都不是最讓人沮喪的，最傷他們自尊心的是，哭完了，荀府連頓晚飯都不招待。他們餓了一天的肚子，眼冒金星，原以為弔唁之後，能在荀府填填肚子，哪知等了半天也沒見有人招待他們吃飯，氣得大袖子一甩，罵罵咧咧出了荀府。

蕭景先和王晏越想越窩囊，荀伯玉也太不是東西了，不就是個臨時宰相麼？也不打聽打聽爺們是什麼出身？他們的出身確實非常顯赫，蕭景先是蕭道成的族子，王晏則出身於江東第一豪門琅琊王氏。

二人一怒之下，跑到宮裡，在蕭道成面前給荀伯玉腳下使絆子：「陛下，臣昨天去荀大人府裡弔喪去了。」蕭道成當然知道，只是隨意「哦」了一聲，這事也要告訴朕，沒話說了是吧？

他們當然有話要說，不然來幹什麼的？二人開始在荀伯玉頭上倒屎潑尿：「臣等現在才知道，荀大人在京師的人氣是如此之高，兩宮及省台和荀府相比，估計可以張網捕麻雀了。」蕭道成又

「哦」了一聲，二人見皇帝不上鉤，繼續發飆：「臣等聽外邊人說，陛下千敕萬令，不如荀大人一命。」

他們說的這些蕭道成怎麼會不知道，荀伯玉再怎麼飛揚跋扈，說到底只是一個高級奴才，想拿掉他，一句話而已，所以他對蕭景先二人告惡狀沒什麼興趣。

蕭景先和王晏的這番話沒在蕭道成這裡起作用，卻意外的在皇太子蕭賾那裡開花結果，蕭賾本來就恨透了荀伯玉，現在又聽說「千敕萬令，不如荀公一命」。那還了得，以後自己當了皇帝，大佬們是聽他的，還是聽荀伯玉的？須知天下姓蕭不姓荀！蕭賾又加深了對荀伯玉的仇恨。

在蕭賾私下記的黑名單上，還有一個非常令人意外的名字：豫州刺史、「當代韓信」垣崇祖！其實上了黑名單，那也是垣戰神強行把自己的名字塞進去的，蕭賾並不希望這份黑名單上有垣崇祖的名字，畢竟南朝名將不算多，蕭賾還指望垣崇祖以後能給自己看好北大門呢。

垣崇祖在軍事上確實有一套，但在政治上還是嫩了一些。在易儲事件中，大多數朝廷重臣都選擇了蕭賾，偏偏只有垣崇祖，把自己的身家性命都壓給了蕭嶷。垣崇祖認定蕭道成早晚要拿掉蕭賾，換上蕭嶷，所以對蕭賾就有些不乾不淨，蕭賾自然就記住了他。

垣崇祖在壽春大敗魏軍後，被蕭道成召回建康議事。按理說，蕭賾有資格參加這次會議，但蕭道成卻甩掉了大兒子，秘密接見垣崇祖。蕭賾知道垣崇祖是二弟蕭嶷的人馬，他懷疑垣崇祖這次入宮恐怕不單是說軍事上的事情，不一定在背後怎麼咬自己呢。

不過蕭賾歷練官場二十多年，早就練成了金鐘罩鐵布衫，知道話該怎麼說，事該怎麼做。蕭賾隨後以太子身分設宴招待垣崇祖，想和老垣「了結」一些個人恩怨，在席間蕭賾滿面含笑地告訴垣崇祖：「老垣，我知道坊間傳了一些傷你我和氣的流言碎語，咱都是爺們，拿得起放得下，不和小人計較。你是咱大齊朝的擎天柱，別人想動你，我還捨不得呢。你安心守邊，以後有什麼事，我都給你撐著。」

蕭賾不愧是見過大場面的，話說得滴水不漏，溫馨感人，垣崇祖到底是心機不密，哪有蕭賾想的那麼多，見太子都紆尊降貴了，那自己還好意思上竿子裝大爺麼，不住地拜謝，說些盡忠效死的話，二人盡歡而散。

目送垣崇祖離開後，蕭賾臉上的笑容凝固了，得罪了本太子，你拍拍屁股，就以為沒事了？還有那個荀伯玉，一副小人得志的醜惡嘴臉，等著吧，我的時代很快就要到來了。

十一　蕭道成的太陽落山了

不知不覺間，蕭道成已經在江東做了四年皇帝了。在這四年裡，他並沒有享受到多少做皇帝的快樂。一般來說，開國皇帝要擔起為兒孫謀萬世的歷史重任，戰戰兢兢、如履薄冰。蕭道成也不例外，不管他是否喜歡皇太子蕭賾，蕭家這份家業總是要傳下去的。

作為劉宋的前臣，蕭道成對劉宋皇族下手非常狠毒，能殺的基本上都殺光了，劉裕也只不過是毒死了司馬德宗，而且還是偷偷摸摸幹掉的，這點蕭道成似乎不如劉裕寬宏。當然龍生九子，人各有別，除了在品德上有差異，在能力上蕭道成並不比劉裕差多少。都是吃皇帝這碗飯，沒幾手絕活那是混不出來的。

蕭道成雖然出身於庶族地主家庭，家境也算殷實，但他從小就養成了節儉的好習慣，這可能和少年時代跟著大儒雷次宗受學有一定關係。蕭道成的節儉是出了名的，有一次他在主衣庫中發現了一枚漂亮的玉導，估計是從宋朝傳下來的。他指著玉導告訴大臣們：「知道宋朝為什麼會失天命嗎？這枚玉導便是禍因！」說罷，命人把玉導摔碎，以後再發現有這樣的東西，概從此例。同時，下令將宮中用來裝飾的銅製品全部換成鐵製品，省下銅器用來充實國庫，他不允許在自己的帝國內部出現奢靡之風。

蕭道成為此非常感慨，留下了在歷史上非常著名的一句話：「使我治天下十年，當使黃金與土同價。」當然這話太誇張了，他只是藉此表達自己抑制奢侈風氣的決心而已。

雖然天下來得有些缺乏說服力，但客觀來說，讓蕭道成做皇帝，總比劉子業和劉昱這幫昏君好多了。劉宋的統治基礎已經徹底腐爛了，必須推倒重來，歷史選擇了蕭道成，確實是江東百姓的福氣，或者說，是江東漢文明的福氣。

如果給南朝二十四個皇帝排隊論座，劉裕肯定是老大，不僅因為他是南朝開國第一帝，更重要的是因為他的絕世武功，南朝皇帝中沒一個強過他的，劉裕是當之無愧的南朝頭號牛人。第二梯隊有宋文帝劉義隆、齊武帝蕭賾、梁武帝蕭衍、陳武帝陳霸先、陳文帝陳蒨，自然也包括蕭道成。

第二梯隊的皇帝有個共同的特點，就是文化素質都非常高，劉義隆和蕭衍就不必說了，著名的文治皇帝，沒點文化底子是不行的。陳霸先給後人的印象是個武夫，但他居然可以效仿梁武帝，開壇講佛。陳蒨給他的小男寵韓子高寫情詩，水準據說可以超過李白。蕭道成更不用說了，十三歲就被父親蕭承之送到大儒雷次宗門下受學，正宗的科班出身，在南朝皇帝中學歷可以說是最高的。

蕭道成的文雅風騷在南朝皇帝中也是能掛上號的，全面發展的典型，不僅有學問，更牛的是會寫文章，會書法，會下棋，標準的風流老生。在蕭道成不多的有關文化的軼事中，他和侍中王僧虔關於書法水準的辯論最為著名，在南朝書法界，王僧虔是一個再響亮不過的名字，一代名家宋文帝劉義隆看到王僧虔的帖子，都禁不住大歎。

蕭道成的書法水準雖然還夠不到王僧虔這樣的級別，但在票友中也是一流的，不過他心高氣傲，對這個評價非常不服氣，總想找個機會爬到王僧虔的頭上。有一次蕭道成特意把王僧虔召進宮，說是要和王侍中切磋一下書法。王僧虔一看蕭道成這皮笑肉不笑的嘴臉，就知道他沒安好心，自己的書法在江東的地位無人能撼動，皇帝當然是知道的，這次叫自己來比書法，恐怕是想設套下陷阱。

王僧虔表面上一往如常，規規矩矩地按指示寫了一幅書法作品，蕭道成也寫了幾個字，不動聲色地看完了王僧虔的字，笑眯眯地問：「老王，你說實話，朕和你的字，你看到底誰是第一？」王僧虔就知道蕭道成會這麼問，微笑著回答：「臣認為，臣的書法和陛下的可以並稱第一。」

蕭道成滿以為王僧虔會諂媚地恭維他的書法第一，見王僧虔大言不慚，強忍著不悅問：「以卿慧識，朕的書法水準到底怎麼樣，卿說實話。」王僧虔確實說了實話：「臣認為臣的正書在江東為第一品，草書第二品，而陛下的草書第二品，正書第三品。如果陛下一定要問臣與陛下誰是第一的話，臣冒死犯上，臣書第一。」

要說王僧虔膽量夠大，似乎還不及蕭道成的度量大，蕭道成可不是劉彧這幫混蛋，只會嫉賢妒能，專害好人。雖然王僧虔的話讓他非常沒面子，但老蕭肚子大，容個把宰相還是沒問題的，他故作大笑狀：「卿言可謂戇直，敢說實話，不愧是直臣。」王僧虔不住地拜謝。

蕭道成再不喜歡王僧虔，也不會拿他怎麼樣。王僧虔出身琅琊王氏，宋元嘉朝頭號勳臣王曇首的兒子，豈是說殺就殺的？雖然說到了宋齊之際，江東士族集團已經沒有東晉時指天畫地的威風，但士族的政治經濟和文化力量還是非常強大的，蕭道成不會愚蠢到拆自己的後院，在保證了高門士族集團利益不受侵犯的前提下，士族們自然願意和蕭道成合作，齊朝的統治基礎也非常穩固。

蕭道成天生不是享福的命，等到把蕭家老店的門面打掃乾淨後，他也累倒了。齊建元四年（西元四八二年）二月初一，蕭道成病危，倔強的老蕭知道自己不可能邁過這個檻兒，也就只好認命了。在生命的最後一刻，他急召司徒褚淵、左僕射王儉等人入宮接受顧命。該來的都來了，蕭道成有氣無力地望著這些年跟著自己闖蕩江湖的弟兄，老淚縱橫。他歎了一口氣，讓左右將擬定的遺詔拿過來，交給褚淵和王儉。詔書是這樣寫的：「吾本布衣素族，念不到此，因藉時來，遂隆大業。風道沾被，升平可期。遘疾彌留，至於大漸。公等奉太子如事吾，柔遠能邇，緝和內外，當令太子敦穆親戚，委任賢才，崇尚節儉，弘宣簡惠，則天下之理盡矣。死生有命，夫復何言！」

蕭道成為人還是很有自知之明的，知道自己的天下說難聽些就是偷來的，這點他並不否認，王夫之也說過：「齊無寸功於天下，乘昏虐而竊其國、弒其君、盡滅其族，神人之所不容。」蕭道成還算是個明白人，不像後世有些帝王，明明是欺人寡母孤兒偷來的江山，還鐵嘴銅牙地死不承認，和蕭道成相比，氣度未免小了些。

蕭道成在臨死前還沒忘記他最親愛的小兄弟荀伯玉，從他的安排來看，荀伯玉才是真正的託孤大臣，褚淵和王儉不過是兩個跑龍套的綠葉。

蕭道成指著荀伯玉，吃力地告訴旁邊臉色已經發青的蕭賾：「荀伯玉對我忠貞不二，等我故後，你要善待他，不要聽外頭那些人胡說八道。如果你要覺得有什麼不妥，可以讓他去東宮伺候白澤（蕭長懋的小字），或者去南兗州做刺史，這你總沒話說了吧？」

蕭賾雖然僥倖保住了太子的位置，但蕭道成這個安排，顯然是對他不信任。蕭賾知道現在還不是發作的時候，等老爹死了再說，他知道該怎麼做。

身後事能料理的都料理完了，蕭道成也放心了，他知道自己該上路了。齊建元四年（西元四八二年）三月初八，蕭道成病逝於建康臨光殿，時年五十六歲。同日，皇太子蕭賾在王公親貴的簇擁下，面容哀戚地在大行皇帝靈前即皇帝位，大赦天下，並改次年為永明元年。

四月初六，蕭賾給自己的老爹上了一個美諡：高皇帝，廟號太祖。雖然古代諡法裡並沒有「高」這個諡，但從劉邦以來，「高」字是皇帝諡號中規格最高的。

在劉宋之前，開國皇帝多數諡為高祖武皇帝，南朝四代，除了蕭道成是「太祖高皇帝」，其他三個全是「高祖武皇帝」。宋朝之後，開國皇帝無一例外諡為太祖，通常都是「太祖高皇帝」。

不過無論蕭賾如何折騰，躺在棺材裡的蕭道成是管不著了，能做的他都做了，子孫後代如何，全看他們自己的造化。四月二十二，蕭賾把父親的遺體葬在蘭陵（今江蘇丹陽）郡望的泰安陵。

隨著墓穴石門的緩緩關閉，蕭道成的時代結束了。

在《南齊書》裡，蕭道成得到非常高的評價，《南齊書》的作者蕭子顯是蕭道成的嫡孫（蕭嶷的第八子），對祖父肉麻的吹捧自然是難免的，不過從蕭道成的一生來看，蕭子顯的評價大抵上還是公允的。

要論個人魅力，蕭道成沒有劉裕的雄、蕭衍的雅，甚至不如陳霸先的狠，魅力值可以說是南朝四個開國皇帝中最少的。當然，魅力是一方面，論能力，蕭道成不比任何開國皇帝差，大浪淘沙，剩下的都是金子，蕭道成和沈攸之、劉秉這些破銅爛鐵相比，就是一塊大金子。

南朝自劉駿開始，陷入歷史的低潮期，內亂洶然，北方又有鮮卑人趁亂騷擾，形勢日益窘迫。劉子業、劉彧、劉昱這幾位又沒有危機意識，花天酒地，無惡不作，顯然不具備帶領江東漢人復興的能力。

王夫之對這幫昏君極為失望，不承認他們是真命天子，諷刺他們是「揚州刺史」，他們的宰相大臣都是「胥吏」。雖然王夫之從道德角度否定了蕭道成的開國之路，但並沒有否定他稱帝後對江東的貢獻，事實上，如果讓劉彧這些人繼續胡搞，江東弄不好就要淪陷於鮮卑人之手。

所以不管由誰接手南朝，只要能在鮮卑人強大的軍事壓力下保存下來並漸漸恢復，對歷史做出的貢獻都是非常偉大的。蕭道成保住了江東漢文明，僅憑這一點，王夫之就有足夠的理由讚美他。

第二章

永明時代（上）

一 新舊交替的時代

蕭道成已經成為歷史，而他的繼承人蕭賾正在創造歷史。

蕭賾登基後，除了將老爹下葬，還大設宴席，招待老爹手下的弟兄們，大魚大肉好好招待，不怕撐著他們。這幫人無論給多少肉，都能一口吞下去，臉不紅心不跳，心理素質好著呢。

蕭賾陛下有旨：晉褚淵為錄尚書事，是實際上的真宰相，王儉晉侍中尚書令，王奐晉尚書左僕射，二皇弟蕭嶷也撈到了一頂太尉的大帽子，美滋滋地戴在頭上，好不威風。

以上的安排有些是蕭道成死前內定的，但蕭賾也不全是按老爹的遺詔辦事，如蕭道成本來是讓王敬則任丹陽尹的，蕭賾卻把丹陽尹的位子留給了李安民。當然這並不能說明王敬則在蕭賾心中的地位不如李安民，這不過是普通的人事調動而已。至於仇家垣崇祖和荀伯玉，蕭賾現在還沒打算動他們，他剛即位，需要一個緩衝的時間，等自己喘過氣了，再騰出手來收拾他們。

蕭賾安撫好了外人，開始招呼本家人入席吃肉。他的原配穆夫人早在兩年前就去世了，沒當上皇后。他和穆氏的感情很好，所以即位後，立刻追封穆氏為皇后，而且終其一生，不再立皇后，雖然他喜歡的女人有許多，但這不能改變他對穆夫人的感情。

穆夫人給蕭賾生了兩個兒子，大兒子南郡王蕭長懋和二兒子聞喜公蕭子良，蕭賾即位後，冊封蕭長懋為皇太子，蕭子良封竟陵王，其他十幾個兒子照例封王，蕭賾的長孫蕭昭業也跟著上位，接替父親蕭長懋做了南郡王。

齊朝的政治格局並沒有發生什麼顯著的變化，只是具體的演員換了而已，蕭賾接替蕭道成坐莊，蕭長懋接替蕭賾，蕭子良則有意無意地接替了蕭嶷的位置。

從性格上來說，蕭長懋像極父親，雄悍、工於心計，而蕭子顯簡直就是蕭嶷的盜版，性格溫和圓潤、愛好文學，同樣深得父親的寵愛。好在蕭嶷和蕭子顯都沒有什麼野心，安心做自己的閒散風流王爺，所以這個時期的蕭齊皇族內部還是比較團結的，沒有發生手足殘殺的慘劇。

蕭賾擺平了內部錯綜複雜的人事關係，以為可以安安心心地享福了。不過他想安生吃飯，有人卻閒不住，跳出來鬧事。這位爺是誰？吏部尚書江謐。

江謐這個人有點小才，史稱「才長刀筆，所在事辦」。但他最大的毛病是過於自負，屬於眼睛長在腦門上的主兒。江謐能狂妄到什麼程度？蕭道成臨終的時候，因為沒有遺詔讓江謐顧命，江謐就恨透了他。眼瞅著快要西去了，蕭道成下詔召江謐入宮見最後一面，沒想到他卻來了大爺脾氣，裝病不去。老棺材瓤子，讓你不給我面子，去死吧你。

蕭賾即位後，一直沒有升江謐的官。江謐還眼巴巴地等著入閣拜相呢，一看蕭賾和他的死鬼老爹是一個德性，就惱了，把對蕭道成的怨氣全都撒到了蕭賾的頭上。江謐耍起了嘴皮子功夫，到處說蕭賾的壞話。

如果江謐只是說些不鹹不淡的閒話，不觸犯忌諱，蕭賾沒來由和這號蹬鼻子上臉的二百五較勁。他給足了江謐面子，可江謐真有本事，蕭賾哪地方疼，他就專往哪地方戳。

蕭賾有一次小染風寒，臥床養病，江謐覺得自己出頭的機會來了，美顛顛地跑到豫章王蕭嶷的府上，裝傻充愣地問蕭嶷：「現在主上聖體有恙，而東宮（蕭長懋）又非治國幹才，萬一山崩事發，咱大齊朝就危險了，不知道殿下對此有什麼看法？」蕭嶷能有什麼看法？他要是對那個位置有意思，幾年前就有機會下手，犯不著到現在才眼紅，所以他對江謐的挑唆裝聾作啞。

蕭賾在官場上的耳報神很多，很快就有人把江謐的原話一字不差地吹到他的耳朵裡，這事是不是蕭嶷故意捅出來的？史無明載，但非常有可能是他幹的。

蕭賾知道江謐嘴上沒個把門的，經常跑馬放炮，但沒想到這廝居然敢砸自己的攤子。不過蕭賾做事沉穩，他不想在吏部尚書的位子上拿掉江謐，這樣的牽扯面太大，蕭賾有的是辦法。他先是改任江謐為征虜將軍、南東海太守，還沒等江謐琢磨過來他想幹什麼呢，他就動手了，拿下江太守踢進大牢喝粥。

蕭賾指使御史中丞沈沖參了江謐一本，在這道奏疏中，沈沖按蕭賾的意思，將江謐的罪狀寫得駭人聽聞，連江謐裝病不去見蕭道成的醜事也拎了出來，沈沖指責江謐「崇飾惡言，肆醜縱悖，譏誹朝政，訕毀皇猷，遍蚩忠賢，歷詆台相」。說到這個份上，江謐的下場也就不言自明，隨後，在獄中被賜死。

在齊朝官場上，江謐並不屬於一線演員，不過是個二線角色，所以蕭賾幹掉他並沒有對齊朝官場產生太大的震動，一切如舊，跑馬的跑馬，玩骰子的玩骰子，天下依然太平。

在蕭道成留下的這套統治機構中，真正能為蕭賾看重的，還是那些江湖老將，比如褚淵、王儉、柳世隆、王敬則這些人，而不是像江謐這類耍活寶出醜的。在這些權力精英中，雖然真正的宰相是王儉，但如果說能給齊朝官場撐臉面扛大旗的，非褚淵莫屬。

蕭賾和蕭道成一樣，只是把褚淵看成裝點門面的頭號政治花瓶，但政治花瓶自有其不可取代的價值，蕭賾深諳用人權術，他知道把褚淵推到前臺跳大神對他百利而無一害。

可惜褚淵和蕭道成一樣，天生不是享福的命，經歷無數腥風血雨之後，還沒來得及多享受幾天快活日子，就伸腿閉眼去了。蕭道成駕崩半年後，齊建元四年（西元四八二年）八月二十二，錄尚書事、驃騎將軍、司徒褚淵病逝，時年四十八歲。

作為蕭齊王朝最忠實的合作者，褚淵在齊朝皇族蕭子顯撰寫的《南齊書》中得到了極高的評價，蕭子顯甚至在書中公開給他做無罪辯護。其實蕭子顯不用那麼激動，褚淵失節是客觀存在的，不是他說幾句好話就能改變。事實上，在當時的齊朝官場，褚淵失節也是公認的，許多人都以諷刺他失節為樂。

有一次上朝，因為天熱，褚淵拿了把腰扇遮陽，路旁同行的正員外劉祥挖苦褚淵：「怪不得要拿扇子遮面呢，原來是沒臉見人！」這都不算狠的，蕭賾還是太子的時候，有一次宴請群臣，席間褚淵想拍太子右衛率沈文季的馬屁，說沈文季是當世名將，足可禦邊。沒想到沈文季最忌諱別人說他是武夫出身，以為褚淵有意挖苦他。沈文季是個粗人，一怒之下，當著眾人的面罵道：「褚淵經常吹噓自己是忠臣，不知道等他伸腿瞪眼的時候，有什麼臉面去見宋明帝？當初他可是信誓旦旦要效忠蒼梧（劉昱）的。」

從對一家一姓的忠誠來說，褚淵確實對不起劉宋對他的恩寵，更何況他還是劉宋皇室的至親。當然我們還可以從另外一個角度來看這個問題，以當時江東搖搖欲墜的危局，與其讓那幾個無德無能的昏君誤國誤民，還不如讓蕭道成出山。

歷史也證明了蕭道成有足夠的能力帶領江東漢文明和江東百姓走出歷史的泥沼。所以從這個角度看，褚淵對歷史還是做出了一定貢獻的。

還有一點，褚淵的私德其實很好，當初南朝劉宋山陰公主劉楚玉強迫他做面首，被他嚴詞拒絕。褚淵的父親宋朝驃騎將軍褚湛之臨終的時候，作為嫡長子，褚淵在分家的時候，只拘走了父親留下的幾千卷書，金銀財寶都分給了弟弟們。他不是一個貪戀富貴權力的人，之所以選擇蕭道成做自己的合作者，未必就不是從江東大局來考慮的。

褚淵和唐末五代的「騎牆孔子」馮道很相似，一樣的刀槍不入，一樣的好修行，一樣的參透世事，甚至一樣的「人盡可夫」，但不能否認的是，他們都是自己所處時代的頂尖人物。現在對馮道的評價已經非常寬容了，所以對褚淵也不要一棍子打死，歷史都是非常複雜的，簡單的非黑即白論是不客觀的。

二　大清洗（上）

褚淵的死，為一個時代的結束和另一個時代的開始做了最完美的注腳。歷史，即將真正進入屬於蕭賾的時代。殘年過後，永明元年（西元四八三年）正月初二，蕭賾來到南郊祭祖，改元永明，大赦天下。

從這一天開始，雄心勃勃的蕭賾正式站在了歷史的前臺，這一年他四十三歲，有足夠的時間來證明自己有資格做歷史的創造者。

在這個大喜的日子裡，蕭賾還算有良心，第一個想到的就是他的同母胞弟蕭嶷。他知道當初如果不是蕭嶷堅辭儲君之位，自己早就捲舖蓋滾蛋了，弟弟送的這個天大人情，他一輩子都不會忘。

按蕭嶷的級別，蕭賾有足夠的理由讓他出山做大齊朝的二掌櫃，就如三十多年前的宋彭城王劉義康一樣。只要蕭嶷開這個口，蕭賾肯定會滿足他的要求。不過蕭嶷並沒有這麼做，他是個參透世事的精明人，當然知道劉義康當年是怎麼倒臺的。宋文帝劉義隆讓弟弟劉義康主持朝政，劉義康沒有擺正自己的位置，野心越來越大，結果被劉義隆給拿下了。這段歷史蕭嶷是知道的，再說自己的大哥蕭賾的為人，他再清楚不過。與其自己坐在火山口受煎熬，不如退避三舍，倒落得清閒自在。

蕭嶷自哥哥即位以來，從不參與朝中政務，安心在家遛鳥。如果遇上什麼重大事件，他會私下和哥哥討論對策，不在前臺拋頭露面，一切功勞都是哥哥的。

蕭賾遇上這個在人格上近乎完美的弟弟，激動得都快哭了，老爹蕭道成真是太偉大了，生下這麼個極品國寶。蔡東藩先生也笑談：「蕭道成生此佳兒，實在難得。」

將宋文帝劉義隆那幫不成器的兒子們和蕭道成這幾個兒子一比較，就很容易發現蕭家這幾位大爺比劉家的那幾位更有資格站在歷史的前臺。蕭嶷自不必說，人品接近完美，當時公認的頭號賢王，比起《楊家將》中那位完美化身的八賢王有過之而無不及。

可能是劉裕、劉義隆、蕭衍、陳霸先、陳蒨這樣的明星皇帝太多了，所以蕭賾紮在南朝皇帝堆裡頭並不太顯眼，實際上他是南朝皇帝中最被低估的一個。他不是偶像派，名頭響、花樣多，他就是實實在在做事。像這類處事低調的人，往往更讓人難以琢磨，隱藏得越深，越不能被低估。

蕭賾天生就是做皇帝的，他做事雖然低調，但性格雄悍。歷史已經證明，像他這種性格雄悍的，在政治鬥爭中成為勝利者的概率非常大，如曹丕、楊廣、趙光義、朱棣、雍正等人。因為歷史是冰冷無情的，所以要想成為歷史的勝利者，就必須按照歷史的既定規則去做。做皇帝千萬不能像苻堅那樣，濫施仁政，結果身死國亡，成為歷史的笑柄。

蕭賾深諳此道，他本就是玩政治鬥爭的高手，也許這正是蕭嶷不願和他為敵的原因，真要玩起狠的，他未必是蕭賾的對手。因為蕭嶷主動選擇退讓，蕭賾肯定不會動二弟的，在剛登基的時候，他的手上就已經出現了一份死亡黑名單，入選的都是他認為必須除掉的敵人，有三個名字異常顯眼：散騎常侍荀伯玉、豫州刺史垣崇祖、車騎將軍張敬兒。

因為荀伯玉和垣崇祖私交極好，所以蕭賾決定將二人併案處理，張敬兒另作一案。荀伯玉的政治嗅覺非常靈敏，他聞到一股異味，但說不清到底是哪裡出了危險。

蕭賾更是聰明過人，為了穩住荀伯玉，他笑臉相迎，好言勸慰荀伯玉。無非就是先帝將朕託付給你，你就是咱大齊朝的擎天柱、定海神針云云。荀伯玉也夠白癡的，居然相信蕭賾，放心地吃蕭賾抹在刀口上的蜂蜜。

蕭賾不是個做事婆婆媽媽的人。如果拖得久了，恐怕夜長夢多，他決定動手。齊永明元年（西元四八三年）四月初九，蕭賾突然下詔逮捕豫州刺史垣崇祖，罪名是垣崇祖鎮守壽陽期間，和鮮卑人裡通外合，謀叛祖國。當然這是誣告，垣崇祖真要想反，何必等到現在。

同時落網的還有正在做黃粱夢的荀伯玉，罪名是和垣崇祖一起勾結邊荒亡命，圖謀不軌。

蕭賾強加給他們的罪名可都是十惡不赦的死罪，不管冤不冤，只要皇帝定了性，那只有死路一條。垣崇祖和荀伯玉終於為他們的政治選擇付出了慘重的代價，「垣崇祖誅，伯玉並伏法」。

不知道垣崇祖在死前是否會想起不久前蕭賾對他的那番甜言蜜語，荀伯玉是否想起他的母親亡故時，滿朝文武爭破頭地跑來弔喪。也許會，只不過這種回憶非常苦澀，非常殘忍。

說來可惜，南朝武力本來就弱於北朝，而南朝中有三朝開國名將頭牌都死於非命。宋文帝劉義隆殺檀道濟，齊武帝蕭賾殺垣崇祖，後來的陳文帝陳蒨殺侯安都，除了侯安都之死是自找的，檀道濟和垣崇祖都是典型的冤案。只有梁朝的兩位頭牌韋睿和陳慶之得以善終。

垣崇祖因為站錯隊被蕭賾冤殺，蕭子顯在撰寫《南齊書》的時候，毫不避諱，指責蕭賾「兔死烹狗，鳥盡藏弓」。蕭賾之所以要殺掉垣崇祖，也許還有一個原因，因為垣崇祖是蕭嶷的人馬。如果讓他天天在眼前晃悠，萬一蕭嶷和他聯手奪位，自己會非常危險，畢竟垣崇祖在軍界的地位蕭賾是知道的。雖然蕭嶷現在對自己唯諾恭順，但人心隔肚皮，而且人都是會變的，褚淵不就是個活生生的例子麼？

蕭賾這次殺垣崇祖和荀伯玉絕不是心血來潮，而是有預謀的，他要對官場進行一次大清洗，留下聽話的，做掉礙事的。蕭賾必須保證自己權力的絕對安全，即使是蕭嶷威脅到他，他也絕不客氣。權力場上是不講親情的，蕭賾懂得這個道理。

蕭賾在黑名單上勾掉了垣崇祖和荀伯玉的名字，下一個要勾掉的是車騎將軍張敬兒。其實不只是蕭賾，換成蕭氏宗室任何一個人上臺當皇帝，都不可能放過張敬兒。原因很簡單，張敬兒有不臣之心，他居然想做皇帝！

張敬兒在官場上翻船，除了因自己貪婪無度外，他那位多嘴饒舌的老婆尚氏也是「功不可沒」。張敬兒的原配本不是尚氏，他的正妻是毛氏。張敬兒後來不知道怎麼著就和尚氏勾搭上了，於是踢開毛氏，娶了尚氏。垣崇祖被殺的時候，張敬兒在旁邊看得膽戰心驚，不知道蕭賾會不會拿他開刀。

按理說，尚氏作為賢內助，應該勸解老公，叫他不必過分擔心，平時手腳放乾淨些就行了。但尚氏倒有本事，直接煽陰風點鬼火：「相公何必氣短如此，垣崇祖是笨死的，扯不到咱們頭上。相公自承天命，怕什麼貓三狗四。我記得當初我夢到手熱如火，相公就做了南陽太守；後來我夢到大腿發熱，相公就領了雍州；再後來我夢到半個身子熾熱，相公就做了開府儀同；前不久我又夢到全身發熱，估計用不了多久，我們就要飛上枝頭了。」

張敬兒也是個二百五，一聽老婆胡吹，立刻來了精神，當著七打姑八姨的面，附和老婆：「你不說我倒忘記了，我前兩天也作了一個夢，夢到家鄉村頭有棵大樹，高可通天，說不定是個好兆頭。」眾人以為這對狗男女都瘋了，只是大笑吹捧。

三　大清洗（下）

張敬兒沒想到自己的府第上居然有蕭賾安插的內線，自己與尚氏那番瘋話很快就傳到了內宮。蕭賾還得到絕密情報，張敬兒派人到荊雍蠻購辦軍貨，意圖不明。蕭賾臉都氣綠了，他獰笑著想：既然想做皇帝，那朕就成全你吧。

蕭賾不動聲色地在華林園設了八關齋，朝中的高級官員都要出席，張敬兒自然有資格參加。所謂八關，說得通俗一點，就是我們非常熟悉的佛門八戒：「一不殺生，二不偷盜，三不邪淫，四不妄語，五不飲酒食肉，六不香油塗身、歌舞視聽，七不得坐高廣大床，八不食非時食。」

當時南朝佛教盛行，所以蕭賾利用設八關齋做掩護，不會引起張敬兒的懷疑。果然，張敬兒大搖大擺地來了，給蕭賾行了禮，正準備坐下吃齋。蕭賾輕咳數聲，就有十幾個鐵甲武士從幕後撲了出來，將目瞪口呆的張敬兒團團圍住。

張敬兒這才知道上了蕭賾的當，後悔得直想撞南牆，不過他也算是條漢子，取下頭上的貂冠，狠狠地摔在地上，痛呼：「都是此物誤我！」張敬兒終於明白了，可惜蕭賾不可能再給他懺悔的時間了。閏五月二十，蕭賾殺張敬兒和他三個已經成年的兒子，小兒子張道慶因為年幼而倖免於難，尚氏下落不明。

張敬兒是南朝不可多得的滑稽派人物，做事有時很二百五，讓人笑倒。他做雍州刺史的時候，看中了西晉名將羊祜的墮淚碑，想遷走。有人勸他：「大人莫不是瘋了，這可是羊太傅的巍巍遺德，動不得。」張敬兒很不高興，白眼一翻：「什麼羊太傅馬太傅，我不認識，老子只認識真金白銀，時令乾貨。」

還有一件更好笑的事情，宋昇明三年（西元四七九年），張敬兒由雍州刺史改任護軍將軍，入京當差。張敬兒是個粗人，不懂朝議，怕進京之後出醜。在臨行前，老張自己獨自在房間內練習朝議，對著空中跪拜作揖，嘴裡還念念有詞。他的大小老婆們就趴在門外，透著門縫朝裡看老張的健身操表演，個個笑得死去活來。

垣崇祖出事是因為他站錯了隊，說到底他還是個正人君子，但張敬兒就有些心術不正了，也不拿塊鏡子照照自己的德性，是做皇帝的那塊料子麼？蕭賾可不是劉彧，連蕭嶷這樣的人都不是蕭賾的對手，更不用說張敬兒這類不三不四的人物了。

張敬兒倒了台，可蕭賾的清洗計畫並沒有停止。在他看來，還有些討厭的人物必須從眼前消失。蕭賾拿起黑名單看了一看，下一個準備勾掉的名字是時任征北諮議參軍的謝超宗——大文學家謝靈運的孫子，大野心家張敬兒的兒女親家，當時著名的狂徒。

謝超宗和他的祖父謝靈運一樣，才氣了得，為人卻更加狂妄。他經常在殿省值班的時候喝酒，喝醉了就罵人。有一回齊高帝蕭道成問他北魏屢屢侵邊的事情，謝超宗噴著滿嘴的酒氣，打著飽嗝，嬉皮笑臉地回答：「宋世以來二十餘年，鮮卑屢來侵邊，別說陛下，就是佛祖再世，也拿他們沒奈何。」蕭道成鼻子都氣歪了。

因為謝超宗在皇帝面前失禮，被外放為南郡王蕭長懋的中軍司馬，這是弼馬溫似的小官，謝超宗老大不高興，胡說八道：「才封我個司馬，真是摳門到家了，不如封我司驢算了，馬和驢有什麼區別？」

這些閒語碎語很快就被人告到朝廷那裡，蕭道成懶得搭理這個瘋子，以譏謗朝廷的罪免官，封殺謝超宗十年內不准做官。謝超宗無所謂，繼續從事他的八卦事業，四處罵人為樂，褚淵和王儉這樣的宰相都難逃厄運。如果僅是罵人，蕭賾不會動他的，沒想到謝超宗嘴巴太大，連蕭賾的痛處他都敢戳。張敬兒被殺，謝超宗替親家委屈，當著丹陽尹李安民的面炮轟蕭賾卸磨殺驢：「往年殺韓信，今年殺彭越，兔死狗烹，還講不講道理了！」

謝超宗拿李安民當朋友，李安民卻拿他當傻子。李安民是個官場滑頭，正愁沒機會抱住蕭賾的大腿呢，謝超宗自己就送上門了，真夠朋友。於是立刻將謝超宗的原話捅到了蕭賾的案頭上，陛下你自己看著辦吧。蕭賾早就看謝超宗不順眼了，再說他是張敬兒的親家，留下始終是個禍害。於是他先指使御史中丞袁彖誣告謝超宗，沒想到袁彖雖然洋洋灑灑寫得不少，卻極不合他的本意，一怒之下，又指使左丞王逡之上疏，將謝超宗和袁彖一鍋給燴了，夠狠的。隨後下詔，誣告謝超宗「釁同大逆，罪不容誅」。將謝超宗趕到了越州（今廣西東南地區）吃苦受罪。謝超宗自從被繫獄以來，憂愁兼併，愁白了頭髮。即使是這樣，蕭賾還是沒有放過他，在謝超宗南下到豫章（今江西南昌）的時候，豫章內史虞悰接到蕭賾的密令，逼令謝超宗自殺。得罪蕭賾，就是這個下場。

內部形勢穩定之後，蕭賾自然把注意力集中到對北魏的外交政策上來。自己剛登基還沒功夫搭理北魏皇帝拓跋宏，在永明元年的七月間，拓跋宏已經派侍中李彪出使建康。所以為了回禮，蕭賾在十月間派驍騎將軍劉瓚北上平城，去問候拓跋宏，以及他那位風華絕代的祖母馮太后。

四　永明時代的文人們（上）

前面咱們說南齊的能人輩出，其實要說南齊頭號能人，既不是蕭道成和蕭賾，也不是垣崇祖、李安民和周盤龍這些跑腿打雜的，而是這位在南齊並不起眼的劉瓚。劉瓚的英雄事蹟不要說南齊了，就是整個南朝，能超過他的基本沒有。

劉瓚之所以稱為南朝頭號能人，並不是說有什麼赫赫的文治武功，而是因為他的風流韻事。他居然有本事爬上北魏太皇太后馮氏的香榻，在紅綃帳中征服了性格雄悍、才華出眾、美貌絕倫的馮太后。

劉瓚因為數次奉命北上出使平城，所以能經常見到馮太后，不知道使了什麼手段，三來兩去，就把馮太后勾搭上手了。劉瓚就這樣一邊在北魏做珠寶生意，一邊在馮太后的床上鬼混，好不風流快活。

劉瓚作為齊朝使節，在建康和平城之間來回奔走，確實為齊魏兩國的和解做出了許多努力。兩國雖然不可能成為朋友，但至少也能成為不錯的鄰居。以齊魏的國力，誰也不可能滅了對方，與其這樣，不如以和為貴，老老實實地吃飯過日子。

蕭賾通過劉瓚間接「搞定」了北魏實際上的一把手馮太后，北方形勢日趨穩定，大齊朝一無內憂，二無外患，蕭氏皇族開始享受屬於他們的太平盛世。

客觀來說，蕭賾不算是一個有個人魅力的皇帝，但偶像派和實力派的差距其實只在於站在聚焦燈下的次數，在能力上沒有任何差別。蕭賾為人處世穩重踏實，政治品格相對比較優秀，所以在永明年間，江東百姓還是安安穩穩地過了幾年好日子。

蕭賾即位後，非常關心老百姓的日常生活，當然也可以說這是他的形象公關，新官上任三把火，總比明火執仗地搶百姓錢財要好多了。

蕭賾三番兩次下詔，讓有關部門放糧，賑恤貧苦百姓。凡是遭了水災的百姓，政府都會撥款救濟，同時減免租稅。他還進行過幾次特赦，除謀逆這樣的不可赦之罪外，偷盜砸搶等一般刑事案件的罪犯都放了出來。

蕭賾還有一點做得非常漂亮，就是對齊朝政敵袁粲、劉秉、沈攸之和劉景素等人的態度。蕭道成剛當皇帝的時候，就有人為袁粲他們呼冤，可他一概不理會，要是肯定了袁粲，豈不是把自己給否定了？

不過到了蕭賾，因為齊朝統治已經非常穩固，所以他慷慨一下，送這些死人一個空頭人情，自己還能撈上個胸懷寬大的美名，何樂不為？反正都是演給活人看的。

永明元年（西元四八三年）四月初四，蕭賾在政治品格上給袁粲、劉秉、沈攸之和劉景素等人一定程度上的平反：「雖末節不終，而始誠可錄。」允許他們的家屬遷葬遺體，而劉景素可以依宋朝的親王禮下葬。

蕭賾替別人操完了閒心，開始替自己操心了。雖然即位之初立了長子蕭長懋做皇太子，鞏固了國本，但他的兒子比較多，方方面面都要照顧周全。不當家不知柴米貴，這時的蕭賾也許會理解父親了，操持這麼大一份家業，不用心是不行的。

在永明元年的時候，蕭賾共有十六個兒子，其中四個早夭。其他十二個兒子，最年長的蕭長懋二十六歲，最年幼的邵陵王蕭子貞只有三歲。蕭長懋是名正言順的皇位繼承人，而且年紀也不小了，自然要在官場多摸爬滾打，練出一身好本領。

除了蕭長懋，次子蕭子良也已經二十五歲了，不能總在家裡玩魚，逗鳥，捉蟲子。等以後蕭長懋當皇帝的時候，蕭子良就要扮演他二叔蕭嶷現在的角色，舉足輕重的配角，少了他還真不行。

永明二年（西元四八四年）正月初二，蕭賾下詔封蕭子良為護軍將軍領司徒，雖然幾年前蕭子良就已經從政，但這次顯然不一樣，蕭賾有意要給二兒子的肩上壓擔子。這次蕭子良領的是實缺，而且還有開幕領兵之權，可見蕭賾對老二是很器重的。

蕭賾如此看重蕭子良，可沒想到蕭子良天生遊手好閒，不務正業，對權力沒什麼興趣，卻是個狂熱的文學青年。他最大的理想是做一個快樂的玩主，而不是一個成天錦衣玉食、呆頭傻腦的親王。

蕭子良自從開府之後，廣納四方賢士清客，各地的才子騷人們一看還有這等吃閒飯的所在，蝗蟲似的都撲了過來，擠在一起混飯吃。在這幫已經成名或即將成名的文學家中，有八位出類拔萃，最得蕭子良信賞，號稱八友。

這八位才子是：記室參軍范雲和蕭琛、法曹參軍王融、主簿任昉、鎮西功曹謝朓、步兵校尉沈約，揚州秀才陸倕、東閣祭酒蕭衍。蕭衍就是未來的梁高祖武皇帝蕭衍，著名的菩薩皇帝。

蕭衍是齊朝皇室同族，出自蘭陵郡望，父親蕭順之是齊高帝蕭道成的堂弟，蕭順之在齊朝官場名位不顯，最高只做過丹陽尹。老子沒種樹，兒子就只好去曬太陽了，所以蕭衍並沒有佔老爹多少便宜。不過蕭衍文辭風流，才幹出眾，很快就在官場上打出了自己的名號。左僕射王儉非常欣賞他，曾經對人稱讚：「蕭家公子才具非常，三十歲之內當可進位侍中，此後前程無量。」

吹捧蕭衍的還有八友之一的王融，王融對蕭衍的評價極高，甚至已經超出了正常的範疇，王融私下裡告訴自己家人：「將來宰制天下者，必在蕭郎。」好毒辣的眼光！可惜王融在蕭衍稱帝之前就死了，否則在蕭衍陛下手下混個宰相是沒問題，也用不著成天喊冤叫屈：「車前無八卒，如何稱得大丈夫！」

除了這八友外，活躍在齊朝文壇的還有幾位文學大家，比如法曹參軍柳惲、太學博士王僧孺、尚書殿中郎范縝、南徐州秀才江革、會稽郡才子孔休源等人，他們和以上八位才子組成了中國文學史上著名的永明文學集團。

永明文學集團的出現，是南朝文學史上的重大事件，這些文學精英不僅是齊朝文化界的中堅力量，而且大多數都入了梁朝，然後又成了梁朝文學集團的骨幹力量。

五　永明時代的文人們（下）

我們都知道唐詩是中國詩歌史上無法逾越的巔峰，和魏晉南朝的詩歌相比，唐詩也稱為近體詩，而唐詩的發展又是建立在永明體的基礎上的。所謂永明體，就是齊武帝蕭賾永明年間，文學界在劉宋元嘉體的基礎上對詩歌發展做出的重大改革，永明體的出現對後來唐詩的發展產生極為重大的影響。

元嘉體以謝靈運、鮑照和顏延之為代表人物。梁初著名文學評論家劉勰評論元嘉體：「儷采百字之偶，爭價一句之奇，情必極貌以寫物，辭必窮力而追新。」詞句過於華麗鋪張，但意境不深。而永明體相對文風自由的古詩體來說，更講究聲律和對仗的工整，詩體日趨嚴密，經過兩百多年的發展，最終形成了氣魄雄大、瑰麗萬千的唐詩。

永明體有兩位旗幟性人物，一位是理論上的旗手，步兵校尉沈約；一位是實際創作的旗手，鎮西功曹謝朓。沈約是史學大家，同時也是南朝著名的大文學家，他對永明文學最大的貢獻就是創造了「四聲八病」理論。

所謂四聲，即聲調上的「平上去入」；所謂八病，即在詩歌創作中應該避免的八個誤區，即平頭、上尾、蜂腰、鶴膝、大韻、小韻、旁紐、正紐。

永明體的另一位旗手謝朓是南朝著名詩人，說到謝朓，留給後人印象最深的倒不是他的詩篇，而是他有一位極為鐵杆死忠的超級人粉絲——詩仙李白。李白代表作之一《宣州謝朓樓餞別校書叔雲》有名句：「蓬萊文章建安骨，中間小謝又清發。」青蓮狂吟的這位「小謝」，就是謝朓，這首詩可以說是李白最知名的作品之一。

謝朓最有代表性的作品是《晚登三山還望京邑》：

灞涘望長安，河陽視京縣。白日麗飛甍，參差皆可見。餘霞散成綺，澄江靜如練。喧鳥覆春洲，雜英滿芳甸。去矣方滯淫，懷哉罷歡宴。佳期悵何許，淚下如流霰。有情知望鄉，誰能鬒不變？

詩中的「餘霞散成綺，澄江靜如練」是謝朓所有作品中最膾炙人口的名句，北宋文學家王安石名作《桂枝香．金陵懷古》中的「千里澄江如練」一句，就是直接化用了謝朓的這句佳作。

南齊真要感謝竟陵王蕭子良，正是因為他對文學近乎狂熱的虔誠，短暫的南齊政權才能在中國文學上留下如此濃墨重彩的一筆。蘭陵蕭氏皇族的文化素質在中國帝王中是比較高的，一直以來，我們對蕭梁皇族文學集團更為熟悉：梁武帝蕭衍、昭明太子蕭統、梁簡文帝蕭綱、梁元帝蕭繹。

其實就文化素質來說，蕭齊皇族絲毫不遜色於蕭梁皇族，只不過蕭梁皇族的文學家不是皇帝就是太子，影響力太大，而蕭齊勉強可以稱為文學家的也就竟陵王蕭子良，或者再加上一個撰寫《南齊書》的蕭子顯。

當然，有沒有「文學家」這頂大帽子並不重要，有沒有貨真價實的文學水準，這才是最重要的。蕭梁皇族會的，蕭子良也不示弱，蕭衍是著名的菩薩皇帝，蕭子良就是著名的菩薩王爺，再加上著名的菩薩太子蕭長懋，南齊皇族對佛教的篤信程度，並不比蕭梁皇族遜色多少。

蕭子良篤信佛教在齊朝官場是出了名的，史稱蕭王爺「招致名僧，講論佛法。道俗之盛，江左未有」。他的府裡擠滿了從各地趕來開壇講法的高僧，參與政務之餘，蕭子良把自己所有的時間都奉獻給了佛教。

宗教講的是信仰自由，有人相信，自然就有人不相信，這是再正常不過的。說到南齊最不信佛的人物，那就是尚書殿中郎范縝。范縝是南朝文化界的一個異類，他是南朝知識份子反佛陣營中的一面旗幟，最見不得別人信佛，尤其是蕭子良。范縝經常在蕭子良面前大倒熱灶，專給他添堵，弄得蕭王爺好不窩火。

有一次實在是忍不住了，蕭子良把范縝叫到府裡，揪住他就是一陣炮轟：「范君不信人世間有因果報應，那請你回答小王一個問題，人世間何以有富貴，何以有貧賤？」

范縝知道蕭子良被他罵急了，從容笑答：「人生如同一株樹上的花朵，被風吹得四處飄散，有的花朵落到了香榻之上，有的花朵則落到了糞坑裡。比如殿下就是那落到榻上的花朵，而卑職就是那落到糞坑裡的花朵，貧富人生不同的生活狀態，和前世因果沒什麼關係。」

面對這番邏輯不算嚴密的回答，蕭子良竟然張口結舌，不知道如何反駁，只是沒頭沒腦地臭罵了范縝一通。范縝自然不服氣，你不過就是仗著生在帝王家麼！他窩了一肚子的火回到府裡，連夜寫了一篇文章，就是中國思想史上具有劃時代意義的《神滅論》。

在這篇反佛名作中，范縝以問答的形式來闡述了對佛教的看法，全文共設三十一個問答，在文章的開篇，他就情緒激動地寫道：「或問予：『神滅，何以知其滅也？』答曰：『神即形也，形即神也；是以形存則神存，形謝則神滅也。』」

范縝洋洋灑灑數千言，用自己的唯物主義觀點駁斥了盛行已久的「神不滅論」，對當時的宗教勢力給予了沉重的理論打擊，《神滅論》一經問世，滿朝譁然，齊朝官場震動不已。

蕭子良恨透了范縝，沒事搗什麼亂？他聯繫了當時宗教界有名的高僧，這些人氣勢洶洶地向范縝發難，卻沒有在理論上駁倒范縝，反而讓范縝名聲大噪，成為江東文化界頭號紅人。

名士王琰是個虔誠的佛教信徒，見范縝如此賣力地否定佛祖，自然惱怒不已，揪住他眼中范縝的邏輯盲點，寫文章諷刺道：「可笑啊，可悲啊，范先生你居然不知道你祖宗神靈在什麼地方？」

范縝仔細琢磨了王琰的文字後，揪住了王琰的七寸就是一頓狠打：「可笑啊，可悲啊，王先生你既然知道你祖宗神靈在什麼地方，為什麼不自殺去地下陪伴先祖，可謂不孝！」一席話駁得王琰啞口無言。

經范縝這麼一折騰，蕭子良快要瘋了。不過他知道自己在理論上不是范縝的對手，他可不想像王琰那樣顏面掃地。蕭子良有的是辦法，他想到了招安，打算對范縝採取金銀攻勢，看看是你的嘴皮子硬，還是我的真金白銀硬。

蕭子良派法曹參軍王融去找范縝，王融將蕭子良的意思告訴了范縝：「子真你也是個聰明人，怎麼總在做蠢事，你難道不知道你所謂的『神滅論』會給你帶來不必要的麻煩嗎？子真才傾東南，將來必有大用，只要你放棄這套謬論，上頭保證你至少可以做到中書郎，怎麼樣，做個交易？」

王融話剛說完，范縝就一陣爆笑，眼淚都笑出來了，范縝忍著笑告訴他：「老弟，知道你是好心，不過這種事情都要講原則的，我不可能放棄我的觀點。如果我要是貪圖名利而放棄神滅論的話，就是中書令、僕射，也是我的囊中物，別說小小的中書郎了。」

王融只負責傳話，回去把范縝的話原原本本地轉告給蕭子良，蕭子良頭都大了，這個愣大膽怎麼軟硬不吃，油鹽不進？蕭子良拿范縝一點辦法也沒有，只好睜隻眼閉隻眼，由他去，反正以後再搞會場的時候，避開他就是了。

六　官場上的潛規則（上）

說到南朝在文化界成就最高的皇帝，梁武帝蕭衍肯定當仁不讓地做老大。他是中國歷史上少有的才子皇帝，才氣指數極高。另一位蕭皇帝蕭賾在個人文學成就上和蕭衍相比，簡直就是天上地下，個人魅力嚴重欠缺。

不過蕭賾治下的江東文化成就，並不比蕭衍時代差多少，而且梁朝文化的繁榮可以說是直接從永明時代繼承下來的。別的不說，活躍在梁朝的文化精英們絕大多數都是成名於永明時代。

當然，和皇帝的位置相比，這些都是閒篇，只要能治國平天下，就是成功人士。否則都像李煜、趙佶那樣，文章玩得花團錦簇，政治上卻嚴重低能，最終亡國辱死，妻妾成為他人的掌上玩物，這樣的人生又有什麼意義？

蕭賾和老爹一樣，是個玩弄權術的高手，他的大腦就像一台高速運轉的電腦，儲存了許多嚴密的控制程式。他知道今天該做什麼，明天該做什麼，一切都在他的絕對控制之下。

在權力機器中，最重要的一個環節就是用人權，這是所有統治者都絕不可能鬆手讓人的。什麼是人才？用人者覺得聽話的就是人才，人品如何倒在其次。齊高帝蕭道成用荀伯玉是這樣，現在蕭賾用中書通事舍人茹法亮也是如此。

茹法亮是寒人出身，從劉裕開始，歷代皇帝就開始有意識地壓制士族豪門，寒人參政這種在東晉時代完全不可想像的政治現象在南朝是家常便飯。寒人沒有什麼政治背景，用起來要比豪門放心，茹法亮是蕭賾的心腹近臣，所以蕭賾一上臺馬上啟用茹法亮。

除了茹法亮，還有同為寒人出身的中書通事舍人呂文顯、制局監呂文度，都是蕭賾的貼身心腹。這些人生在寒門，卻因為傍上蕭賾而青雲直上，在政治舞臺上呼風喚雨，好不張揚，就是王儉這樣的頭面人物也不如他們威風。

這幾位得勢之後，狂妄得簡直沒天沒地，因為他們手上有用人調度大權，甚至還有兵權。呂文度就主制兵權，領軍、將軍這樣的軍界實職倒成了虛職。他們很有生意頭腦，既然手上有權，自然就做起了批發官帽的買賣，出錢多的做大官，出錢少的做小官，一毛不拔的樹上涼快去。

僅一年多，這夥強人就摟了好幾百萬錢，王公名臣們都沒他們闊氣。有了錢，自然要提高生活品質，他們花天酒地，四處擺闊，弄得官場烏煙瘴氣，雞毛亂飛。

除了茹法亮這幫寒人，還有像御史中丞到撝這樣出身庶族地主集團的狂人。到撝和蕭賾是幾十年的老交情了，私交甚密。到撝和茹法亮一樣，都是篾片朋友，自恃有皇帝的寵信，四處跑馬兜風，名聲臭遍了大街。

看到這幫庶族寒人仗著皇帝的威風吃香的喝辣的，有人就吃了醋。左僕射王儉出身琅琊王氏，江東開國第一名相王導的正牌嫡孫，身分極為顯貴，雖然他也是蕭賾的心腹，但看到茹法亮這麼招搖，心裡很不對味。

王儉跑到宮裡找蕭賾告茹呂等人的刁狀：「陛下身居九重，卻不知道呂文度他們在下面的勾當。他們獨斷專行，貪賄舞弊，禍害天下，萬一把百姓惹急了，恐怕要出亂子的，請陛下早做定奪。」

王儉說的蕭賾其實都明白，但他還是信不過王儉這樣的士族豪門，士族集團早就抱成了團，同進同退，不如寒人好用。寒人沒什麼利益集團，說拿掉也就拿掉了，所以他並沒有理會王儉，茹法亮們照樣跑馬遛鳥，紋絲不動。

茹法亮和二呂沒有被王儉參倒，到撝就沒有這麼幸運了。到撝這人實在太搞笑了，他平時眼睛長在腦門上，誰都瞧不起，仗著自己是皇帝的老交情，經常喝得醉醺醺的欺辱同僚，言語下流，不堪入耳。

尚書左丞庾杲之是荊州人，到撝沒事就去惹老庾：「荊州蠻荒之地，風俗鄙陋。」輔國將軍虞悰是古越地會稽人，到撝又辱罵會稽：「越人斷髮文身，風俗醜陋不堪。」鎮東將軍王敬則也沒少遭到撝的奚落。有一次王敬則用刀削果子吃，到撝在一邊看見了，伸過頭不陰不陽地笑：「王將軍手上的果子又不是蒼梧（劉昱）的人頭，用刀削做什麼？直接用嘴啃多省事。」王敬則氣得吐血。

到撝才不管別人是什麼感受，只要他嘴上痛快就行了，官場上能被他得罪的差不多都得罪光了，人們一提到撝無不咬牙切齒。庾杲之性子比較烈，哪能容得到撝對他不敬，當下就狠狠參了到撝一本。

蕭賾剛開始時覺得到撝就是這樣一個渾人，也就沒理會庾杲之，只是罰了到撝一筆錢，換了個位置，讓他跟著隨王蕭子隆到徐州辦差去了。沒想到到撝還是不安分，四處惹禍，又被人給參了，蕭賾這回保不住他了，只好將他一擼到底，做了平民百姓。不過蕭賾還是念著他們的老交情，沒多久又找了些理由恢復了他的官職，讓他繼續在官場上耍寶。

蕭賾知道，這些人無非就是利用手上的那點權力撈外快，或者耍酒瘋跳大神，他們再怎麼驕橫，說到底也是自己的奴才。在權力屬私的時代，人才聽話最好，如果不聽話，統治者還不如用奴才，至少對自己沒有威脅。

蕭賾對奴才向來都是好吃好喝好照應，但對那些王公貴族，卻沒有那份善心，誰知道這些人是不是真心擁護自己。在這些人中，威脅最大的無疑是蕭氏皇族，尤其是那幫親兄弟，甚至包括蕭嶷，所有人都是蕭賾的懷疑對象，他不能容忍任何人挑戰他至高無上的權威。

高帝蕭道成在臨終之前，曾經告誡蕭賾：「如果不是宋朝皇族骨肉殘殺，天下不是會我們老蕭家的，所以你以後要善待蕭家人，不要重蹈劉家的覆轍。」蕭賾表面上點頭稱是，但背地裡早就磨好了刀，只要哪個兄弟敢跳出來和他作對，他是不會手軟的。

蕭嶷倒還好些，從來就沒有挑戰他的意思，只想安安穩穩地做閒散王爺，下棋遛鳥打八卦。蕭嶷安分，不代表所有的弟弟都這樣，有幾個弟弟都不是省油的燈，沒少讓蕭賾費心思盯著。

四弟長沙王蕭晃是最受蕭道成寵愛的，蕭道成死前把蕭晃託付給蕭賾，讓他處處讓著這個性格張揚的四弟。蕭賾不是很喜歡老四，但只要他不惹是生非，也沒理由拿掉他。

沒想到蕭晃做事太不檢點，有一次從南徐州刺史的任上回到京師述職，居然帶著幾百個全副武裝的衛士大搖大擺地進了京。按皇家制度，諸王在京師的時候，儀衛捉刀者不能超過四十人。雖然蕭晃的「軍隊」剛進城時就被解除了武裝，把武器都扔進了長江，但蕭賾依然大發雷霆。這幾百號強人萬一在宮裡給自己來突然襲擊……蕭賾簡直不敢再往下想。

蕭賾覺得這是個除掉蕭晃最好的時機，過了這個村就沒這個店了。他準備對蕭晃下手，管他什麼親兄弟。兄弟再親，有權力親麼？但他不講兄弟手足情，蕭嶷可不願看到骨肉相殘，劉宋的教訓就近在眼前。

蕭嶷進宮來找大哥，淚流滿面地給蕭賾叩頭，哀求大哥：「臣知道白象（蕭晃的小名）罪過不輕，按國法論，足夠殺頭的。臣只是求陛下念著高皇帝臨崩時託付白象之情，好歹給他個重新做人的機會。」蕭嶷夠聰明，把蕭道成抬了出來，蕭賾也動了情，跟著哭了一回。他再不喜歡老四，總要給死去的老爹一個面子，於是就饒了蕭晃。蕭晃雖然躲過了一場殺身大禍，但從此在大哥那裡失了寵。

這場骨肉猜忌的鬧劇很快就傳遍了官場。當時有議論認為蕭賾這麼對待兄弟，比魏文帝做得好，但比漢明帝做得差。

七 官場上的潛規則（下）

東漢末年，曹操的長子曹丕因為賈詡的「吾思袁本初、劉景升耳」，僥倖從曹植手裡奪過了魏王的儲位，即位後就對曹植進行政治報復。雖然曹植寫了《七步詩》，勉強逃過一死，但曹丕三番五次給曹植穿小鞋，曹植最後被活活氣死。

漢明帝劉莊本來是沒有機會當皇帝的，但因為他的母親陰麗華是漢光武帝劉秀一生最愛的女人，所以劉秀最終狠心廢掉了原配郭聖通生的皇太子劉彊，改立劉莊為太子。

劉莊為人雖然嚴察剛猛，但對哥哥始終心存愧疚，可惜的是劉彊在劉莊當皇帝的第二年就病死了，沒能享受弟弟給他的感情補償。不過劉莊的這種態度顯然要比曹丕和蕭賾要好，要不是蕭嶷苦苦哀求，蕭晃肯定難逃一死。

整倒了蕭晃，下一個被蕭賾拎出來一頓暴打的是老五武陵王蕭曄。蕭曄很有才華，會下棋寫詩，他的詩才甚至直逼謝靈運。但他為人處世不穩重，因為蕭賾沒有讓他進入權力核心，所以沒少在外面說大哥的壞話，蕭賾很討厭這個蒼蠅一般的弟弟。

有一次，蕭賾在宮中設宴，蕭曄也參加了。蕭五爺是個酒鬼，連續喝了幾大盞酒，便醉倒在地。他的貂尾帽子沒戴好，掉到肉湯裡。蕭賾看到了，好心提醒他：「老五，你的帽子掉進肉湯裡了。」蕭曄可真會說話，專撿犯忌諱的話說，隨口就是一句：「不就是幾根貂毛嗎？陛下難免有些愛惜它們而疏遠骨肉了吧。」蕭曄話剛說完，蕭賾臉上就掛不住了，雖然沒說什麼，但心裡煩透了蕭曄。

還有一回，蕭賾在蕭嶷的東田設宴，蕭氏皇族能來的都來了，蕭賾唯獨不召蕭曄赴宴。蕭嶷覺得有些不妥，就請哥哥給他個面子，叫老五過來，兄弟們好好聚聚。蕭嶷的面子蕭賾不能不給，就派人把蕭曄叫過來聚會。

兄弟們在玩射箭遊戲，前幾位射術一般，輪到蕭曄的時候，他每箭必中。蕭曄不禁有些得意，舉弓衝著兄弟們大叫：「怎麼樣，我的箭術厲害吧？」蕭賾見替補上場的蕭曄搶了鋒頭，臉色很難看。

一旁的蕭嶷知道蕭曄又犯了忌，忙出來圓場：「陛下別聽老五嘴上跑馬，他平時箭術臭得不得了，今天只不過是仗著陛下天威，一時手氣好中了彩而已。」蕭賾聽二弟這話很舒服，也就不再計較蕭曄的無禮了。

得罪了皇帝，自然沒有好果子吃。蕭曄本來就不討蕭賾的喜歡，再加上這幾次的胡鬧，蕭賾乾脆把他晾到一邊。蕭曄是個闊公子脾性，平時喜歡冒充慈善家，花錢本就大手大腳，加上蕭賾有意給他穿小鞋，兜裡的錢越來越不夠開銷。

蕭曄很有意思，為了宣洩不滿，他給自己的後園小山起名叫首陽山，以伯夷、叔齊自居，拐彎抹角地罵蕭賾是昏庸無道的紂王。蕭賾的耳報神多，應該知道這事，但這點事還犯不著給蕭曄開齋，只要不動他的私家菜園子，他不會把蕭曄怎麼著的。

和蕭晃、蕭曄這樣的刺頭比起來，還是蕭嶷這樣性情溫順的更能贏得蕭賾的好感，當然蕭嶷對皇位沒有半點非分之想，這才是蕭賾愛重他的最根本原因，否則十個蕭嶷也被蕭賾給整趴下了。

蕭嶷對蕭賾百分百的順從，非常注重自己的一言一行，絕不做犯忌諱的事情。蕭賾知道蕭嶷是真心擁護他的，非常感動，於是特許蕭嶷著便服入宮，卻被蕭嶷拒絕了。蕭嶷並不需要這種待遇來給自己臉上貼金，而且大哥為人他最清楚，他和你客氣，千萬別當真，他無非是說說而已。

蕭嶷如果還想在蕭賾手上討飯吃，就要低眉順眼討大哥歡心，這是保家保命的唯一途徑。他從不對大哥隱瞞自己的私生活，甚至一言一行都要主動向大哥請示彙報。如果當時有錄影機的話，蕭嶷都願意讓蕭賾派人對自己進行全天候直播，他心裡明白，哥哥除了至高無上的皇權，誰都不會相信。

即使如此，蕭嶷還是不放心，他知道蕭賾對自己這些雞零狗碎的事情沒興趣。為了避嫌，他決定辭去太傅，想做個閒雲野鶴，被蕭賾冷冰冰地拒絕了。

蕭嶷不死心，又想辭去兼領的揚州刺史，由蕭賾的二少爺蕭子良接任。沒想到蕭賾對蕭嶷的行為極為憤怒，氣呼呼地告訴蕭嶷：「你別作春秋大夢了，朕告訴你，只要你活著，揚州刺史你是當定了，想撂挑子不幹？門都沒有。」蕭嶷苦笑不已，只好繼續給大哥賣命。

蕭嶷的「深重奴性」博得了蕭賾的極大好感，蕭賾恨不得抱住他狠狠地親上幾口。這個弟弟真是太可愛了，不僅智商很「可愛」，長相也非常討喜，是個美男子，身高七尺八寸，換算成現在的尺寸，足有一米九。加上氣質儒雅，性格溫潤，做事玲瓏剔透，八面討好，不僅蕭賾喜歡，朝野上下無不對他敬服三分。

蕭賾也不指望那幫油頭滑腦的弟弟們個個都能像二弟這樣，別給他找麻煩就謝天謝地了。客觀來說，蕭道成的兒子們綜合素質要高於劉義隆那幫不成氣的逆子，劉義隆的兒子幾乎沒有能拿得上檯面的。

蕭賾在這方面要比宋孝武帝劉駿幸運多了，劉駿天天和弟弟們亂打王八拳，弄得雞毛滿天飛。蕭賾的弟弟們除了蕭嶷，還是有能給他跑腿辦事的，比如老十始興王蕭鑒，是個做大事的人物。蕭賾對十弟向來比較器重，知道他和老四、老五這幾個混蛋不一樣，可以放心使用。

永明二年（西元四八四年）十一月，蕭賾下詔，調蕭鑒出任益州刺史，替他守好西大門。益州是江東天險門戶，是萬萬不能出閃失的，雖然守益州的是齊朝心腹武將陳顯達，但畢竟不如自己兄弟用著放心。因為南朝的政治經濟軍事重心都在江東，最多延伸到荊州和雍州，益州一直游離在南朝主流之外，內部形勢比較混亂。

在蕭鑒去之前，益州就爆發了一場大渡獠人發動的武裝叛亂，雖然很快就被冷血的益州刺史陳顯達給殘酷地鎮壓了，但蕭賾對陳顯達不是特別放心，為了防止益州出現朝廷無法控制的大規模叛亂，他決定調陳顯達回京任中護軍，改任蕭鑒鎮守益州。

看來陳顯達的鐵血鎮壓政策在益州並沒有取得良好的效果，還沒等他離開，益州的強盜頭子韓武糾合了幾千個亡命兄弟，在巴西郡（今四川綿陽）做起打家劫舍的無本買賣，燒殺搶掠，周邊郡縣深受其害。直到蕭鑒過來的時候，韓武才幡然悔悟，準備投降。候任蜀郡太守虞悰勸蕭鑒斬草除根，殺掉韓武。

蕭鑒雖然年輕，卻很懂策略，他搖頭駁了虞悰：「非也！韓武是主動來投降的，如果殺了他，那麼他背後那些人就會聞風而散，豈不是增加了我們平叛的難度？」蕭鑒決定放掉韓武。蕭鑒這麼做當然不是給韓武看的，而是給站在韓武背後踮腳觀望的那夥人看的，果然，各路人馬一看韓武沒事了，立刻歸順朝廷，動盪不安的巴西郡形勢得到穩定。

蕭鑒隨後準備進入成都接替陳顯達，但當他來到距成都不遠的新城，突然有傳言說陳顯達不肯接受調令，調動軍隊準備對抗朝廷。蕭鑒不了解真實情況，也不敢貿然入城，派典簽張曇晳去成都打探情況。

張曇晳前腳剛走，陳顯達就派部下郭安明和朱公恩來到新城，請蕭鑒入城。蕭鑒的手下覺得陳顯達不可信，建議拿下二人，武力解決陳顯達。蕭鑒不同意：「陳顯達是高皇帝時舊將，國朝幹才，我相信他不會做這等出格的事情。再等等看，看張曇晳回來怎麼說，如果陳顯達真有什麼三心二意，再拿了他不晚。」

過了兩天，張曇晳回來覆命，告訴蕭鑒：「陳顯達確實沒有那個意思，他現在已經把家屬都遣到城外，正在踮腳盼著殿下入城辦理交接手續呢。」蕭鑒一聽這話，知道安全了，立刻出發進入成都。

蕭鑒風風光光地送走陳顯達，開始了封疆大吏的政治生涯，而這一年，他只有十四歲，僅比大哥蕭賾的孫子蕭昭業大三歲。蕭鑒雖然缺乏足夠的從政經驗，但卻從不缺少天賦，他從小就受到良好的素質教育，文學功底很好，才氣縱橫，史稱「有高士風」。

蕭鑒還有一個優點，就是為人穩重，不似四哥蕭晃、五哥蕭曄那樣輕浮，難怪蕭賾如此器重這個弟弟。蕭鑒也沒辜負大哥對他的期望，主政益州以來，寬簡得當，儉樸有素，深得蜀人敬愛。蕭賾真是好運氣，朝中有蕭嶷這樣的賢王幫他，地方上有蕭鑒這樣的年輕才俊替他把門，他可以高枕無憂，坐享太平了。

八　小動干戈

大齊朝的江山固若金湯，內無肘腋之患，外無強敵窺逼，蕭賾的皺紋笑成了一朵花。不過還沒等他臉上的笑容褪去，邊遠地區的交州刺史李叔獻再一次跳到前臺，張牙舞爪地搗亂，差點沒把他氣死。

李叔獻天生是個不安分的人，當初蕭道成為穩定西南局勢，賞給李叔獻幾個甜棗。沒想到李叔獻胃口太大，那幾個小棗根本不夠他吃。交州地處偏遠，經濟非常落後，李叔獻兜裡沒錢花了，就盯上了蕭賾的錢櫃子。

齊朝是當時天下數一數二的大國，周邊一些小國都和齊朝建立了朝貢關係，隔三差五地派使節來齊朝送錢送物。交州是一些小國入貢建康的必經之路，李叔獻就幹起了劫票的買賣，專門打劫朝貢使團，狠狠地發了一筆不義之財。

沒多久，李叔獻做的這些缺德事就被人給告到了建康，蕭賾還奇怪怎麼最近沒人給他送錢了，沒想到都被李叔獻這個小賊劃到了自己戶頭上，蕭賾氣得臉都綠了。堂堂天朝皇帝，豈能容你這個化外之人撒野放刁，傳到江湖上，別人會笑話他的。蕭賾決定敲打敲打李叔獻，讓他知道馬王爺有幾隻眼。

永明三年（西元四八五年）正月，蕭賾任命大司農劉楷為交州刺史，在政治上否定了李叔獻在交州的統治地位，然後調江州和廣州兵西進，準備拿掉他。

聽說齊軍大舉進攻，李叔獻立刻傻眼了，他知道以自己的實力，無論如何都不夠蕭賾吃的。李叔獻臉皮比較厚，立刻派人去建康找蕭賾求情，說自己是個不懂事的二百五，陛下寬宏大量，放過臣一馬，請讓臣在交州幹上幾年，口中的外快還沒撈夠呢。

李叔獻出手很大方，獻給蕭賾兩千四百個純銀打造的頭盔和一堆孔雀毛。不過蕭賾並沒有原諒李叔獻的意思，這堆亂七八糟的玩意收買不了他，蕭賾指示劉楷繼續向交州進軍。

李叔獻知道這次蕭賾是不打算讓他繼續在交州當山大王了，為了活命，只好乖乖服軟，並離開交州動身前往建康，親自向蕭賾請罪，交州重新被蕭賾控制，劉楷坐在交州守衛邊鎮。

蕭賾雖然痛恨李叔獻這個滑頭，但並沒有把他怎麼樣，留著也吃不了他幾斗米，或許以後還有用處。李叔獻從此就在建康城中默默地活著，直到十幾年後，蕭衍起兵造蕭寶卷的反，李叔獻再一次跳到前臺露了一把小臉，然後就消失在歷史的長河中。

看到李叔獻搖頭擺尾地伏在自己的腳下，高聲唱著頌歌，蕭賾得意地笑了。

蕭賾還沒有想好用什麼方式來慶祝自己的英明神武時，一向比較安靜的東南方向突然傳來一聲炸雷：富陽（今浙江富陽）人唐寓之糾合當地強人，樹起了武裝反抗齊朝統治的大旗！

唐寓之之所以選擇武裝對抗朝廷，責任並不在他，也不在於蕭賾，而在於「同度宇宙，合量山淵」的太祖高皇帝蕭道成。這次起義的直接誘因是南齊的戶籍制度，當初蕭道成曾經讓虞玩之制定新的戶籍管理制度，他認為虞玩之的建議可行，就下詔設立版籍官，專門負責管理戶籍。

也許是因為蕭道成想盡快看到效果，好給自己臉上貼金，就給戶籍管理官們定下了檢查鑽戶籍管理制度空子的案件數額，每人每天必須查出幾起案件，否則就以失職罪論處。皇帝下了死命令，戶籍官們為了保住飯碗，只好把賊手伸向民間。從建元四年到永明三年的這四年時間裡，戶籍官們在東南一帶強行開展業務，製造了大量冤案，百姓怨聲載道，苦不堪言。

不知道蕭賾的腦袋是不是讓驢給踢了，突然間短路，他聽信制局監呂文度的建議，規定凡是民間被裁銷戶籍的百姓，都要發配充軍到邊遠地區。這一道非常缺德的命令就像一支飛向火藥庫的火把，徹底引爆了本就動盪不安的東南局勢。

東南地區的百姓本來就被蕭道成給逼得走投無路，蕭賾這麼胡搞，徹底絕了他們的生路，他們唯一能活下去的辦法只能是造反。這時唐寓之的及時出現，讓忍無可忍的百姓看到一絲生存希望。

唐寓之會點法術，曾經在民間吹噓自己祖墳上有王者氣，又不知道從哪挖來一塊金印。古代的科技不發達，這些神玄鬼怪的東西很容易矇騙百姓，唐寓之在當地百姓心中的地位很高。登高一呼，三吳雲從，他帶著走投無路的百姓，揭竿而起，殺進富陽縣。

唐寓之扯旗造反的消息在在東南引起了非常大的轟動，許多被裁銷戶籍的百姓為了討口飯吃，紛紛跑來拜他做大哥。在很短的時間裡，就有三萬多「黑戶」做了他的小弟，跟著大哥一起闖蕩江湖。

轉眼之間，唐寓之就從一個只有「十幾個弟兄，七八條槍」的江湖小頭目變成了實力派大軍閥，他的野心開始膨脹。永明四年（西元四八六年）正月，唐寓之率領著憤怒的「黑戶」攻下了東南重鎮錢唐縣（今浙江杭州）。他的人馬四處發飆，吳郡所轄各縣的官老爺們都是屬鴕鳥的，一見唐寓之這個陣勢，全都逃掉了。

拿下錢唐後，唐寓之覺得很不了起，應該提高自己的「級別」，他的胃口大得驚人，沒有謙稱什麼「沖天大將軍、掃地大元帥」，而是直接將自己擺到和蕭賾平起平坐的位置。

唐寓之在錢唐稱帝，國號大吳，建年號興平元年。這時的杭州只是一個縣級編制，城宁狹小，他只好窩在小小的新城戍裡，做他的黃粱大夢，冊封兒子為太子，百官編制全盤模仿齊朝，大大小小的名號都有。

稱帝後的唐寓之心情大爽，他不甘心做個縣級皇帝，至少也要多弄幾個郡玩玩。於是派出手下大將高道度南下取浙西大郡東陽（今浙江東陽），齊朝的東陽太守是蕭賾的族叔蕭崇之，蕭崇之沒什麼本事，沒兩個回合就被高道度給砍了。

東陽被唐寓之劃到了自己的戶頭上，但依然不能滿足他的胃口，他又盯上了東南頭號重鎮會稽郡。會稽太守是王敬則，不過這時並不在會稽，而是去了建康彙報工作。唐寓之認為這是發橫財的機會，於是派出他的會稽太守孫泓，趁王敬則不在，「接收」會稽城。

孫泓自信滿滿地出發了，他以為會稽手到擒來，哪知道孫泓剛到浦陽江，就遭到了浹口戍主楊休武的強力阻擊，死傷慘重。留守的會稽郡丞張思祖早就算計好了孫泓來的路線和時間，派楊休武提前下圍子，果然搞定了孫泓。

唐寓之在浙東跑馬發飆，建康城中蕭賾的臉色要多難看有多難看，這年頭哪來的那麼多臭魚爛蝦，還讓不讓他安生吃飯了？他在江東的無上權威容不得任何人侵犯！隨後派出禁兵數千，騎兵數百，由前軍將軍陳天福和左軍將軍劉明徹率領，橫眉豎眼地就朝錢唐撲了過來。

唐寓之的人馬雖然遠比官軍多，但多是沒有受過正規軍事訓練的烏合之軍，而蕭賾派去的卻是江東最精銳的禁軍，雙方的差距立刻就顯了出來。官軍先用精銳騎兵衝擊唐軍，這些人最怕騎兵，沒過兩招就撐不下去了，官軍隨後發動總攻，一戰擊斬唐寓之，大吳帝國還沒開始，就已經結束了。

當唐寓之的人頭被砍下來的時候，蕭賾這才意識到，他隨後遇到的麻煩比唐寓之有威脅得多。陳天福和劉明徹雖然平定了叛亂，但這些人平時作威作福慣了，砍翻了唐寓之，立刻就把賊手伸向了民間，朝百姓們「借錢」花花。陳劉兩位將軍帶著官軍弟兄們在東南諸郡大肆剽掠，無惡不作，剛剛穩定下來的東南局勢再次面臨崩盤的危險。

蕭賾知道這夥強人的英雄事蹟後，臉拉得比絲瓜還長，知道自己錯誤的決策導致了這場叛亂。

他本想改正自己的錯誤，可陳天福這些人居然不給自己這樣的機會，那還了得，須知天下是我的，不是你們這些奴才的！

為了安撫東南地區的百姓，蕭賾下詔捕拿陳天福和劉明徹，將陳天福斬首，懸頭市中，以謝天下。劉明徹運氣稍好，逃過一死，但被一擼到底，削去封爵，押到東冶（官辦鐵場）打鐵做苦工。陳天福和劉明徹都是蕭賾的心腹寵將，卻因為欺凌百姓受到嚴厲懲罰，齊朝官場震動不已，「內外莫不震肅」。

嚴辦了這兩個混蛋之後，蕭賾又派中書通事舍人劉係宗跑遍了唐寓之活動過的郡縣，向憤怒的百姓宣布朝廷的旨意，說之前跟著唐寓之鬧事的百姓都是被脅迫的，朝廷「悉無所問」。蕭賾對這些百姓唯一的懲罰就是聽從劉係宗的建議，挑選精壯的勞力帶到京師，修建白下城。

其實在承平時代，百姓也要為朝廷服徭役，參與此事的百姓沒有被蕭賾殺頭，已經是萬幸，所以都沒什麼意見，東南的形勢漸漸穩定下來。

蕭賾也是讀過聖賢書的，自然知道荀子說過的一句話：「君者舟也，庶人者水也，水則載舟，水則覆舟。」只要沒把老百姓逼得活不下去，他們是不會選擇造反的。

「天視自我民視，天聽自我民聽。百姓有過，在予一人。」如果統治者都有這種最質樸的愛民情懷，唐寓之、黃巢、李自成等人再有本事，也不可能唆動百姓跟著他們造反，世界上沒有這麼愚蠢的人民。

這個道理再簡單不過，但歷史上還是有許多帝王偏偏去觸犯這個政治底線，拿老百姓當他們的自動取款機，騎在百姓頭上作威作福，結果全都翻了船。

在這方面，歷史上最經典的一個反面人物莫過於隋煬帝楊廣，楊廣本來有機會成為表侄李世民那樣的聖主明君，但最終卻成了千夫所指、青史唾罵的民賊，而李世民成了後世景仰、史冊謳歌的千古一帝。

從能力上來說，楊廣並不比李世民差多少，但楊廣和李世民相比，最大的差距有兩點：一是政治品德太惡劣；二是對百姓的態度。李世民的治民哲學是：「百姓不足，君孰與足？」

楊廣又是怎麼對待百姓的？「百姓無辜，咸受屠戮」，最終導致「黎庶憤怨，天下土崩」。幅員萬里的大隋帝國就是在宇文化及的一條繩索中慢慢地被融化，變成一堆歷史的碎片，歷史教訓不可謂不深刻。

老百姓是非常善良的，而且忍耐性非常好的，只要有他們一碗飯吃，他們絕對不會沒事找事去造反。千萬不要把老百姓當傻子，兔子急了還咬人呢，想要兔子不咬人，辦法只有一個，給兔子足夠的草吃。

九　優雅的士族們

唐寓之雖然能夠得逞一時，但說到底，齊朝的統治在這時還沒有傷筋動骨。何況他的對手是蕭賾，一個雖然在歷史上知名度不高，卻有著鐵血手腕的強勢皇帝。唐寓之注定是要失敗的。

南齊只存在短短的二十四年，除了最後蕭寶卷在位的那三年內憂外患不斷，齊朝形勢大體上還算比較穩定，尤其是蕭賾的永明時代，可以說是南齊短暫歷史上最鼎盛的時期。

永明朝作為南齊的第二代，蕭賾所面臨的歷史任務是守成，安安穩穩地坐住老爹傳承下來的江山，武功不是考核能力的主要業務指標，盛世是文武兩道並進，少了哪一個都算不得盛世。齊朝的統治雖然被局限在江東，但麻雀雖小，五臟俱全，永明朝作為小一號的盛世，該有的都有了。

盛世還有一個標準，就是看當時名臣的數量，唐朝的貞觀和開元兩大盛世之際，名臣如雲，風流際會一時。永明朝比貞觀和開元差了不只一個身位，但當時的名臣並不少。

不算那幾個早亡或被殺的，侍中王儉、散騎常侍柳世隆、左光祿大夫王僧虔，鎮東將軍王敬則、中護軍陳顯達、司徒從事中郎張融、中書郎王融，太子舍人謝朓，還有後來入梁的沈約、范雲、范縝、江淹、謝朏，勉強還能算上當時並不太知名的一代名將韋睿，當然還包括梁武帝蕭衍本人。

自從褚淵死後，王儉實際上就成了齊朝官場上的頭牌，雖然當時寒人茹法亮這些人很受蕭賾寵信，但能上得了檯面的，還是王儉這類出身高門大第的。蕭賾自然明白這個道理，茹法亮和呂文顯他們再牛，說到底只是奴才，誰見過有奴才可以上桌吃大餐的？

王儉不僅出身好，而且確實有真才實學，不僅治才一流，文才也是縱橫飛揚，所以一直深得蕭道成和蕭賾兩代皇帝器重，視為首輔的不二人選。蕭賾上臺後，開始有意無意地給王儉壓擔子，因為王儉只有三十多歲，所以蕭賾甚至考慮把他留給兒子蕭長懋，壓擔子是有必要的。

在永明三年（西元四八五年）的五月，蕭賾裁撤了宋明帝劉彧時設立的總明觀。總明觀類似於唐朝的翰林院，專門儲備人才的。撤了總明觀，並不是說蕭賾不尊重知識，而是覺得總明觀畢竟是前宋遺留下來的，他是齊朝皇帝，總要在歷史上留下自己的印跡。

蕭賾隨後下詔在王儉的府裡成立學士館，將原來總明觀內收藏的四大部圖書都搬到學士館，由王儉負責人才儲備工作。這種優雅的工作只能由王儉這樣出身豪門的人來做，讓茹法亮們去玩文學，不砸了鍋才怪，他們只會摟錢耍寶。

王儉不以文學家著名，但政治和文學素質在當時是第一流的。他深諳史事，各朝典章制度能倒背如流，每次理政的時候，都能旁徵博引，說得頭頭是道，在座各位朝官沒一個是他的對手。這些人也知道，南朝天下，除了皇帝，也就數得著王儉了。

王儉是王導的正牌嫡孫，天生的風流儒雅，學是學不來的。他不僅能在官場上力拔頭魁，而且還能引領當時上流社會的時尚生活。在辦公的時候，他經常刻意打扮自己，喜歡把頭髮解開，將頭簪斜著插在頭髮上，穿上長袍大袖，俊灑飄逸，簡直就是神仙中人，當時上流社會中的男性紛紛效仿他，一時傳為盛事。

王儉的自我感覺也非常好，他最敬服的不是他的祖先王導，而是另一位江東名相謝安。經常有事沒事就對人誇讚謝安：「江左風流宰相，唯有謝安。」表面上是在誇謝安，實際上是給自己臉上抹粉。其實他說得也沒錯，自謝安以來，能稱得上「小謝安」的，除了劉裕的頭號大總管劉穆之，也就是他了。

說完王儉，再來說說王儉的叔父王僧虔，王儉的父親王僧綽在宋「元兇」劉劭弒父的那次政變中被殺，王儉是被叔父王僧虔收養長大的。王僧虔是一位風流俊逸的才子，他的書法獨步江東無人可比，而且音樂造詣極高，曾經主持修改禮樂制度。

王僧虔性情溫和，不比侄子王儉鋒芒外露，這種性格在官場上是非常討喜的。他對權力沒有侄子那樣狂熱，蕭賾剛即位的時候，準備讓他入相，被他拒絕了。

官場的潛規則王僧虔是知道的，侄子王儉已經是宰相，自己要再入閣，一門二相，權勢顯赫，必然遭到蕭賾的猜忌，弄不好會惹出大禍，宋齊庶族出身的皇帝最不信任的就是他們這些士族。

王僧虔做事非常謹慎，有次王儉府中搞裝修，「級別」上有些僭越了，他看到後非常不高興，說什麼都不進侄子的府裡。王儉聰明，明白叔父的意思，立刻毀掉原來的裝飾。

像王僧虔這樣的人物放到哪朝哪代都是極品，蕭賾對他向來喜愛有加，只是他死得太早，永明三年就去世了。在政治史上，王僧虔沒留下什麼痕跡，但在書法史上，他象徵著一個時代。他曾經寫過一篇論書法的文章，評點魏晉以來書法名家名品，語力極工，評論周詳，影響非常大。

南朝不僅風流人物如過江之鯽，數不可數，狂人也非常多，有些偶像級的人物就不多說了，還有一些人，他們在歷史上幾乎沒什麼名氣，但卻傳下了許多警世名言。

我們對南宋大詞人辛棄疾那首《賀新郎．甚矣吾衰矣》非常熟悉，其中最著名的一句就是「不恨古人吾不見，恨古人、不見吾狂耳」。其實這是辛棄疾化用古人的名句，這位狂妄的古人是誰呢？就是南齊司徒從事中郎張融，前宋朝名嘴張暢的兒子。張融的原話是「不恨我不見古人，所恨古人不見我」。

張融是南齊著名狂徒，行為瀟灑，閒逸如雲，齊高帝蕭道成就是他的粉絲，經常當面吹捧他：「像你這樣的人物，不能一個沒有，也不能有兩個，世間一個張融就足夠了。」

張融做過的最有名士風度的一件事是：有一回向蕭賾請假外出，蕭賾問他：「卿此次出行，住在哪裡？」他讓蕭賾猜起了謎語：「臣不住在陸地上，住在沒有水載的船上。」蕭賾沒明白他要說什麼。

過幾天，好奇的蕭賾就向張融的堂兄太常張緒打聽這事，張緒笑著告訴蕭賾：「臣弟跟陛下說的也是實情，他並沒有住在陸地上，而是牽了一條船，到了地方之後，他就把船牽到岸上，住在船裡。」蕭賾聽完大笑。

蕭賾雖然不如蕭衍那樣俊逸風流，但也是個有趣的玩主，帝王生活很枯燥無味，他需要張融這樣的紅櫻桃點綴在他的大餅上面，找點生活樂趣。當然並不是所有人都願意做張融那樣快樂的紅櫻桃，有幾位偏偏想做核桃，非要磕掉蕭賾幾顆大牙，比如記室參軍范雲。

范雲和堂兄范縝一樣，都是官場上有名的刺頭，以在雞蛋裡挑骨頭為樂。范雲進入齊朝官場以來，就一直跟著竟陵王蕭子良在江湖上闖蕩，輾轉了好幾個地方，不離不棄，是蕭子良的心腹。

不知道出於什麼原因，蕭賾對范雲非常不感冒，所以范雲只做到尚書殿中郎，就再也爬不上去了。蕭子良有些看不下去，就來找老爹，希望老爹看在人才的面子上，給范雲增加工資。

沒想到蕭賾居然拒絕了兒子的請求，他冷冰冰地告訴兒子：「我聽說他經常在你面前溜鬚拍馬，這種小人你不要接近，對你沒好處。還給他加薪呢，明天朕就把他流放到邊塞，省得他糟蹋了咱們蕭家的菜園子。」

蕭子良並不認同父親的觀點，他微笑著告訴父親：「以兒臣淺見，范雲並不是這樣的豎子小人，他非常有才能。臣每行錯一事，他都作書進言，現在臣的案子上已經有一百多張紙了。」

蕭賾不大相信，口說無憑，字書為證，便讓蕭子良把范雲寫的東西都拿來讓他看看。蕭子良正求之不得呢，立刻派人去府裡把范雲的進言全都拿來讓父親過目。蕭賾認真看完了范雲的諫書，雖詞句平實，卻每言皆切中時弊，確實是治世良才。

蕭賾是個愛才之人，只要是有真才實學，不會委屈人家的，他告訴兒子：「沒想到你手下居然有這等才俊，朕險些失去了一個賢才，既然如此，范雲就留在你身邊用事吧，朕以後要提拔他，哪還捨得流放邊遠呢。」

這就是蕭賾比劉彧之流更優秀的地方，劉彧等人眼中沒有人才，只有奴才，瞧著不順眼就殺，殘害了許多人才。蕭賾雖然殺掉了垣崇祖和張敬兒，但那是因為他認為這些人影響了自己的統治，換了誰做皇帝都會這麼做。

蕭賾和劉彧等人的區別就在於，劉彧等人不能容忍別人超過自己，而蕭賾只要認定了某人有才能，就不計前嫌得失，量才為用。因為他知道，沒有人才，江山一天也坐不穩，劉宋是怎麼丟掉江山的，他作為過來人最清楚。

作為一個皇帝，要有足夠駕馭人才的能力，不要動輒貶殺，那是對自己的一種否定。蕭賾不會這麼做，他相信自己，這點非常重要。

十　桓玄的兒子？

客觀地說，在南北朝五十多個皇帝中，蕭賾的能力和人品都是上等。在他的治理下，江東一改自宋孝武帝劉駿以來的亂象，平穩地向前發展。論氣勢和魅力，蕭賾的時代前不如元嘉之治，後不如梁武盛世，整體上雖然平庸，但卻實用。沒有哪個老百姓願意天天生活在刀山火海之中，只要能有碗平安飯吃，老百姓就謝天謝地了。

話說回來，南北朝作為一個大亂世，無論皇帝和士民多麼渴望和平，總還是有些不安分的人跳出來把水攪渾，要不怎麼叫亂世呢。蕭賾之前雖然搞定了李叔獻和唐寓之，但那只不過是池塘裡的兩隻小蝦米，這回跳出來的是一條會咬人的水蛇。

最要命的是，這條水蛇居然引來了一條大鱷魚，給蕭賾製造了相當大的麻煩。這條水蛇的名字有些意外，叫做桓天生，自稱是晉末「大楚」皇帝桓玄的兒子。至於那頭被水蛇勾引過來的大鱷魚，蕭賾再熟悉不過了：北魏皇帝拓跋宏和他嬌豔絕倫的祖母馮太皇太后。

按南齊官方的說法，桓天生是邊塞「荒人」，也做「荒傖」。所謂荒傖，是南朝中處統治地位的南渡漢人士閥集團對北方晚渡的漢人的歧視性稱謂。

桓天生的來歷有些蹊蹺，《魏書》說桓天生本名桓誕，字天生，是桓玄的幼子。桓玄兵敗被殺的時候，桓天生只有幾歲，後來流落到大陽蠻，「遂習其俗」。如果《魏書》記載無誤的話，那麼桓天生應該是個蠻化的漢人。

不過仔細分析一下，則發現《魏書》關於桓天生身分的記載漏洞百出。桓玄死於西元四〇四年，以當時桓天生只有四歲計算，到了永明五年（西元四八七年）的時候，桓天生已經八十七歲了！如果以桓玄死時桓天生已經七八歲計算，這時的桓天生至少九十多歲了，怎麼可能再出來打仗！

綜合來看，桓天生不太可能是桓玄的兒子，倒有可能出自晉朝高門譙郡桓氏，但晉末至齊朝已經近百年，世事難辨，所以齊朝也不敢確認桓天生就是桓玄的兒子，只能說他是自稱的。

桓天生從小就生活在邊荒地區，和當地蠻族勾連甚深。他是個有野心的人，不甘心就這麼窩窩囊囊做一輩子「荒傖」，好歹他的「父親」桓玄也是做過皇帝的，桓天生覺得自己應該做點事情出來了。

齊永明五年（西元四八七年）正月，桓天生巧言煽動雍州、司州的蠻族，扯旗造反，一窩蜂地闖進南陽舊城，吃肉喝酒，好不痛快。桓天生很聰明，知道蕭賾不會放過他，所以對他來說，認鮮卑人做乾爹是唯一的選擇。他派人到平城求援，拓跋宏早就盯上了肥沃的雍、司地區，只是沒有機會下手。現在桓天生倒貼著送上門了，他沒有任何理由客氣。天上掉餡餅，不吃是傻子。

關於北魏出兵的人數，各史記載不一，《通鑒》記載派出一萬多人馬，而《南齊書．戴僧靜傳》卻說是步騎兵十萬，從後來的戰況分析，後者的記載應該更接近於史實。

齊雍州刺史張瓌在第一時間得到桓天生煽動蠻族、勾引鮮卑作亂的緊急軍情，他不敢大意，立刻上報朝廷。蕭賾非常生氣，朕的場子不是你們說砸就砸的，還講不講理了。

因為征虜將軍、丹陽尹蕭景先以前做過司州刺史，熟悉當地情況，所以蕭賾任命蕭景先為都督司州諸軍事，以代天子出征的名義率精銳步騎兵直抵司州治所義陽郡（今河南信陽）。蕭賾擔心蕭景先撐不起局面，又加派中護軍陳顯達出征，太子右衛率戴僧靜為副，率水軍西進，討伐桓天生。

根據軍事部署，戴僧靜作為齊軍前鋒，與平西司馬韓孟度、華山太守康元隆日夜前進，在沘陽西四十里的深橋（今河南泌陽正南）下營。戴僧靜的判斷是對的，不久之後，桓天生就和南下的十萬鮮卑步騎兵趾高氣揚地南下，準備進入司州地界發財。

桓天生正在做黃粱大夢，哪知道不知不覺間鑽進了齊軍設下的埋伏，送上門的肥肉，戴僧靜沒有理由不吃。隨著他一聲令下，齊軍狂吼著殺了出來，魏軍根本沒料到這裡會有齊軍的埋伏，陣勢立刻就亂了，被齊軍好一頓暴打，折了一萬多兄弟，撤回境內再作打算。

桓天生知道遇到麻煩了，好漢不吃眼前虧，捲起鋪蓋捲子就溜回了沘陽。戴僧靜想趁著陳顯達沒來的時候吃獨食，緊跟著就圍住了沘陽，想一口吞掉桓天生。桓天生剛開始還不服氣，出城和戴僧靜對毆，結果慘敗。桓天生自知敵強我弱，為了保存實力，決定死守。戴僧靜急於立功，對桓天生百般圍攻，但始終沒有得手，只好悻悻撤軍。

聽說戴僧靜撤了，不安分的桓天生又抖了起來。他再次搬來鮮卑兵，扛著一杆破旗，大搖大擺地進攻舞陰戍（今河南社旗東二十五公里）。

桓天生剛到舞陰，迎頭就被齊朝的舞陰戍主殷公湣敲了一棒，二掌櫃張麒麟被殺，桓天生本人也差點死在陣上，身中數槍，痛得哇哇直叫，落荒而逃。

為了防止桓天生再次跳出來搗亂，蕭賾開始在西邊布局，讓蕭景先任司州刺史，陳顯達接替張瓌任雍州刺史，堂弟西昌侯、中領軍蕭鸞出任豫州刺史，蕭鸞就是後來發動隆昌政變上臺的齊高宗明皇帝。

蕭鸞是蕭道成二哥蕭道生的次子，生於宋元嘉二十九年（西元四五二年），幼年喪父，被三叔蕭道成撫養長大，蕭道成非常疼愛他。蕭鸞為人剛練明察，長於吏事，深受堂兄蕭賾器重。

蕭賾作夢也沒到的是，這個平時並不太起眼的小弟弟後來會成為他這一脈的掘墓人，就如同蕭鸞稱帝後，同樣沒有想到，自己非常器重和信任的蕭衍成了自己子孫的掘墓人。

對於蕭賾的布局，躲在老鼠洞裡養傷的桓天生並沒有興趣，你想安生吃飯，先問問老爺答不答應。齊永明六年（西元四八八年）四月，傷癒的桓天生再次下山，夥同大隊鮮卑步騎兵像過境的蝗蟲一樣浩浩蕩蕩開進隔城（今河南桐柏西北），準備再啃一啃蕭賾的菜園子。

蕭賾在第一時間得到桓天生再次犯賤的消息，立刻調游擊將軍曹虎督遣官軍西進，別以為你仗著鮮卑人是你乾爹就可以胡作非為，須知朕的刀也不是吃素的。曹虎天生就是打仗的，皇帝下了令，那就去吧。

在這支西進的齊朝軍隊中，打頭陣的是輔國將軍朱公恩，老朱帶著一百多號騎兵就上了路，給後隊人馬打前站。朱公恩前部在即將到達隔城的時候遇上了桓天生的一票人馬，朱公恩沒給蕭賾丟臉，幹掉了這支游軍。

隨後曹虎的大隊人馬就跟了過來，進圍隔城。桓天生的人馬夠強硬，拒城死守。曹虎也不客氣，既然你們不想活著出去，那爺爺就給你們加一鏟子土吧，曹虎在城外大造圍柵，準備餓死這幫搗亂的。

正在曹虎挖坑埋柵的時候，突然有偵察騎兵來報，有大隊鮮卑人馬在後面出現，可能是隔城的援兵。還沒等曹虎反應過來，城中的桓天生也得到了援兵到來的消息，興奮得搖頭晃腦。他帶著一萬多鮮卑兵大搖大擺地出了城，要和曹虎決一死戰。

兩軍交手之後，桓天生才發現自己找錯了對手，曹虎比自己還狠。這一仗桓天生折了兩千多弟兄，狼狽逃回城中。曹虎沒打算讓桓天生活著回去，第二天，帶領齊軍對隔城發動總攻。

齊軍士氣正盛，對付這些失魂落魄的鮮卑人簡直是大材小用，當日就攻克了隔城，斬殺敵軍兩千多人。桓天生腳長，見形勢不妙，腳底抹油，習慣性地夾著尾巴溜了。

關於桓天生的下落，《魏書》記載得很詳細，兵敗隔城之後，桓天生逃到北魏境內的潁陽（今河南登封西）避難，因為戰敗，他的襄陽王爵被降成了襄陽公爵。魏太和十八年（西元四九四年），桓天生病死於洛陽。他有個兒子叫桓暉，後來做了北魏的東荊州刺史。

桓天生這一路被打掉了，蕭賾雄心勃勃，來而不往非禮也，他也想趁著這個機會刮一刮拓跋宏的地皮。永明六年（西元四八八年）四月，蕭賾調雍州刺史陳顯達率軍北上，準備拔掉泚陽。

鎮守泚陽的是魏樂陵鎮將韋珍，就是九年前在方城大敗崔慧景，掠走七千戶漢人的那個傢伙。雖然陳顯達是南朝名將，但韋珍也不是吃素的，當大隊齊軍撲到泚陽城下的時候，魏軍將領紛紛要求出城和陳顯達玩命，這年頭誰怕誰啊。

韋珍卻陰陽怪氣地笑：「你們這幫蠢貨不懂兵法，現在南軍士氣正盛，我們出去就是給人家當餃子餡的。兵法云：『擊其惰歸。』等到南軍疲憊不堪的時候，一戰擊之，必能大勝。」

韋珍不出來，陳顯達卻想進去。剛到城下，陳顯達就氣勢洶洶地督軍攻城，想著另一路的曹虎在水裡摸了條大魚，自己至少要摸隻螃蟹出來。可惜陳顯達命不好，螃蟹沒摸到，倒被夾了一口，齊軍死傷慘重。

陳顯達還不服氣，繼續圍城，可此時的齊軍士氣已經非常低落。這一切都被城上的韋珍看出來，在對峙了十幾天後，他趁齊軍不備，在一個月黑風高的夜晚，突然率軍殺出城來，衝進齊軍大營。

齊軍早就沒了鬥志，被魏軍來回這麼一趟，又報銷了許多兄弟，陳顯達帶著殘部狂呼亂叫向南逃竄，好不容易撿回條小命，他賠了買賣，韋珍卻賺了一個盆滿缽溢。拓跋宏狠狠地獎勵了韋珍，將他的爵位由子爵提拔到侯爵，韋珍大發了一筆橫財。

第三章

永明時代（下）

一　蕭賾的內政

蕭賾時代第一次和北魏的小規模戰爭結束了。雙方謹慎地過了幾個回合，都把戰爭的規模控制在一定範圍內。無論是蕭賾，還是拓跋宏，都沒有把戰爭升級的打算。因為他們都沒有吃掉對方的把握，與其兩敗俱傷，不如見好就收。蕭賾和拓跋宏都是聰明人，自然明白這個道理。

戰爭結束了，拓跋宏和祖母馮太皇太后都把注意力都放在了內政革新上，偉大的「孝文改制」漸漸拉開了序幕。而蕭賾也把注意力放在了內部，相對來說，蕭賾的文治可能要稍強於武功。

即將過去的永明六年（西元四八八年），對蕭賾來說，除了和拓跋宏打了一陣王八拳，弄得雞毛滿天飛之外，並沒有留下什麼值得驕傲的記憶。各方面均乏善可陳，平平庸庸地就過去了。

倒是在文化上有件事值得一提，這一年二月，太子家令沈約編撰了官方劉宋史書《宋書》。在永明五年的時候，蕭賾讓沈約開始編撰劉宋史書。蕭賾選擇沈約修史算是找對人了，沈約是南朝著名的史學家，功力之深厚，當世鮮有可及。

其實《宋書》並不是沈約編寫的唯一一部史書，在《宋書》之前，沈約曾經用了二十年時間潛心修史，寫了一部《晉書》，全書一百一十卷。可惜《晉書》並沒有流傳下來，現在我們看到的《晉書》是唐太宗李世民下詔修撰的。

《宋書》共計百卷，本紀十卷，志三十卷，列傳六十卷，記載了劉宋六十年的歷史。這部《宋書》是沈約在劉宋南台御史蘇寶生、著作郎徐爰、何承天等人的基礎上編撰而成的，所以只用了不到一年的時間就完成了任務，清人趙翼說《宋書》「古來修史之速，未有若此者」。經過一千七百多年的歷史變遷，許多劉宋史都亡佚了，而沈約的《宋書》是現存的唯一一部劉宋專史，史料價值之珍貴，不言而喻。

《宋書》有紀、志、傳，是一部體裁完備的綜合性史書，歷代史評非常高。《宋書》的志有兩點可取之處，即地理志和百官志。地理志最大的優點就是沈約以宋大明八年（西元四六四年）為限，列出了劉宋各州的人口數，歷史研究價值非常大。百官志源流周詳，是研究劉宋以及南朝官制的重要史料。要說《宋書》的缺點，在於志的方面，沒有立「八政所先」的食貨志，以及刑法志和文藝志，是個缺憾。至於沈約寫宋齊易代之際蕭道成避諱的事情，其實也沒什麼好指責的，在蕭賾的刀口下寫宋史，他有幾個腦袋，敢寫蕭道成的不是？將心比心，換了任何人寫蕭道成的壞話，保證這部書連同他的腦袋一同消失。

再說經濟方面，這一年齊朝經濟層面最大的動作有兩個，第一件事是蕭賾採取了尚書右丞李珪的建議，從國庫裡拿出五千萬錢，同時從地方各州調撥了大量現款，以國家名義向農民收購糧食，平抑糧食價格，維護社會穩定。

第二件事是關於西陵牛埭增加稅收的爭論。這次增稅的爭論是西陵戍主杜元懿挑起的，在這之前，西陵牛埭（今浙江蕭山西北）作為南北通商的險道要津，朝廷在這裡設稅關，每天可以徵收三千五百個大錢。

杜元懿的經濟頭腦非常發達，一早就盯上了這塊肥肉，於是上書朝廷，請求蕭賾把西陵牛埭的稅收權交給他管理一年。他保證西陵牛埭每天的稅錢至少比過去增加一倍，再加上浦陽的兩個渡口及柳浦四個堤壩，每年除了原來的稅錢之外，還能額外交給朝廷四百多萬錢。

雖然蕭賾知道如果按杜元懿的意思，自己兜裡可以增加大把大把的錢，但這事事關重大，他不敢草率決定，要多方面考慮。他把杜元懿的建議批給會稽實際上的地方長官（行會稽郡事）顧憲之，看顧憲之對這事有什麼想法。

沒想到顧憲之堅決反對杜元懿的所謂增收計畫，他認為，當初朝廷設立西陵牛埭並不是刻意收稅的，而為了方便各地百姓交通之用。現在吳興（今浙江湖州）連年歉收，百姓饑寒，官府卻不顧百姓死活，雁過拔毛，斷老百姓的活路。之前每天收取的三千五百錢已經非常多了，現在不但不減免，而且要增收，與民爭利，大為不妥。

隨後顧憲之就把矛頭對準了杜元懿，炮轟他貪鄙苛薄，缺德無恥，如果真讓他管理稅收，萬一沒有實現本年度稅收任務的話，就會把賊手伸向百姓，什麼缺德事他都能做出來。

為了說服蕭賾，顧憲之從政治角度分析，說明這麼做雖然能收到短期利益，但卻是犧牲民心為代價的，得不償失。把老百姓逼得走投無路，最終還是朝廷替那些貪財小人背黑鍋，顧憲之希望聖明的皇帝不要中了杜元懿的圈套，這傢伙不是個好東西。

蕭賾收到顧憲之的奏議，經過反覆衡量之後，覺得還是顧憲之看得長遠。君子愛財，取之有道，朝廷增加稅收雖然是天經地義的，但不能從老百姓手裡生奪硬搶，再把老百姓逼急了，難說不會跳出第二個唐寓之。蕭賾決定採納顧憲之的奏議，駁回了杜元懿的增稅計畫。

杜元懿的運氣不太好，如果他遇到的是劉駿或劉彧這樣的財迷皇帝，早就翹著尾巴歡呼了，這幾位爺從來不嫌錢多咬手，能多撈一票是一票，才不管老百姓的死活。蕭賾比他們看得遠，老百姓的忍耐是有限度的，如果絕了老百姓的生活，他們只能絕望地操起鋤頭，和官府拼個魚死網破。顯然，蕭賾是不希望出現這種局面的。

二　士族們的天下

永明六年已經成為歷史，蕭賾對江東的統治進入了第八個年頭（從建元四年開始算起），永明時代的南中國給後人展現了一幅誘人的盛世畫卷。

《南齊書‧良吏傳》對永明盛世大加讚賞：「永明之世十許年中，百姓無雞鳴犬吠之警，都邑之盛，士女富逸，歌聲舞節，袨服華妝，桃花綠水之間，秋月春風之下，蓋以百數。」

《南齊書》是蕭賾的侄子蕭子顯寫的，難免有感情因素摻雜其中，而且永明朝的內外形勢並不算特別穩定，亂七八糟的事情也不少。不過從整體上來看，永明朝確實是南齊最為強盛的時代，不能因為蕭子顯南齊宗室的身分就否定他記載的一切，蕭賾本就是南朝英主，劉義隆、蕭衍能做到的，蕭賾為什麼就做不到？

當然，永明盛世的出現還有一個重要原因，就是蕭賾相對內向保守的對外政策，當年的劉義隆整天琢磨著北伐，導致了元嘉盛世在他與拓跋燾的混戰中轟然坍塌。蕭賾明顯吸取了劉義隆的歷史教訓，齊朝國力有限，經不起多少折騰。

蕭賾的運氣不錯，對手拓跋宏的國策也相對內向。拓跋宏的工作重點是內政改革，騰不出手來找蕭賾的麻煩。如果蕭賾面對的是雄武強悍的拓跋燾，他想安生吃飯，也要先問問拓跋燾答不答應。

假如真出現了這種局面，蕭賾對付拓跋燾肯定會非常吃力，好在這只是假設，蕭賾真正的敵人並不是什麼拓跋燾，也不是拓跋宏，而是他手下那幫油頭滑腦的兄弟子侄和王公大臣。

對蕭賾來說，永明七年（西元四八九年）的第一個好消息就是正月十八，他的三弟臨川王蕭映死了，時年三十二歲。蕭映是當時有名的風流王爺，會書法，善騎射，風流倜儻，在上流社會的人緣非常好，所以死的時候，朝野無不惋惜。

蕭賾對這個弟弟沒有什麼特別的感覺，他並不在乎弟弟們是否個個文武雙全，只在乎有沒有人能威脅他的地位，連蕭嶷都被他視為潛在的對手，更何況蕭映。

蕭賾用人的原則是用宗室不如用士族，用士族不如用寒人。不管士族還是寒人，都不可能從根本威脅到他，所以蕭賾對外人的態度比對弟弟們的態度要好得多。當時能在蕭賾面前呼風喚雨的，除了王儉和茹法亮等人，還有丹陽尹王晏。

王晏是官場上著名的滑頭，他做人的最大原則就是誰的大腿粗他就給誰裝孫子。建元朝頭號紅人荀伯玉喪母，和蕭景選一起強闖荀府鬼哭狼嚎的就是他。

王晏的為人蕭賾再清楚不過了，當初蕭賾還在做宋朝安西長史的時候，時任安西主簿的王晏就拼命巴結他，深得他信任。蕭賾做皇太子的時候，因為張景真事件得罪了蕭道成，王晏覺得他要完蛋了，立刻裝病不出，和他撇清關係。

好在蕭賾還算是個厚道人，稱帝以後，並不計較王晏這些醜事，依然信任如初，讓他進入權力核心做事，威勢喧天，甚至連蕭嶷和王儉這樣的官場頭牌都跑來巴結他。

王晏得寵到什麼程度？永明七年二月，蕭賾任命王晏為江州刺史，沒想到王晏不想外任，留在京師享福多好，耍起無賴不想出去，蕭賾真給面子啊，不去就留下來吧，改任吏部尚書，主掌用人大權。

官場上有一個鐵的定律，「陛下用群臣，如積薪耳，後來者居上」（《史記．汲黯傳》）。說得直白一些，就是「長江後浪推前浪，一代新人換舊人」。

王晏這邊開門笑納四方客，而王儉那邊卻門前冷落鞍馬稀，漸漸在蕭賾那裡失了寵。雖然面上蕭賾半點不委屈王儉，讓他做了最高行政長官尚書令，但沒有實權，實際上王晏已經取代了王儉在朝中的頭牌地位。

王晏和王儉因為爭權奪利積怨甚深，王儉眼睜睜地瞧著賊頭鼠腦的王晏爬到了自己的頭上，哪裡肯服氣。但皇帝已經對他沒有興趣了，王儉也無計可施，不久就氣出了一場大病，病情越來越重。

勉強支撐了一段時間，王儉終於撐不下去了，五月初三，自詡風流宰相謝安的王儉病故於府中，時年三十八歲。在他去世前，蕭賾曾經來府裡看望過他，不管如何冷落他，那份感情總是還有的。

蕭賾準備給王儉風風光光地下葬。關於謚號，蕭賾給足了他面子，打算依他的先祖、江東開國第一名相王導之例，謚為「文獻」。

「文獻」是封建時代文臣除了「文」字之外，所能得到最高級別的謚號。這時候討人嫌的王晏跳了出來，反對皇帝給王儉加謚「文獻」。他的理由非常充分：「自南渡以來，大臣能得『文獻』者，王導而已。自宋朝以來，『文獻』不加外姓，若給王儉加謚『文獻』，恐朝野不服。」王晏真夠狠的，連死人都不放過，他當然知道「文獻」這謚號極其尊崇，憑什麼給王儉，自己死後留著用還差不多。

蕭賾覺得王晏所說也有道理，王儉再怎麼著也是外人，如果開了這個例，恐怕不太合適。何況褚淵的牌兒要比王儉大多了，也只是得到「文簡」的謚號，最後決定給王儉的謚號為「文憲」。

王儉到底是輸給了王晏，實際上輸給王晏的不僅是王儉這個死人，活人裡頭還有被王晏折騰的，領軍將軍王奐就是這樣一個倒楣鬼。王儉死後，尚書令的位子就騰了出來，蕭賾想讓王奐接替。

沒等蕭賾下詔呢，王晏又嬉皮笑臉地從後臺竄了出來，給王奐穿上了一雙漂亮的小鞋：「臣覺得此議不妥，王奐雖然有功朝廷，但如果陛下讓王奐做了尚書令，不知道置左僕射柳世隆於何地？柳世隆對國朝的貢獻可比王奐大多了。」

王晏排擠王奐，主要原因是不想讓王奐搶走那塊最大的蛋糕。他擺在桌面上的理由確實能說得通，論功勞，柳世隆要比王奐大，何況河東柳氏也是高門大第，如果蛋糕都被琅琊王氏給分了，其他人會有意見的，琅琊王氏有王晏做代表就行了。王晏這算盤打得賊精。

蕭賾被王晏說動了，江東那麼多高門大第，他作為最高統治者，要注意平衡各豪門之間的利益，不能偏袒一家，最安全的權力一定是最平衡的。於是改授柳世隆為尚書令，王奐接替柳世隆做了左僕射，不過隨後，王奐就被打發到雍州做了刺史。

雖然江東士族自從劉裕建宋以來，已經失去了實際的最高統治權，但士族們的社會地位卻沒有下降多少，照樣吃香喝辣，蕭賾是萬萬開罪不起他們的。為了維護本集團的利益，士族集團都是抱成團地和庶族出身的帝室集團明掐暗鬥，事關利益，他們是半點也不肯讓步的。

宋齊以來，皇族為了拉攏士族集團，經常和士族通婚。一般來說，血緣上的親密關係要比政治上的親密關係更可靠一些。只說齊朝官場的頭面人物，司空褚淵是宋文帝劉義隆的女婿，尚書令王儉和都官尚書江斆是劉義隆的外孫，前吏部尚書何戢和吳興太守徐孝嗣是宋孝武帝劉駿的女婿，何戢的老婆就是大名鼎鼎的山陰公主劉楚玉。

再說齊朝帝系，皇太子蕭長懋的正妃王寶明出身琅琊王氏，蕭長懋的長子蕭昭業娶了何戢的女兒何婧英，次子蕭昭文娶了王僧虔的孫女王韶明，蕭賾的八兒子蕭子隆娶了王儉的女兒。後來稱帝的蕭鸞也不甘落後，蕭鸞次子蕭寶卷娶褚淵弟弟褚澄的孫女褚令璩，八子蕭寶融娶王儉的孫女王蕣華。

齊朝皇室出身庶族，他們雖然稱帝稱王，但在潛意識裡還是有一種抹不去的自卑感，為了抬高自己的身價，高攀士族，和士族結為親家，是最簡單可行的辦法。

有一件事能很好地說明江東士庶等級制度的森嚴。蕭賾的心腹近臣、中書舍人紀僧真雖然是寒人出身，卻風流儒雅，一副士大夫的派頭。蕭賾非常欣賞他，常對人說：「人生一世，何必計較士庶門戶？不要看紀僧真出身寒人，卻是許多士大夫所不及的。」

蕭賾只是說了句場面話，沒想到紀僧真竟然當了真，他希望能「轉正」，做真正意義上的士大夫，擠進士族清流集團。

紀僧真來找蕭賾，求皇帝給他三分薄面，讓他脫寒籍入士籍。蕭賾沒想到紀僧真居然想要做士族，差點沒笑出聲來，自己都還是個庶族出身，又怎麼能給你抬籍。但又不好意思當場掃了紀僧真的面子，就讓他去找都官尚書江斆，看看這些士族們是什麼意思，只要他們答應，朕沒二話。

紀僧真夠天真的，也不琢磨琢磨蕭賾話裡的意思，就興沖沖地來找江斆，希望士族們能勻出一個名分給他。江斆出身南朝高門濟陽考城江氏，外祖父是宋文帝劉義隆，岳父是宋孝武帝劉駿，可謂門第顯貴。

出身豪門的江斆怎麼能瞧得上紀僧真這樣的草根，聽說他來要士大夫名額，禁不住鄙夷地大笑，並命人叫紀僧真進來。紀僧真抱著一絲希望來到江斆的內宅，正想開口，倚在榻上養神的江斆卻先說了話。

江斆冷笑著對隨從們說：「你們過來把我的榻子抬得遠一些，不要靠近紀大人，人家是士族清流，咱高攀不上。」隨從們按主人的吩咐，抬起榻子就走，遠遠地甩開了紀僧真。紀僧真被江斆澆了一頭又涼又臭的洗腳水，別提多噁心了，被人瞧不起的滋味是非常不好受的。

紀僧真終於明白了，士族和庶族寒人是不能在一個鍋裡吃飯的，自己爬得再高，在人家清流眼裡不過是個匹夫小人。紀僧真仰天長歎：「士族的身分連皇帝都沒有，何況自己這個二百五，純粹是沒事找抽。」他沮喪地離開了江斆的尊府，回到自己宅裡生悶氣去了。

現實就是這樣殘酷，無論從哪方面說，紀僧真都有資格做士大夫，可偏偏他的出身太低，蕭賾想幫都幫不上。自從魏文帝曹丕建立九品中正制以來，士族在政治、經濟、文化上的地位優勢日益明顯，成為壟斷集團，把持要位，壓制草根出身的人才。怪不得西晉才子左思悲憤怒罵：「世胄躡高位，英俊沉下僚。地勢使之然，由來非一朝。」（《詠史詩》第二）

當然，像紀僧真這樣熱衷於做真士族的寒人是少數，大多數寒人並不在乎一個名分。有士族的名分又如何？太學博士王智深是琅琊王氏的嫡系子孫，出身可謂高貴，卻窮得揭不開鍋，甚至五天都沒有糧食吃，只得挖草根飽腹充饑。還是侍中王僧虔念在同宗的份上，經常接濟他，才沒有被餓死。這樣的士族門面，要了有什麼用？夠吃幾頓飽飯的？所以紀僧真沒必要太難過。

三 老猿哭子（上）

紀僧真熱火燒心，想改換門庭，心情可以理解。蕭賾未必就不想擠進士族清流，但他和紀僧真不一樣，他是大齊朝的皇帝，「普天之下，莫非王土；率土之濱，莫非王臣」。不管是誰，都要在他的刀口下討生活，誰敢對他不敬，他的刀是不認什麼士族和庶族的。

清流不清流的，對冰冷無情的槍桿子沒有任何抵抗能力，唐末朱溫大殺清流士大夫。朱三的狗腿子李振將清流們的屍體扔進奔騰咆哮的黃河後，仰天狂笑：「此輩清流，可投濁流！」這就是歷史發展的鐵律，有槍桿子就有一切。

從槍桿子的角度來看，唯一能對蕭賾產生重大威脅的也只有北魏的拓跋宏。論軍事實力，北魏要稍強於南齊，畢竟北魏的騎兵優勢是南齊無法相比的。拓跋宏的性格相對比較文弱，但也是個有野心的孩子，他何嘗不想吃掉蕭賾，統一天下？

不過拓跋宏是個識時務的人，他知道以北魏的實力根本不可能在短期內吃掉齊朝。既然這樣，不如暫時穩住蕭賾，以後再瞅準機會下手。主意打定，齊永明七年（西元四八九年）八月，拓跋宏派員外散騎常侍邢產和侯靈紹南下出使齊朝。

蕭賾不是個得了便宜就賣乖的主，他也不想和拓跋宏玩命，自然順著拓跋宏遞過來的竿子往上爬。為了表示誠意，永明八年（西元四九〇年）正月，蕭賾下令釋放隔城之戰中俘虜的兩千多魏軍，算是給拓跋宏一個新年賀禮。拓跋宏得了實惠，蕭賾也掙足了面子，兩下皆大歡喜，南北局勢暫時穩定下來。

穩住了拓跋宏，蕭賾長長地出了一口氣，這個鮮卑青年是個難纏的對手，能把他摁在板凳上不出來搗亂已經相當不容易了。其實按年齡來說，拓跋宏應該是蕭賾的晚輩，他比蕭賾小二十七歲，和蕭賾的兒子們年齡差不多。

說到兒子們，蕭賾忍不住歎氣，蕭家這幫小爺沒一個讓老爹省心的，要麼成天吃齋念佛，要麼驕橫跋扈、奢侈無度。在十幾個已經成年的兒子們中，公認的刺頭是老四巴東王蕭子響，蕭賾都想不明白自己怎麼就生下了這麼個刺蝟。

蕭子響生於宋明帝劉彧泰始四年（西元四六八年），生母是張氏，因為蕭嶷當時沒有兒子，所以蕭賾就把蕭子響送給他做嗣子。蕭子響和二哥蕭子良是皇子中的兩個極端，蕭子良溫文爾雅，蕭子響則是個火暴脾氣，一身的好功夫，勇力過人。

蕭子響對老爹把自己過繼給二叔的行為非常不滿。按制度，既然是蕭嶷的嫡子，那麼待遇就比其他皇子低一個檔次。蕭子響當然惱火，都是一個爹生的，憑什麼讓我受這份罪？

因為這個原因，蕭子響每次上朝的時候都咬牙切齒，當著親爹的面吹鬍子瞪眼。蕭賾知道自己委屈了老四，為了彌補感情上的虧欠，下令讓蕭子響享受皇子們的待遇，他這才老實下來。

後來蕭嶷生下兒子，蕭賾就在永明六年的時候把蕭子響給要了回來，封為巴東王。蕭賾知道這個兒子脾氣不好，留在京裡怕惹是生非，就把他趕到江州做刺史，永明七年，調任荊州刺史。

到了荊州，蕭子響依然沒改掉驕橫跋扈的少爺脾氣，他經常招呼自己手下六十個貼身衛士在府裡殺牛飲酒，成天大呼小叫。這些閒事並沒有越界，無非是孩子脾氣，玩玩罷了，蕭賾雖然有所耳聞，卻沒有放在心上。

蕭子響見沒人管他，膽子越來越大，在荊州更加無法無天。不知道出於什麼目的，他讓內宅的女眷織造錦袍絳襖，準備將這批貨物私自拉到蠻族聚居區，換來大批精甲武器。蕭子響辦事不夠細密，還沒等他發財呢，荊州長史劉寅和司馬席安慕就得到內情，他們知道這是殺頭的大罪，不敢隱瞞，立刻上奏朝廷。

蕭賾得到消息後，因為不明情況，決定先讓劉寅和席安慕等人在江陵調查清楚。蕭子響已經知道父皇準備讓劉寅等人調查自己私通蠻族的事情，雖然不知道這事到底是誰洩露出去的，但他清楚，肯定少不了劉寅這幾個人。

蕭子響把劉寅、席安慕、諮議參軍江愈、殷曇粲、中兵參軍周彥、典簽吳修之、王賢宗、魏景淵等八人叫到琴台，嚴厲盤問：「說吧，我知道出賣我的人一定就在你們中間，說出來，爺就饒了你們！」這些人仗著有皇帝撐腰，自然不拿蕭子響當回事，只是轉著圈地糊弄他。

蕭子響脾氣本來就不好，哪裡架得住這些人的戲弄，一時怒火上升，喝令左右將他們拿下，押到後堂斬首。本來因為蕭賾的詔書上沒有江愈的名字，蕭子響沒打算殺他，可惜晚了一步，等他反應過來的時候，江愈人頭已經落了地。

劉寅他們雖然級別不高，但都是朝廷委派的官員，生殺大權握在蕭賾手中，蕭子響這麼做無疑激怒了蕭賾。得知劉寅等人被殺後，蕭賾怒不可遏，盛怒之下，下詔罷免蕭子響的官職，改任八兒子隨王蕭子隆出鎮荊州，隨後把征虜將軍戴僧靜從淮南調回京師，讓他率兵討伐逆子蕭子響。

四　老猿哭子（下）

沒想到戴僧靜居然拒絕了皇帝的詔命，他的理由是：「巴東殿下少年氣盛，劉寅他們也並非沒有過錯，巴東殿下一時憤怒，才做了蠢事。何況天子的兒子因誤殺人，也不是死罪。陛下這次興兵，會造成上流恐慌，於國不利，臣愚不敢奉詔。」

戴僧靜這番話非常有道理，但蕭賾並沒有接受他的建議，而是另派衛尉胡諧之、南平內史張欣泰、游擊將軍尹略和中書舍人茹法亮率數百精甲武士去江陵捕拿蕭子響。不過戴僧靜的建議應該是對蕭賾產生了一點影響，蕭賾告訴胡諧之他們：「只要蕭子響願意回朝認罪，朕就饒他一死。」

胡諧之是個熱衷名利的人，巴不得皇帝賞他個能夠立功的差使做，得到命令後，不聽張欣泰「駐軍夏口，派人勸降蕭子響」的正確建議，搖頭擺尾地衝到江陵城下。

這時的蕭子響已經冷靜下來，他知道自己闖下了彌天大禍，心裡懊喪不已。當聽說胡諧之等人來了，蕭子響立刻派人去找胡諧之，表示自己的悔恨之情：「我是皇帝的兒子，天下哪有兒子反父親的道理？我只是一時糊塗，做了錯事。我願意跟你還朝，聽候皇帝發落。」

還沒等胡諧之說話，旁邊的游擊將軍尹略就跳起來指著來使的鼻子大罵：「給爺滾回去，爺不想和叛父的逆子說話！」來使回去把尹略的話帶給了蕭子響，蕭子響痛哭失聲。

蕭子響不甘心，對這幾個朝廷使節還抱有一絲幻想，他殺牛備酒，又派人送到燕尾洲，說是犒賞官軍弟兄們。尹略真夠硬氣的，看都不看直接就把這些酒肉全丟進了長江裡。蕭子響又把希望寄託在茹法亮身上，沒想到茹法亮比尹略還缺德，蕭子響請他入城他不去，讓他出示皇帝的詔書又不給，甚至還扣押了蕭子響的使者。

人的忍耐都是有限度的，蕭子響被逼急了，惱羞成怒，這都是些什麼玩意兒！你們不給我活路，那就不要怪爺翻臉了。蕭子響帶著所能召集到的兩千多荊州兵出江陵城，沿著靈溪西進，趁著天黑摸到燕尾洲對岸的大堤上，在岸邊架起了四張萬鈞大弩機。

第二天一早，淚流滿面的蕭子響下令：「不要留一個活口！」荊州兵默默地扣動扳機，憤怒的箭以閃電般的速度衝破了黎明前的寧靜，射進官軍大營裡，胡諧之這夥人沒有準備，被亂箭射得鬼哭狼嚎。同時，蕭子響的手下王充天帶人強行攻城，官軍大敗。大言不慚的尹略命喪當場，胡諧之等人還算命大，狂呼亂叫著跳到一艘小艇裡，拼命向東划去，勉強保住了小命。

尹略等人被射殺的消息激怒了蕭賾，這個逆子果然要造反了，這還了得！蕭賾再派族叔丹陽尹蕭順之（梁武帝蕭衍的父親）帶兵西進。蕭順之臨行前，皇太子蕭長懋突然找到他，指示他替自己想辦法除掉討人嫌的蕭子響。

蕭順之知道蕭長懋平時最忌諱蕭子響勇武過人，他巴不得有機會拍皇太子的馬屁，自然願意效勞。剛到江陵，正趕上蕭子響準備乘小舟赴建康請罪，蕭子響聽說蕭順之來了，就來找他，想說明之前射殺官軍的真情。

蕭順之正愁沒機會捉拿蕭子響，如今他自己就倒找上門了，自然笑得合不攏嘴，根本不理會蕭子響的訴苦，當場拿住他，準備動手。蕭子響沒想到蕭順之居然這麼無恥，氣得渾身發抖。

這時的蕭子響倒有點英雄氣概，他知道自己的末日已經到了，要了紙筆，給父親寫了一封信，陳述事情的原委，講明這場鬧劇都是尹略、茹法亮他們逼出來的。信寫得非常哀傷酸楚，他臨死前還不忘維護父親的聲譽：「臣自取盡，免逆父之謗，即不遂心，今便命盡，臨啟哽塞，知復何陳！」

蕭順之可不管蕭子響心裡如何委屈，命隨從押著他來到演習堂，用一根繩子送他上了路。蕭子響死的時候只有二十二歲。

蕭子響的死並沒有感動他冰冷如鐵的父親，蕭賾根據有關部門的建議，下詔廢蕭子響為庶人，開除蕭氏宗籍，強行給兒子改姓為「蛸」，蕭子響身邊的人也都連坐，受到懲處。同時，劉寅等八人被追授顯爵，這幾位生前職務不高，死後卻「飛黃騰達」，不是侍中，就是大州刺史，可惜只能到陰曹地府發財去了。

不過俗話說得好，父子沒有隔夜仇。蕭賾再恨蕭子響，說到底血脈親情相關，打斷骨頭還連著筋。過了一段時間，蕭賾去華林園散心，看到假山上的一隻老猿在悲鳴哀號，非常不解，便問隨從老猿怎麼了，隨從歎息道：「前天小猿不小心從山上掉下來摔死了，老猿思念小猿，所以悲鳴。」

聽了隨從的話，蕭賾突然悲哀地聯想到，老猿喪子都知道悲鳴，兒子死了，自己卻無動於衷。不管他有什麼罪過，說到底還是自己的親生骨肉。五十多歲的蕭賾再也控制不住情緒，當著眾人的面痛哭失聲，勸都勸不住。

蕭子響已經死了，哭也沒有用，蕭賾就把怒火發到了茹法亮和蕭順之的頭上，都是你們這些小人，害了我兒子的性命。

蕭賾人罵茹法亮和蕭順之缺德無恥，茹法亮臉皮厚，挺一下就過去了。倒是蕭順之知道自己罪孽深重，慚懼交加，沒幾天就病死了。蕭順之生前在官場上混得不太如意，沒想到死後十幾年，居然做起了「先帝」，他的三兒子蕭衍建立梁朝後，追尊父親為太祖文皇帝。

因為蕭子響曾經給蕭嶷做過嗣子，有一份父子情誼，看到蕭賾思念兒子，蕭嶷想趁熱打鐵，請求大哥收殮蕭子響的遺骸，好歹也是骨肉。蕭賾雖然痛惜兒子，卻拒絕了蕭嶷的請求，貶「蛸子響」為魚復侯。

蕭賾對蕭子響的態度前後矛盾，很難用年老糊塗或喜怒無常來解釋。蕭賾這麼做也是大有深意的，他想通過對蕭子響的嚴厲懲罰，警告其他皇子和宗室們，如果誰敢和皇權作對，蕭子響就是他們的下場。

對蕭賾來說，親情很重要，但權力更重要。

五　國喪風波

蕭子響的死在蕭賾的心中留下了濃重的陰影，感情上的傷痛需要時間來平復，他已經是個五十多歲的老人，再也不願經受這樣的傷害。但蕭子響已經成為歷史，他還活著，還有很長一段人生路要走，所以應該往前看。

永明八年（西元四九〇年），正在蕭賾傷心難過的時候，從遙遠的平城傳來一個不錯的消息：

驍騎將軍劉纘的姘頭，拓跋宏的祖母，北魏文明太皇太后馮氏於本年九月十八日去世，時年四十九歲。

馮文明是個風流女人、鐵腕太后，她對北魏的重要性不言而喻，孝文帝漢化改革實際上就是在她的主導下進行的。坊間一直傳言，馮氏並不是拓跋宏的祖母，而是他的親生母親，但宮闈中的事情從來都是不清不楚的，追究起來也沒有意義。

蕭賾關心的是蕭家莊今年又多收了幾斗穀子，至於馮文明的死，對他來說更像是一條娛樂新聞。但畢竟事關齊魏關係，好歹也要做好場面上的事情，隨後，蕭賾派散騎常侍裴昭明等人出使平城弔唁。

裴昭明名氣一般，但他的爺爺和爸爸都是中國文學史大名鼎鼎的人物：祖父是為陳壽《三國志》作注的宋中書侍郎裴松之，父親是為司馬遷《史記》作注的宋南中兵參軍裴駰，父子皆為「前四史」（「二十四史」中的前四部史書，即《史記》《漢書》《後漢書》《三國志》）作注，為後人所稱道。

本來前去弔唁是很正常的一件事，卻被裴昭明搞得風生水起。他打著弔唁國喪的旗號入魏，卻穿著鮮豔的南朝官服。參加白事不能穿顏色鮮豔的衣服，這是再尋常不過的道理，裴昭明缺乏尊重的舉動自然惹怒了拓跋宏。拓跋宏派人找裴昭明理論，沒想到裴昭明屬鴨子的，嘴特別硬，堅決不同意換喪服。拓跋宏很生氣，又沒什麼辦法，尚書李沖推薦著作郎成淹對付嘴硬的裴昭明。

成淹本是劉宋的輔國將軍，後來投降北魏，面對南朝的使節卻絲毫不客氣。成淹嚴厲指責裴昭明的失禮：「連三歲毛頭孩子都知道吉凶之禮有別，裴大人也是衣冠士族，知書達理，這個道理難道不懂？」裴昭明這麼做自然有他的道理：「我太祖高皇帝駕崩，貴朝李彪散騎來使，也是朝服弔喪，禮尚往來，何必動怒。」

在這件事上，確實是北魏虧理在先，齊朝報復在後。但成淹嘴也不軟，立刻還擊：「李彪出使建康，貴朝上下吉服滿座。李彪吉服，無人相詰，此貴朝自失，與李彪何與？我主仁孝，太后有喪，蓑絰哀居陋室，豈能和你們相提並論？」

成淹蔑視南朝，裴昭明自然不服：「對不住成大人，我們來的時候只穿著朝服，沒準備白服，除非你們給我們現成做一套，否則我們只能朝服弔喪。」

成淹不想和裴昭明過多糾纏，讓人找了幾套白服，借給裴昭明等人穿幾天。裴昭明也不想搞砸差事，彆彆扭扭地穿上借來的白服，由成淹領到大殿上，裝模作樣地弔了回國喪，然後屁股一拍回去交差了。

蕭賾應該知道此次裴昭明平城之行發生了什麼，半年後，北魏再派李彪出使建康，蕭賾有意無意地為李彪大擺宴席、禮樂，以隆重的禮節歡迎遠來的客人。李彪是個人精，怎麼會踩進蕭賾設的陷阱，以國喪未除為由，堅持辭掉了禮樂。

李彪前後六次出使南朝，和蕭賾也算是老熟人了，蕭賾非常欣賞他的名士氣度，經常稱讚他。李彪回朝的時候，蕭賾問他：「卿上次回去的時候，曾借阮步兵（西晉狂人阮籍）詩許朕：『但願長閒暇，後歲復來遊。』不知道這次卿歸去，以後還有無機會再與朕相見？」李彪笑答：「請許彪再以阮步兵詩答陛下：『宴衍清都中，一去永矣哉。』」

蕭賾聽李彪的意思，知道這將是他和李彪有生之年的最後一面，非常感傷。為了表示對李彪的喜愛，蕭賾破例親率文武百官為他送行，在琅琊山下，命南朝群臣賦詩贈他。

不過李彪說話不算話，僅僅過了半年，就再一次以北魏使節的名義來到建康，蕭賾差點激動地抱住可愛的李彪親上幾口。李彪是北魏名臣名士，可惜蕭賾沒能統一天下，不然李彪就能為他效力了。

這場弔唁風波只是一次場面上的事情，蕭賾和馮文明也沒有私情，沒幾天這事就翻過去了，他還有更重要的事情要做。這一年，代理益州的刺史劉悛上表朝廷，請求在蒙山（今四川雅安北）南麓的嚴道銅山開礦掘銅，鑄造錢幣。

銅是古代經濟的支柱，歷朝歷代都要掘銅造錢，劉悛也不是南齊第一個要求掘銅的人。建元四年（西元四八二年），奉朝請孔覬奏《鑄錢均貨議》，從社會穩定的角度提出了鑄錢，尤其是鑄漢武五銖錢的重要性，這個孔覬和宋明帝劉彧時在會稽叛亂的輔國將軍孔覬同名，卻不是一個人。蕭道成認可了孔覬的建議，下令各州郡購買大量原銅和煤炭，準備鑄錢，但因為蕭道成中途死了，這事就放了下來。

蕭賾做皇帝的這幾年，內政外交事務繁多，一直沒過問這事。現在內外形勢一片大好，劉悛又適時地將掘銅鑄錢的事情拎了出來。劉悛和蕭賾私交極好，蕭賾甚至用「貧賤之交不可忘，糟糠之妻不下堂」來形容他們的交情，親密關係可見一斑。

蕭賾雖然是個大財主，但家大業大，開銷多，日子過得緊巴巴的，再者，這世上有誰嫌錢多咬手呢？他覺得劉悛的辦法不錯，就派專人去嚴道銅山築爐鑄錢，準備大撈一筆。沒想到一段時間後，發現掘銅的開銷甚至比得到的銅量還要大，覺得不划算，乾脆停掉了嚴道鑄錢計畫。賺一塊大洋，賠兩塊大洋，這樣的傻事不做也好。

六　兄弟情深

蕭賾老了，從他對魏使李彪的戀戀不捨就能看出來。

蕭道成十三歲的時候把蕭賾帶到這個世界上，五十多年了，刀光劍影，血雨腥風，蕭賾經歷了太多太多。他雖然為人強悍，生性雄猜，但也是個至情至性之人。拋開其社會身分，他和普通百姓一樣，也有七情六欲，也會哭會笑。

其實要說雄猜刻薄，蕭賾遠不如堂弟蕭鸞，蕭鸞對人非常冷酷，而蕭賾多多少少還有些人情味。永明八年（西元四九〇年）十二月，蕭賾給尚書省的堂官們加了工資，理由是這些弟兄「職事繁劇，恤俸未優」，所以要「量增賜祿」。多麼可愛的一個老頭！蕭賾雖然也貪戀權力，對那些活潑好動的弟弟們嚴防死守，但他至少沒有舉起屠刀，這就非常難得。

有個奇怪的現象，蕭道成的兒子，不算後來被蕭鸞屠殺的，壽命都比較短。從永明七年（西元四八九年）開始，蕭賾的弟弟們排起長隊，中請去陰曹地府的車票。第一個是老三臨川王蕭映，大限三十二歲，前面說過了。永明八年（西元四九〇年）底，老四長沙王蕭晃去世，時年三十一歲。永明九年（西元四九一年）夏，老六安成王蕭暠去世，只活了二十四歲。最可惜的是本來前程無量的始興王蕭鑒，也沒能頂住閻羅王的招呼，比六哥蕭暠早幾個月去世，年僅二十一歲。雖然這幾個弟弟在活著的時候對蕭賾不鹹不淡，但蕭賾還算厚道，都風風光光地把他們送走了。

下一個會是誰？這個問題蕭賾一定想過，但他不願意去做這樣的猜測，只能聽天由命，每個人都要在冥冥中接受命運的安排。

讓蕭賾意外的是，下一個代他去問候先帝的居然他最疼愛的二弟，豫章王蕭嶷，他無法接受這個殘酷的現實，但他必須接受。

蕭嶷是南朝頭號賢王，劉宋臨川康王劉義慶也是公認的賢王，但劉義慶在政界的影響不如蕭嶷，而且劉義慶是宗室旁支，蕭嶷則是正脈嫡親。蕭嶷各方面條件都相當優秀，假設當初他奪了蕭賾的帝位，我們有理由相信，他完全有能力把南朝帶向一個並不比蕭賾低的高度。

不過蕭嶷人品純正，對政治沒有太大野心，否則蕭賾將敗得非常難堪。蕭賾對這個弟弟實在是沒話說了，能有這樣的弟弟，是八輩子修來的福氣。蕭嶷生性寬厚，不僅對兄弟子侄，對手下閒雜職役也從不擺譜抖威風。

有一次，因為府中雜役看管不力，府庫失火，燒掉了蕭嶷價值三千萬錢的貨物。蕭嶷卻沒有大開殺戒，僅僅將管事的人打了幾十板子，這事就算了。

蕭賾剛繼位的時候，派蕭嶷去蘭陵祭祖，路過延陵季子廟（今江蘇金壇東北）時，突然有一頭瘋狂的水牛闖進隊伍，差點沒把蕭嶷頂翻。隨從們立刻揪住水牛，準備徹查這是誰家的水牛。

蕭嶷不同意這麼做，牛犯的錯，和主人有什麼關係？他真是厚道，讓人取來一匹好絹，橫著拴在牛角上，讓牛回家去了。蕭嶷對上溫潤，對下寬仁，贏得了幾乎所有人的尊重。

蕭賾與蕭嶷二人年齡相當，經歷相似，而且性格互補，所以兄弟感情極深。蕭賾在感情上對蕭嶷非常依賴，閒時經常到弟弟府裡串門，並告訴隨從：「以後再到大司馬府上的時候，不要搞什麼排場，朕去大司馬府，和回自己家一樣。」

蕭嶷比蕭賾小三歲，時當壯年，蕭賾一直希望等自己歸天後，蕭嶷能盡心輔佐太子蕭長懋，他相信蕭嶷永遠都不會背叛他。可他萬萬沒有想到蕭嶷會走在自己前面，失去至親至愛，讓蕭賾痛徹肺腑。

永明十年（西元四九二年）四月十五，燈枯油盡的蕭嶷在蕭賾的痛哭聲中撒手西歸，時年四十九歲。蕭嶷死前告誡兒子們：「我死之後，你們要上敬聖天子和諸親賢，下敦睦手足。做人要低調，懂得謙讓，多學習看書，把這份不大的家業傳承下去，我死也瞑目了。」

蕭嶷共有十六個兒子，其中以撰寫《南齊書》的八兒子蕭子顯最為知名。蕭子顯在作《南齊書》列傳的時候，有一點小小的私心，按規矩蕭嶷應該入《高十二王傳》，蕭子顯卻給父親立了專傳，文字鋪張近萬字，緊隨《后妃傳》和《蕭長懋傳》之後，地位非常尊崇。

蕭子顯對父親的讚美簡直到了無以復加的地步，他把父親比做周武王的千古賢弟周公旦，稱「周公以來，則未知所匹也」。如果以蕭嶷的標準來定義周公第二的話，其實晉武帝司馬炎賢慧的弟弟司馬攸也有資格入圍。但和蕭嶷不同的是，司馬攸因為「才望出武帝之右」，所以備受哥哥猜忌，抑鬱而終。蕭嶷的人生真讓人羨慕，生前享盡尊榮，死後還撈了一個周公的名號，雖然這名號是兒子強塞給他的。

蕭嶷從蕭賾的世界中永遠地消失了，蕭賾一時還無法適應，經常對著群臣痛哭流涕，悲傷地訴說他對豫章王的思念。蕭賾知道弟弟信佛，為了紀念弟弟，特地在原福田寺的旁邊建了一座寺院，起名集善寺。

因為一時經濟比較緊張，國庫拿不出現錢，蕭賾就從他的私庫裡拿出金珠玉飾到市場上去賣，東拼西湊了幾百萬錢，建起了集善寺。蕭賾把蕭嶷生前的友人慧緒和尚請來主持，並把原福田寺中的尼姑都安置在集善寺，福田寺留給洋和尚阿梨講法。

其實蕭賾也知道，這麼做無非是給自己受傷的心一個安慰，人死是沒有知覺的。死者已矣，生者何堪！蕭賾悲哀地發現，曾經跟著自己闖蕩江湖的那些老朋小友，褚淵、王僧虔、王儉、桓康、李安民、到撝、蕭景先等人，都已先於自己離開了人世。

永明九年，尚書令柳世隆無疾壽終，更讓蕭賾有今不勝昔之痛。柳世隆是當世儒將，自謂「馬矟第一，清談第二，彈琴第三」。柳世隆雖位高望重，卻不輕易涉政務，遠離是非，他經常在府中垂簾彈琴，風韻清遠，時人譽為「柳公雙璅，士品第一。」

說到柳世隆，有件非常詭異的事情不得不提。柳世隆的職業是軍人，但他還有另外一個職業：算命先生。柳公善卜，喜歡玩龜甲金文。蕭賾剛改元永明的時候，時任南兗州刺史的柳世隆在廣陵州衙的牆壁上寫了「永明十一年」一行字，然後告訴屬下：「我活不到這一年。」柳世隆死於永明九年，更讓人難以理解的是，他怎麼知道蕭賾的永明年號只存在十一年？難道僅僅是巧合？

歷史總是這樣神秘，也正因如此，才充滿了無限魅力。

七　白髮人送黑髮人

蕭賾曾對蕭嶷說過：「你活一天，就要給朕當一天的揚州刺史。」揚州是帝畿近衛，戰略意義重大，輕易不授外姓。蕭嶷死後，這個位子自然落到竟陵王蕭子良的頭上，蕭子良本就是蕭嶷的替補，將來要在蕭長懋身邊扮演過去蕭嶷的角色。

永明十年（西元四九二年）五月十五，之前已經接替柳世隆作尚書令的蕭子良被父親任命為揚州刺史，蕭賾準備讓兒子走上前臺。

從性格上來說，蕭子良簡直就是二叔蕭嶷的翻版，而且政治品格非常好，即使不是生在帝王家，也能做一個合格的宰輔。蕭子良是個虔誠的佛教徒，但他不會因為佛事而耽誤政事，在他看來，政治和宗教不是一個概念。只要他認為該說的，不管對方是誰，他都要說，即使是父親蕭賾也不例外。

蕭賾是個職業皇帝，他的業餘愛好並不多，但有一項體育運動是最喜歡的，就是射雉（野雞）。

射雉的地方一般都在郊外空曠地帶，蕭賾讓人用樹葉蓬草壘了一個草窩，拿著弓箭蹲在草窩後面，然後放出家養的草雞，勾引野雞出來。蕭賾為了能射中野雞，小心翼翼地移動草窩，尋找好射擊方位一箭中雉，然後便大笑著從草窩後面跳出來，歡呼他的勝利。

一直無法理解蕭賾為什麼對射雉有這麼大的興趣，他甚至為了射雉殺過人！永明六年，左衛將軍邯鄲超上書，勸諫蕭賾不要只顧著射野雞，要以國事為重。雖然暫停了射雉，但沒多久，蕭賾就找藉口殺掉了邯鄲超，然後繼續他的射雉生涯。

剛開始蕭賾只是把射雉當成業餘愛好，哪知時間一長，這業餘愛好就成了他生活的一種常態。為了射雉，蕭賾經常不務正業，軍國大事都甩在了腦後。更可氣的是，他還喜歡在農忙時節到野外射雉，在農田裡來回折騰，糟蹋了不少莊稼，民間怨聲載道。

對於蕭賾的荒唐行為，許多大臣都有意見，蕭子良也是一肚子不滿，他曾勸過父親，可蕭賾不聽。蕭子良坐不住了，再次上疏勸諫，不過上一次是從政治的角度勸諫，這次則是從宗教的角度。

蕭子良信佛，佛家講究的是不殺生，蕭子良對父親射雉提出了委婉的批評：「君子見小獸，見其生不忍見其死，聞其聲，不忍食其肉。何況陛下是萬乘之尊，怎麼可以學市井小民，以射殺為樂？雉雖禽獸，猶有生命，陛下射殺無辜，恐傷陛下仁愛之本。因為菩薩不殺生，所以壽命無盡。陛下平時禮尊佛法，兒臣非常欣慰，但陛下卻貪圖一時玩樂，射殺仁禽，豈非自相矛盾？陛下喜歡這個遊戲，非無不可，但一則傷生損壽，二則有殆國政，請陛下三思而後行。」

蕭子良說得真誠感人，可惜並沒有感化射雉射到走火入魔的老爹，蕭賾雖然把兒子大大誇獎了一番，但照樣時常竄到郊外玩他的射雉運動。也許是蕭賾知道自己時日無多，已經沒有多少治平天下的動力了，想趁著這把老骨頭還能活動，多玩兒幾天吧。

這一年，蕭賾已經五十三歲，在「人生七十古來稀」的古代，這已經算是高齡。在刀山火海裡滾了大半輩子，無非就是想為兒孫多謀幾袋稻糧，等他伸腿瞪眼的時候，好讓兒孫們有碗現成飯吃。

蕭賾雖然不知道自己還能活幾年，但他並不擔心這一點，因為他的嫡長子蕭長懋已經三十六歲，如果他現在就去世，蕭長懋立刻就能接班。雖然蕭長懋並沒有什麼過人之處，才具平庸，但蕭家王朝已經走上正軌，只要蕭長懋不胡來，蕭家天下是不會塌的。

只是蕭賾萬萬沒有想到，他的大兒子居然會死在他前面。俗話說老年喪子，人間至痛，卻偏偏讓蕭賾碰到了。

齊永明十一年（西元四九三年）新春剛過，蕭長懋就莫名其妙地病倒了，臥床不起。蕭賾聽說兒子病了，立刻來看望，他隱隱感覺要出事，愁容滿面，希望兒子能吉人多福，哪知道蕭長懋最終還是沒能挺過去。

正月十五，三十六歲的蕭長懋薨於東宮。

蕭長懋的突然去世彷彿引爆了一枚炸彈，在齊朝官場引起了非常大的震動，所有人都被震暈了。朝野上下都以為老頭子沒幾天好活了，太子隨時都有可能接班，沒想到太子居然提前到陰間報到去了。

最傷心的是蕭賾，可憐他一把老骨頭，聽到兒子的噩耗，跌跌撞撞地闖進東宮，抱著兒子冰冷的屍體號啕大哭。可眼淚還沒擦乾，他就察覺到了異常，太子宮裡的服玩制度嚴重違制，蕭長懋這哪裡是在做皇太子，分明是在做太上皇。

蕭賾最忌諱的就是有人覬覦他的權力，親兒子也不行。他也不哭了，氣呼呼地讓有關部門毀掉這些違制的玩意。次子蕭子良當時也在身邊，蕭賾就把怒火燒向他，嚴厲質問他為何知道老大違制，卻不彙報，氣死你老爹你們這幫畜生才爽是吧？蕭子良被罵得臉紅脖子粗，低頭不說話。

大兒子已經死了，蕭賾罵罵也就過去了，蕭長懋再怎麼混球，也是自己的親生骨肉。他死了，大齊帝國的繼承人就成了一個最現實的問題，由誰來接班？蕭賾必須盡快做決定。

如果按「兄終弟及」的傳統，蕭賾第二子、同樣是嫡出的竟陵王蕭子良是最沒有爭議的儲位候選人。但是，比「兄終弟及」慣例更符合傳統的是「父死子繼」，蕭長懋的嫡長子南郡王蕭昭業已經二十一歲了，長相帥氣，而且寫得一手漂亮的書法，蕭賾非常疼愛這個孫子。

不過最讓蕭賾看中的還是長孫的孝心，蕭長懋死的時候，蕭昭業當著爺爺的面，跪在亡父面前失聲痛哭，悲慟欲絕。蕭賾非常感動，覺得孫兒真懂事，就有了立皇太孫的意思。可蕭賾並不知道，蕭昭業哭完老爹後，馬上回到後宅嬉皮笑臉地和侍妾打情罵俏去了，小蕭同學覺得這比哭他的死鬼老爹有意思多了。

蕭昭業有兩點過人之處，一是演技出眾，二是保密工作做得好，憑藉這兩大法寶，把皇爺爺騙得七葷八素，可笑的是，蕭賾還把孫子當個寶呢。蕭昭業的出色表現讓蕭賾最終下定決心踢開蕭子良，立他為皇儲。

永明十一年（西元四九三年）四月十四，蕭賾下詔，立皇長孫蕭昭業為皇太孫，仍居東宮，原東宮太子屬官人員，改稱太孫屬官，繼續輔佐東宮太孫。

整整九百年後，明懿文太子朱標薨，明太祖朱元璋同樣越子立孫，立了皇長孫朱允炆為皇太孫。朱元璋立朱允炆，也是因為朱標死時，朱允炆「居喪毀瘠」，朱元璋感歎：「兒誠純孝，顧不念我乎。」不過朱允炆天生仁和純孝，蕭昭業則純粹是演戲給爺爺看的。

蕭昭業做了皇太孫，他的王妃何婧英自然就成了皇太孫妃，日後大齊帝國的國母。何婧英的父親是撫軍將軍何戢，何戢在歷史上並不知名，但有兩個著名人物和他有割不斷的感情糾葛。

何戢的正妻是宋孝武帝劉駿的女兒山陰公主劉楚玉，南朝著名淫婦；何戢的情敵是南齊第一美男子褚淵，劉楚玉的夢中情人。不過何婧英卻不是劉楚玉生的，她的生母是何戢的庶妻宋氏。

二十一歲的皇太孫正式站在了歷史的前臺，而三十六歲的皇太子卻靜靜地躺在了冰冷的石棺裡。有些事情，人在生前是無法預知的，蕭長懋不是先知，他不會料到自己的人生是這樣一個結局。

但是，蕭長懋在生前卻有一個強烈的預感，僅僅兩年後，他的預感就變成了血淋淋的殘酷現實。

蕭長懋對堂叔、西昌侯蕭鸞的印象非常差，可以說是討厭到了極點，卻說不出討厭的理由。蕭長懋曾經私下告訴二弟蕭子良：「你說奇怪不奇怪，我怎麼一見蕭鸞就特別反感，這個人太危險了。」蕭子良是個心地和善的人，他對堂叔倒沒這麼大的偏見，只是勸蕭長懋，感覺有時並不可靠，蕭長懋也沒說什麼。

歷史果然印證了蕭長懋那心驚肉跳的預感，蕭長懋的四個兒子後來盡數死在蕭鸞的刀下！

八 蕭賾的最後一戰

蕭長懋的不祥預感隨著他的去世，被永遠地帶進了墳墓。沒有人能預料到未來能發生什麼，哪怕是身居帝位的蕭賾也一樣。他一如既往地信任堂弟蕭鸞，讓蕭鸞進入齊朝的核心決策層，做了左僕射，並領右衛將軍。

蕭賾還沒有從老年喪子的悲痛中走出來，哪有功夫去懷疑蕭鸞，以後的事情以後再說吧。兒子死了，他還活著，如果上天眷顧，也許他還能多活個二十年。別說多活二十年了，即使多活十年，也夠他做許多事情。

蕭賾想做什麼事情呢？北伐？對，是北伐！

作為偏安江東的漢人皇帝，蕭賾有著非常強烈的文化優越感，他一直無法容忍北方故土被鮮卑人霸佔，在南朝皇帝的潛意識裡，只有統一中原，這皇位才算坐得名正言順。

雖然幾年來南齊人物凋零，但蕭賾相信自己有足夠的資本和拓跋宏掰掰腕子。北魏塊頭太大，一口也吞不掉，對蕭賾來說，最現實的目標就是先收復二十年前被鮮卑人偷去的淮北四州。蕭賾讓軍工部門打造了三千輛戰車，準備北上攻取中原重鎮彭城（今江蘇徐州）。

有意思的是，蕭賾這邊正大造戰車，千里之外的平城，北魏皇帝拓跋宏也召集文武百官，商議大舉南下，進攻齊朝，「宋王」劉昶也參加了這次會議。

劉昶已經在鮮卑人的胯下奴顏婢膝了二十多年，他忍辱負重，只求鮮卑人能幫他推翻蕭家王朝，重新在江東樹起大宋的旗幟。

拓跋宏看透了劉昶的心思，為了刺激劉昶為他賣命，故意當著劉昶的面大談蕭道成篡宋弒主的醜事。劉昶果然中招，伏闕大哭：「臣故國淪喪，蕭賊作逆於天下，人神皆憤。臣請陛下憐江東百姓深陷水火，發天兵誅逆凶，並雪臣不世之恥。」

拓跋宏要的就是這個效果，他表面上裝出一副同情的樣子，心裡卻在偷樂著。陪劉昶哭了一通之後，拓跋宏下詔在與齊朝接壤的淮河防區大量籌備糧草，準備拿蕭賾開刀。

得知魏軍在邊境線上的動向後，蕭賾也沒閒著，調右衛將軍崔惠景為豫州刺史，命其前往壽陽指揮調度，防止拓跋宏南下搗亂。同時，大力發動揚州和南徐州的民丁，招募精銳，準備和拓跋宏周旋到底。

為了表示自己北伐的決心，蕭賾命書師毛惠秀畫《漢武北伐圖》，自比漢武大帝。中書郎王融熱衷名利，自然不想放過拍皇帝馬屁的機會，就《漢武北伐圖》大發議論，給蕭賾煽風點火，蕭賾頓時雄心萬丈。

劉昶枕戈待旦，蕭賾摩拳擦掌，王融上躥下跳，誰都想在歷史上寫下濃墨重彩的一筆。可惜，他們都被拓跋宏給騙了。拓跋宏不想南征嗎？當然想，但現在他最想做的事情是遷都！對，遷都洛陽，讓先進的漢文化全面融入鮮卑，這是他進行漢化改革最關鍵一步。

但遷都的涉及面太廣，遭到了人多數人的反對，所以拓跋宏就小小地利用了一下蕭賾，打算打著南伐齊朝的旗號實現自己的遷都大計。現在他覺得遷都時機還沒到，暫時按兵不動，齊魏邊境雖然戰爭氣氛濃厚，但畢竟還沒打起來。

蕭賾並不知道自己被拓跋宏玩弄於股掌之間，還在準備戰爭。他一直在等拓跋宏動手，然後和無恥的拓跋宏拼個魚死網破。不過等來的不是魏軍大舉南下的緊急軍情，而是雍州刺史王奐擅殺寧蠻府長史劉興祖的消息，蕭賾異常吃驚。

這場雍州事變的起因是雍州刺史王奐派遣軍士朱公恩征伐蠻族，結果兵敗，寧蠻府長史劉興祖（與宋元嘉時青州刺史劉興祖應該不是同一人）準備將這事上報朝廷，結果惹翻了王奐。

王奐知道，如果討蠻失利讓皇帝知道了，他肯定沒好果子吃，加上他和劉興祖向來不和，情急之下，將劉興祖逮捕入獄。劉興祖有的是辦法，他在獄中將自己的冤案用針畫在漆盤上，通過獄吏傳給家裡，然後通過關係送到皇帝的案子上。

與劉興祖的自辯書同時到來的還有王奐的所謂劉興祖罪狀，王奐誹謗劉興祖「煽動荒蠻」，但蕭賾憑自己對二人的了解，覺得王奐栽贓的可能性更大一些。他信不過王奐，因為王奐還有一個最讓他忌諱的身分：劉宋的外戚！

王奐的親姑媽是宋明帝劉彧的皇后王貞鳳，而且族弟前宋湘州刺史王蘊曾經跟著沈攸之造反，事敗被殺。齊朝剛成立的時候，蕭賾就懷疑王奐有異志，要不是王晏叩頭死請，願意以自己的父母做人質，保王奐無二心，王奐根本沒機會活下來。

蕭賾懷疑王奐在這件事上做了手腳，他需要了解更多的真實情況，就派人去襄陽，讓王奐把劉興祖交出來，由皇帝親自審問。朝廷使節二月十九到襄陽要人，王奐推託不給，到了二月二十一，朝廷使節終於見到劉興祖，可惜此時的劉興祖已經變成了一具冰冷的屍體。

劉興祖是怎麼死的？王奐的回答非常輕鬆：「劉大人一時想不開，找根繩子上吊死了。」

蕭賾自然不會相信王奐的鬼話，他早就想除掉王奐，可是一直沒有下手的機會，現在機會來了，當然不會錯過。他先指示御史中丞孔稚珪上疏，曝王奐之罪，然後開動軍事機器，展開對王奐的剷除行動。

蕭賾命中書通事舍人呂文顯、直閣將軍曹道剛率精銳禁軍五百人西上襄陽，捕拿逆臣王奐。為了確保一戰成功，鎮西司馬（南史作梁州刺史）曹虎同時從江陵率兵北上襄陽。

朝廷軍馬很快就殺到了襄陽城下，王奐的女婿、雍州長史殷叡勸岳父不要輕易服軟，不如拿下呂文顯和曹道剛，好和朝廷討價還價。王奐也是這個意思，他讓「素兇險」的兒子王彪率一千多雍州兵殺出城外，和官軍大打出手。這場小規模的戰役很快就有了結果：雍州兵大敗，王彪狼狽逃回城裡。

王奐主政雍州，很不得人心，人多不服。不僅雍州百姓對於王奐公然對抗朝廷的行為表示不滿，雍州的官員們也都不想陪著王奐送死，你惹出來的事端，憑什麼讓我們背黑鍋。

雍州司馬黃瑤起和寧蠻長史裴叔業聯手，出兵直搗雍州衙門，雖然人數不多，但足夠對付王奐。黃、裴所部順風順水地闖進了後堂，王奐真有本事，聽說裴叔業他們來追命了，不慌不忙地來到後堂拜起了佛祖。

王奐剛拜完佛，義軍就闖了進來，二話不說揪住王奐及他的兒子王彪、王爽、王弼、女婿殷睿，一刀一個，送上西天請佛祖超度去了。不久，蕭賾下令，將留在建康的王奐的兩個兒子太孫中庶子王融（與中書郎王融不是一個人）、司徒從事中郎王琛斬於市中。

王融和王琛命中該絕，而王奐另外兩個留在京師的兒子王肅和王秉卻非常幸運，居然從蕭賾的刀口下逃脫，逃到北魏避難。王肅深熟典章制度，他的到來讓拓跋宏異常高興，正愁缺少熟悉漢制的人才，蕭賾就給他送來了一個，老蕭真是可愛。

王肅僥倖逃生至鄴城，見到拓跋宏號啕痛哭，自比諸葛亮的王肅跪在拓跋宏腳下，乞求神武英明的大皇帝出兵為他報仇雪恨。南伐本就是拓跋宏劇本中的一個重要戲份，王肅不來，拓跋宏也要去。雖然所謂南伐不過是掩人耳目，但這場戲總是要演的。

拓跋宏到底出兵了，皇三弟、河南王拓跋幹任車騎大將軍，總督關右諸軍事，以司空穆亮、散騎常侍盧淵、河東公薛胤為副，發鮮卑雄兵七萬，準備西出子午谷，到關中地區砸蕭賾的場子。

其實拓跋宏心裡明鏡似的，蕭賾既不是劉禪，也不是孫皓，他自己也不是司馬炎。與其說出兵討伐蕭賾，不如說是強拉著蕭賾配合他演戲。他希望蕭賾能夠做一片完美的綠葉，小拓跋相信蕭賾能做到，也願意這麼做。

讓拓跋小朋友沒想到的是，蕭賾沒有機會再給他做綠葉了，他這位蕭家老叔的大限已經到了。

九　逝去的永明時代

永明十一年（西元四九三年）五月，蕭賾病倒，臥床不起。

蕭賾得了什麼病，史無明載，但即使沒病，過度的勞累也能把人擊倒。周世宗柴榮三十九歲英年早逝，就是生生被累垮的，何況蕭賾是個年近六旬的老人。

漢末三國，魏公曹操征烏丸南歸，作《步出夏門行．龜雖壽》感慨人生：「老驥伏櫪，志在千里。烈士暮年，壯心不已！」二百九十多年後，五十四歲的蕭賾同樣不服老，他要用實際行動來向世人證明他還年輕，還是這萬里錦繡河山的主人。

蕭賾決定搬到延昌殿小住，他讓內侍抬過小轎，自己冠冕堂皇地橫臥在乘輿上。畢竟做了十一年的皇帝，氣質雄毅剛厲，不怒自威，他對自己充滿信心。

當內侍小心翼翼地抬著乘輿上延昌殿的臺階時，蕭賾突然一陣頭暈眼花，彷彿看到巍峨的延昌殿在左右晃動並發出淒厲的鳴叫，他用力地搖搖頭，不肯相信這是真的。

蕭賾艱難地來到延昌殿，看樣子病情不是很樂觀。因為大兒子蕭長懋已經不在了，蕭賾下詔，讓次子蕭子良帶武士入殿侍奉醫藥，皇太孫蕭昭業不用天天來，每隔一天來看看皇爺爺就行了。

蕭子良是個孝子，為了讓父親早日康復，他叫來了一大幫和尚，整日坐在延昌殿前擊磬誦經，祈求佛祖保佑大皇帝。蕭賾有一次夢到了優曇鉢華（即曇花），蕭子良可能一時沒找到曇花，就按佛祖的指點，讓御府打造了四支銅曇花插在父皇御床的四個角上，祈求父皇平安。

皇帝病倒了，官場上立刻驚呼一片，說什麼的都有。蕭賾一方面為了證明自己還寶刀不老，一方面為了鎮鎮官場上的邪氣，便讓皇家樂隊進駐延昌殿，在殿上鼓樂齊鳴，舞影翩然。蕭賾強忍病痛，正襟危坐，目視著殿外沉沉欲墜的夕陽，面色凝重。他有一個強烈的預感：他的時代要結束了。

是的，蕭賾的時代要結束了。

幾天後，蕭賾的病情突然加重，眼瞅著是挺不過去了。百官早有準備，立刻換上喪服，準備給老頭子發喪。但法定的皇位繼承人皇太孫蕭昭業此時卻不在宮裡，眾人一時沒了主意，除了蕭昭業，誰都沒有資格來主持後事，包括在場的皇次子蕭子良。

見皇太孫不在宮裡，有人就動起了歹念，居然想易儲！這位活寶是誰？除了中書郎王融，還有誰敢做這種事？王融不喜歡蕭昭業，和蕭子良卻私交甚好。

王融膽大包天，和他的狗友、太學生魏準一起，私下以蕭賾的口氣矯擬了一份詔書，打算廢掉蕭昭業，改立蕭子良為皇太子。沒等王融鬧事，武陵王蕭曄就看出貓膩了，蕭曄不希望蕭子良出頭，還是蕭昭業好對付些。

為了拆王融的台，蕭曄站在群臣中間尖著嗓子大叫：「要是論輩分，我是高皇帝第五子，今上以下就是我。如果要立長，應該立我。如果要立嫡，長子嫡孫，捨皇太孫而誰？」

蕭曄這麼在殿外大聲吵鬧，王融氣得直轉圈，暗罵蕭曄吃飽了撐的。正在這個時候，昏迷多時的蕭賾突然迴光返照，醒了過來。他知道自己時日無多了，為了防止意外，命人立刻將皇太孫召至延昌殿囑託後事。

在東宮武士的重重保護之下，蕭昭業跌跌撞撞地闖進延昌殿，跪在皇爺爺面前放聲大哭。蕭賾拉著孫兒的手淚流滿面，想說什麼，卻被睏倦壓得睜不開眼，可他知道這一睡，永遠都不會醒來，就拼了最後一口氣，愛暱地告訴孫兒：「阿奴，如果你還念著皇爺爺，就要好好做皇帝，大齊江山就託付給你了。」

齊永明十一年（西元四九三年）七月三十，蕭賾駕崩，享年五十四歲。

先皇帝詔曰：「始終大期，賢聖不免，吾行年六十，亦復何恨？但皇業艱難，萬機事重，不能無遺慮耳。」按蕭賾的安排，皇次子蕭子良做宰相，但真正主事的卻是皇弟、西昌侯蕭鸞，「內外眾事，無大小悉與鸞參懷」。

蕭鸞的政治能力遠強於柔弱的蕭子良，在亂世中，蕭鸞的強悍正是不懂事的蕭昭業最需要的。除了蕭鸞之外，蕭賾對其他重臣也做了安排：右僕射王晏、吏部尚書徐孝嗣主政務，驃騎大將軍王敬則、征南大將軍陳顯達、前將軍王廣之、後將軍張瓌、平北將軍王玄邈、左將軍沈文季、驍騎將軍薛淵等人主軍事。

但此時蕭鸞也不在宮中，王融見A計畫失敗，立刻啟動B計畫，即使蕭子良當不了皇帝，也要把實權拿到手。王融讓蕭子良的嫡系部隊守住宮城各門，禁止蕭鸞入內。

已經得到皇帝駕崩消息的蕭鸞氣喘吁吁地來到雲龍門外，沒想到竟陵王的人馬居然不讓他進來。蕭鸞知道如果今天不進宮，他的政治生涯可能就要完蛋，急火攻心地指著衛士的鼻子大罵：

「王八蛋，皇帝有詔讓我覲見，你敢違詔？反了你！」蕭鸞一把推開還沒反應過來的武士，闖進延昌殿。

蕭鸞看到了已經成為大行皇帝的堂兄，以及正在發呆的皇太孫蕭昭業和交頭接耳小聲議論的百官。到底是官場老油條，蕭鸞知道必須立刻確定蕭昭業的帝位，不然真讓蕭子良佔了先，到時他可沒地方買後悔藥去。

蕭鸞仗著自己的宰相身分，調動東宮人馬，強行將站在階下正等待什麼的蕭子良推到殿外。隨後喝令文武百官，簇擁著皇太孫蕭昭業緩緩升殿，對著蕭昭業舞蹈山呼，叩頭稱臣。新皇帝詔下，改次年（西元四九四年）為隆昌元年。

這一切，躺在御榻上的蕭賾已經毫無知覺，兒孫們的事情，讓兒孫們去做吧。是生是死，是福是禍，聽天由命。

在位這十多年來，蕭賾吃過人肉，喝過人血，枕著骨頭睡過覺。人生的酸甜苦辣百味俱嘗，人世間最尊貴的榮華也享受過了，這輩子沒什麼遺憾了。

蕭賾死後，他的孫子也沒虧待皇爺爺，得到的諡號是武皇帝，廟號是世祖。雖然在追尊廟號的傳統上，「祖有功而宗有德」，到了南北朝時期已經沒有前代那麼嚴格，劉駿這樣的人物都能被追尊為世祖，蕭賾顯然比劉駿更有資格。

在歷史上能得到世祖廟號的多是著名的皇帝，蕭賾之前的有漢光武帝劉秀、魏文帝曹丕、晉武帝司馬炎、秦宣昭帝苻堅、後燕成武皇帝慕容垂、北魏太武帝拓跋燾，蕭賾之後有的梁元帝蕭繹、陳文帝陳蒨、北齊武成帝高湛、「隋世祖明皇帝」楊廣，元世祖忽必烈、清世祖福臨。除此之外，還有兩位差點當上「世祖」的中興皇帝：唐憲宗李純、宋高宗趙構。能擠進這個名帝集團，蕭賾真的可以知足了。

一般論及南朝承平時代，多語宋文元嘉之治和梁武盛世，實際上即使以元嘉之治的標準，蕭賾統治下的永明時代也完全可以稱為盛世。宋文帝劉義隆和梁武帝蕭衍晚節不保，南朝形勢幾乎崩潰，但蕭賾卻始終保持清醒，在和北魏的對抗中絲毫不落下風。

雖然蕭賾的缺點也非常明顯，雄猜好忌，甚至因為射雉這樣的小事記仇殺人。但相對來說，他待人接物還算厚道，政治品格中上。南齊是南北朝最不起眼的一個政權，感覺有些平庸乏味，這也是蕭賾知名度不高的重要原因。

蕭賾不同於劉義隆和蕭衍這樣文學家氣質濃厚的理想主義者，他是一個現實主義者，也許個人魅力稍微欠缺，但能力絕對不比任何人差。他對權力的控制力非常強，「明罰賞恩，皆由上出，義兼長遠，莫不肅然」。權力架構的穩定，是社會長治久安的重要硬體保障，這一點蕭賾做得非常出色。

蕭賾交給了歷史一份合格的答卷，他應該得到更多的掌聲。

永明十一年（西元四九三年）九月十八，嗣皇帝蕭昭業將皇祖蕭賾的遺柩遷葬景安陵（今江蘇省丹陽市建山鄉境內），這塊陵地是蕭賾生前選定的，他要和十二年前去世的髮妻裴惠昭安葬在一起。

「生則同衾，死則同穴」，蕭賾有幸做到了。

第四章

血腥的親情

一　初出江湖的蕭昭業
二　一地雞毛
三　還是一地雞毛
四　蕭昭業的末日（上）
五　蕭昭業的末日（下）
六　第一輪屠殺
七　第二輪屠殺
八　蕭鸞的天下

一　初出江湖的蕭昭業

說到南朝皇帝，一般分為四個類型：第一類是鐵血冷酷型，如劉裕、蕭道成、蕭賾、陳霸先、陳蒨等；第二類是儒雅書生型，如劉義隆、蕭衍、蕭綱等；第三類是狂妄自負型，如劉駿、劉彧、蕭繹、陳頊等；第四就是瘋子混蛋型，這類最出名，有劉子業、劉昱、蕭昭業、蕭寶卷等。至於像劉準、蕭昭文、蕭寶融、蕭方智、陳伯宗這類的傀儡就不必多說了。

蕭昭業很幸運地被劃進了瘋子混蛋型，其實以他的綜合能力，完全可以和族叔祖蕭衍一樣擠進第二類，但他的人品實在太惡劣了，惡劣到讓人哭笑不得。蕭昭業也是南朝少有的娛樂型皇帝，跟大明朝的威武大將軍、鎮國公朱壽有一拼。

用現在流行的話說，蕭昭業是標準的帥哥，不僅長得玉樹臨風，而且寫得一手好字，難怪皇爺爺這麼喜歡他。

按制度，宗室近親每五天朝見皇帝一次，但蕭昭業卻不受這個限制，蕭賾經常把他拉到身邊，叫著他的小名「法身」，呵護備至。自從皇太子蕭長懋死後，蕭賾已經內定了蕭昭業為皇位繼承人，他相信這個寶貝孫子一定不會讓他失望。

可惜，蕭賾被孫子給騙了！

蕭長懋死的時候，這位小王爺跪在靈前號啕痛哭，把皇爺爺感動得鼻涕一把淚一把，最終將他立為皇太孫。演完戲後，蕭昭業回到後堂召來平時在一起廝混的二十多個「無賴群小」，繼續胡吃海喝，嬉笑玩樂。

這二十多個「無賴群小」和蕭昭業說不清是個什麼關係，他們不僅一起吃飯，還一起睡覺。最牛的是，南郡王妃何婧英竟然也是這個小團夥的成員，這位淫蕩的王妃相中了其中幾個有姿色的美男，和他們的關係非常曖昧。

這都不算什麼，最讓人髮指的是，蕭昭業為了早日當上皇帝，不知道從哪搜羅來一個姓楊的巫婆。他將楊婆安置在密室中，念最惡毒的咒語，祝福爸爸蕭長懋早日升天，果然得了手。

蕭昭業隨後把賊手伸向疼他愛他的皇爺爺，讓楊婆天天在密室裡裝神弄鬼，詛咒皇爺爺早點去見閻王。蕭昭業的努力沒有白費，皇爺爺得了重病，眼看就要伸腿瞪眼了，他按捺不住心中的狂喜，給還住在西州城的老婆何婧英寫封了報喜信。這確實是一封報喜信，信紙中間是一個大大的「喜」字，旁邊又寫了三十六個小「喜」字。這可能是這對變態小夫妻之間的聯絡暗號，意思是說老頭子快不行了，我們馬上就要發達啦。

當然，這些不能讓老頭子知道，不然爺爺非得吃了他。每次見皇爺爺時，蕭昭業無不面容哀戚，淚水橫流。蕭賾倒看得開，人生自古誰無死？但每當蕭賾說到生前身後事的時候，蕭昭業都跪在皇爺爺面前痛哭流涕。

蕭賾看到孫子這麼孝順，感動得一塌糊塗。他相信仁者必以孝為先，孫兒這麼懂事，將來一定能做個好皇帝，於是在病榻上給孫兒傳授了權力學的精髓：「乖乖，你記住了，你即位後，前五年什麼都不要做，政事都交給宰相們處理。五年後，一定要牢牢控制權力，大事自己拿主意。」蕭昭業哭著答應了，蕭賾臉上露出欣慰的笑容。

蕭賾沒有了後顧之憂，放心地去了天國。雖然王融有心拆臺，但蕭昭業還是有驚無險地登基，做了大齊帝國的第三任皇帝。

新皇帝上任也有三把火，蕭昭業的第一把火燒向了他的皇爺爺。蕭賾剛駕崩，蕭昭業按規矩把皇爺爺的遺體放在棺槨裡，還沒發喪呢，就喪心病狂地把蕭賾生前寵養的歌舞伎都召到宮裡，穿上吉服，鼓樂吹笙，好不熱鬧。

這些歌舞伎雖然地位低賤，但至少還有點良心，大行皇帝剛走，嗣皇帝就在宮裡胡鬧，都覺得不忍心。但蕭昭業的刀架在脖子上，她們不敢不從，只好噙著淚，哭泣著給缺心少肺的蕭昭業歌舞。蕭昭業一邊喝著小酒，一邊欣賞歌舞伎曼妙的歌聲和綽綽的舞姿，好不自在。

不過，他很快就對這群哭泣的歌舞伎失去了興趣，又想到一個新的玩法。幾天後，他拆掉了蕭賾時代建造的招婉殿，讓小太監徐龍駒利用原來的材料在原地建了一座馬場。馬場建好後，蕭昭業整日騎著高頭大馬在馬場上狂奔。

這天，不知道什麼原因，馬兒突然發脾氣，把這小瘋子給顛了下來，蕭昭業摔了一個狗啃屎，臉也摔破了，只好窩在宮中養病。

蕭昭業再也不想騎馬了，這匹無恥的馬瘋了，馬瘋了比人瘋了還可怕。所幸他又想到了更有趣的玩法。

他挑了一個良辰吉日，和二十多個「同吃同睡」的朋友一起溜出皇宮，帶著鷹、犬若干，熟肉若干，大呼小叫地竄到了父親世宗文皇帝蕭長懋的崇安陵。

在崇安陵的隧洞裡，蕭昭業張開雙臂，貪婪地呼吸著宮外自由的空氣。有人把肉扔到外面，讓帶來的狗和鷹吃。

這裡沒有外人，蕭昭業和他的弟兄們開始在洞裡尋歡作樂，醜態百出。他非常喜歡這種無憂無慮的生活方式，絲毫不顧忌這裡是埋葬他父親的地方。

蕭昭業到底是個聰明的孩子，玩歸玩，本職工作並沒有忘記。他知道自己除了是個快樂的玩家之外，還有另外一個更重要的身分：大齊朝的皇帝。

說到皇帝，蕭昭業立刻條件反射地想到一個人，憤怒的火焰在他心中熊熊燃燒。他沒有忘記，在十幾天前，就是這個人差點毀掉了自己的皇帝夢。要不是叔祖蕭鸞當機立斷扶自己上位，今天坐在上面的不會是他，而是二叔蕭子良。

現在暫時動不了蕭子良，那就拿這個人開刀，蕭昭業要讓全世界知道，得罪他的都沒有好下場！

蕭昭業的這個仇家，名叫王融，時任中書郎。

二 一地雞毛

這十幾天，王融如坐針氈。

眼瞅著自己的A計畫和B計畫都破產了，討人嫌的蕭昭業在蕭鸞的擁護下大搖大擺地登上了權力的最高峰，王融心裡一陣悲涼，他知道大勢已去，蕭昭業是不會放過自己的。

王融還算是個明白人，蕭昭業是個什麼樣的人他非常清楚，一個敢在背地詛咒親生父親和祖父的人會放過他這個八竿子打不著的外人麼？自己的末日就要到了。

蕭昭業做事雷厲風行，即位僅十幾天就命人將王融丟到大牢裡。隨後指使御史中丞孔稚珪曝王融之罪，將王融罵得狗血淋頭。

王融將最後一絲希望寄託在太傅、竟陵王蕭子良的身上，希望王爺能出手拉他一把。

上次在延昌殿被王融一攪和，蕭子良平白得罪了蕭昭業。雖然他沒有稱帝的野心，但蕭昭業卻對他非常不放心。蕭子良不傻，也聞出異味了。現在他是泥菩薩過河，自己能活到哪天都不知道呢，哪還有膽救王融。

其實王融的命運在計畫失敗的時候就已經注定了，蕭昭業也早就惦記上了蕭子良，即使他出手救王融，蕭昭業也不會給這個面子。隨後，王融在獄中被賜死，時年二十七歲。

王融死後，魏準也被人告發，蕭昭業派人將渾身哆嗦的魏準請到了中書省喝茶。魏準嘴巴大膽子小，還沒等蕭昭業盤問呢，就被生生嚇死了，死的時候全身發青，估計是苦膽被嚇破了。魏準真夠可以的，這種膽量也敢混官場，可笑至極！

搞掉了討人嫌的王融，蕭昭業快活地大笑，他需要用強硬的手段來警告世人，得罪他的人都不會有好下場，包括二叔蕭子良。不過他暫時還沒有功夫搭理蕭子良，讓二叔再多活幾天吧。

蕭昭業現在最關心的只有兩件事情：一是牢牢地控制權力；二是做一個快樂的玩主。關於控制權力，殺掉王融後，他相信不會有人再來給他搗亂了。

把話題扯遠一些，說說北邊的拓跋宏。正在蕭昭業撒歡兒的時候，拓跋宏即將邁出鮮卑帝國漢化改革過程中最關鍵的一步——遷都洛陽。由於北魏上層反對遷都的勢力非常強大，拓跋宏選擇了「曲線改革」，打著討伐偽齊的旗號率三十萬大軍南下，反對派也不好說什麼。

雖然拓跋宏玩的是「瞞天過海」之計，但既然對外宣稱南伐，總要弄出點動靜來配合。要說拓跋宏的運氣真是不錯，就在他為沒有綠葉配合演出而發愁的時候，有群眾演員前來報名了。

關中北地郡（今陝西耀縣東）豪民支酉「聚眾數千」，在長安城北的石山扯旗造反了！

當然，從南朝的角度來看，支酉不是造反，而是起義。支酉雖然不是漢人，卻以南朝為正統。支酉的鋪子開張後，立刻向齊朝的梁州刺史陰智伯求援，請求朝廷出兵幫忙。

支酉這邊活蹦亂跳，秦州土豪王廣瞧著非常眼紅，也跟著造反。關於王廣的事蹟，不同史料之間略有出入，《南齊書・魏虜傳》說王廣攻破秦州，活捉魏秦州刺史劉藻，可《魏書・劉藻傳》卻對此事毫無記載，《魏書本傳》中根本不見「王廣」二字，未知二書孰是孰非。

拓跋宏本來需要的是幾個跑龍套的群眾演員，沒想到這幾片綠葉居然都是深藏不露的老戲骨，把一場清湯寡水的過場戲演得風生水起。支酉和王廣這麼一折騰，整個關中地區震動不已，許多對北魏統治不滿的地方土豪紛紛扯旗反魏，各路人馬加起來居然有十萬之眾。

當然這些反魏勢力基本上都是各自為戰，他們知道自己的實力和鮮卑人沒法比，於是全都縮在塢壁內等待齊朝軍隊的救援。魏軍領頭的河南王拓跋幹剛開始也沒把這幾隻小蝦放在眼裡，氣焰囂張地撲了過來，結果被「反賊」好一頓暴打，鼻青臉腫地逃了回去。

支酉得勢不饒人，隨後兵進咸陽附近的北濁谷，與魏司空穆亮的人馬明刀明槍地幹了一場。穆亮也是北魏重臣，結果卻被不入流的支酉給徹底打趴了。

正在支酉清點戰利品的時候，齊梁州刺史陰智伯派軍主席德仁領著幾千齊軍北上接應，支酉興奮地大笑。拓跋宏太小瞧哥們了，想讓我們做綠葉，對不住了，我們要做紅花！

支西不滿足於打游擊了，想建立一個屬於自己的王國，他早就對長安流了八尺長的口水，拿下長安，他就是關中王了。

驕傲的支西開始向長安發動攻擊，他相信鮮卑人不是他的對手。也許支西說的沒錯，鮮卑人未必是他的對手，但並不代表鮮卑政權中的漢人也不是他的對手。

在進攻長安的路上，支西遇到了魏安南將軍盧淵和平南將軍薛胤的人馬，他以為這場戰役的勝利者還是自己，沒有想到這場戰役成了他在歷史舞臺上的最後一次演出。

盧淵和薛胤到底有兩把刷子，沒用幾招就把支西從「起義將領」刷成了「反叛朝廷的賊」，生擒支西，王廣也一併被捉。數萬起義軍見大頭領栽了，知道戲該收場，紛紛棄械投降。

拓跋宏本打算在關中點一把小火燒向蕭昭業，沒想到突然起了一股妖風，結果火玩大了，差點燒著自己的屁股。北魏現在的工作重心是遷都和漢化，而且關中羌、氐問題歷來是北魏非常棘手的難題，拓跋宏不想給自己添麻煩。

盧淵很體諒皇帝的難處，他是員幹臣，知道應該怎麼做。於是下令處死支西和王廣，對那些跟著支、王二人起鬨的嘍囉們，則寬大為懷，盡釋不問，關中形勢很快就穩定下來。

盧淵就近將支西、王廣二人的人頭拎到洛陽，算是給剛完成遷都大計的拓跋宏送上一份厚禮。

「雄才大略，愛奇好士」的拓跋宏正在虔誠地書寫著歷史，而他的小兄弟蕭昭業卻對書寫歷史沒什麼興趣，蕭昭業感興趣的是如何才能做一個快樂的玩家。

三　還是一地雞毛

常言道：錢不是萬能，但沒有錢是萬萬不能。在任何時候，身上沒錢，什麼事都做不了。

在齊朝官場上，蕭昭業是出了名的小財迷，他花錢大手大腳，再多的錢也能一天糟蹋光。為了讓兒子養成節儉的好習慣，蕭長懋只得強制性控制他的零花錢。

這點小把戲難不倒聰明的蕭昭業，老爹不給錢花，他就派心腹去建康城的富戶家中索要保護費。蕭昭業是大齊帝國未來的繼承人，誰敢得罪，富戶們只好自認倒楣，破財消災。

兜裡有了錢，蕭昭業開始了他豐富多彩的夜生活。他偷偷配了一把西州城門的鑰匙，買來酒肉，帶著一幫小嘍囉躡手躡腳地來到西州後閣喝花酒，徹夜狂歡。

搜刮完建康城的富戶，蕭昭業又把賊手伸向了當道大員們。即位後，他曾經暗示那些大員放點血給他，沒想到冠軍將軍劉悛是隻鐵公雞，沒捨得給，只是象徵性地拔了兩根雞毛，嬉皮笑臉地拍在了蕭昭業的腦門上。

蕭昭業大怒，指使御史中丞江淹狠狠參了劉悛一本，然後將他抓進大牢，準備殺頭。尚書令蕭鸞和劉悛有私交，從中斡旋，勉強說服蕭昭業饒了劉悛。劉悛小命是保住了，但從此被蕭昭業禁錮終身，不許再做官。

收拾了這幫裝傻充愣的，蕭昭業的錢袋子立刻鼓了起來。其實也不能怪他貪心，畢竟需要用錢的地方很多，皇帝也有皇帝的難處。他的錢都用在什麼地方了？除了日常開銷，還要收買手下那幫小兄弟，不然就沒人陪他玩了。

蕭昭業出手真是大方，賞賜小兄弟們少則幾十萬錢，多則上百萬錢，弟兄們拿到錢後，無不喜笑顏開，高呼皇帝萬歲。他做了蕭家莊的大掌櫃，卻不知道莊子裡到底有多少錢，不過這不要緊，足夠他糟蹋的就是了。

蕭昭業喜歡玩鬥雞，為了能買到英勇無敵的鬥雞，不惜高價在民間求購，一隻鬥雞被炒到好幾千錢，許多養雞的都發了財。但是這對蕭昭業來說不過是九牛一毛，糟蹋也就糟蹋了，那撲騰亂叫的鬥雞估計也沒少替他贏錢。

蕭昭業不愧是「糟蹋大王」，逮著什麼糟蹋什麼，當他發現主衣庫裡有大量珍寶玉器時，餿主意就來了。有一次，吃飽了撐著沒事幹，蕭昭業帶著皇后何婧英和姬妾們浩浩蕩蕩地來到主衣庫。隨著蕭昭業的一聲令下，這群花枝招展的貴婦人大呼小叫地撲到玉器堆裡，對著這些瓶瓶罐罐就是一通拳打腳踢，或者拎起瓶子砸向罐子。這群蝗蟲所過之處，瓶瓶罐罐無不粉身碎骨，狼藉滿地。蕭昭業在旁邊快活地大笑，他要的就是這個效果。

據《南史》記載，僅僅幾個月的時間，蕭昭業就把齊武帝蕭賾生前積蓄的近十億財物揮霍一空：「武帝聚錢上庫五億萬，齋庫亦出三億萬，金銀布帛不可稱計。即位未期歲，所用已過半。」《南齊書》也有類似記載，不過沒有《南史》說得詳細。

對於蕭昭業揮霍錢財之事，明末大儒王夫之提出了強烈質疑，甚至乾脆將有關史料稱為「誣史」。他為蕭昭業辯解的理由非常充分：蕭昭業只當了不到一年的皇帝，他一沒有建造宮室，二沒有鑿雕金蓮，最大的開銷不過是尋歡作樂、胡亂賞賜下人，怎麼就把十億錢給花光了？隋煬帝楊廣花錢夠大方吧，在位十三年，東征北巡，開運河，建宮室，窮奢極欲，依然沒有吃空國庫，蕭昭業哪有這個本事？

當然，蕭昭業敗家的水準雖然沒有史書說的那麼誇張，但也夠狠了。好笑的是，他不僅糟蹋祖上留下來的財寶，連他爸爸的女人也敢糟蹋，什麼「人倫大防」在他眼中什麼都不是，只要快活就行了。

蕭昭業瞧上了蕭長懋的寵姬霍氏（《通鑒》說是蕭賾的寵姬），不知道用什麼手段，把霍氏給勾搭上手了。《南史》說是二人「淫通」，估計是霍氏貪婪富貴，心甘情願地做了蕭昭業的小姘。

蕭昭業知道這事不合人倫，也不敢過於張揚，要是傳到坊間，就是頭號醜聞，他可不想惹這個麻煩，於是想了個辦法，把霍氏改姓為徐，二人日夜在宮裡通姦作樂。

真為蕭長懋可惜，皇帝沒當上，卻被親生兒子扣了一頂綠帽子。他若地下有知，非氣死不可。還好有人替他報了仇，這位見義勇為的英雄就是他的兒媳婦何婧英。

何婧英是南朝著名淫婦，和其他淫婦不同的是，她的淫蕩是有家傳淵源的，她的嫡母是南朝頭號淫婦——劉宋山陰公主劉楚玉。何婧英是前吏部尚書何戢的寶貝閨女，當初蕭長懋是不同意兒子娶她的，理由是何戢家無男丁。尚書令王儉好說歹說，加上廬江何氏高門大第的身分，何婧英這才得以嫁給蕭昭業。

史書沒有記載何婧英容貌如何，卻交代了她精神世界的追求——「稟性淫亂」。其實蕭昭業的「內功」應該是不錯的，可卻無法滿足何婧英發達的欲望，她只好自己想辦法解決問題了。

何婧英沒少給蕭昭業戴綠帽子，做南郡王妃的時候就已經有偷情記錄，所偷的對象就是蕭昭業身邊那二十多個「無賴少年」中的美貌者。

後來何婧英對這幫美男起了膩，又瞄上了蕭昭業身邊的侍書馬澄。

馬澄貌美如花，而且「內功」了得，深得何婧英寵愛。馬澄仗著王妃的面子在外面胡作非為，甚至在光天化日之下調戲民女，被人扭到官府，最後還是蕭昭業出面把馬澄要了回來。

何婧英喜歡吃新鮮的，馬澄很快就失寵了，接替馬澄成為頭號面首的是一個女巫的兒子，叫楊瑉之。楊瑉之天生麗質，秀色可餐，何婧英如獲至寶，快活極了。

毫無疑問，蕭昭業的頭上又多了一頂綠帽子。按正常邏輯來說，男人平白無故被老婆扣了一頂大號綠帽子，肯定都會火冒三丈的。

蕭昭業火冒三丈了嗎？應該有，這是男人正常的反應，即便對此進行報復，也是再正常不過的事情。蕭昭業也不例外，他對老婆和姘頭楊瑉之進行了強烈的打擊報復，報復手段簡直空前絕後，絕對是教科書式的經典之戰。

蕭昭業的報復手段其實非常簡單：把楊瑉之泡上手。這樣反常理的做法不但可以報復何婧英，還能滿足他自己的求新欲望，因為他對同性也有生理上的渴求。

楊瑉之本就是個篾片朋友，皇帝向他擠眉弄眼，當然心領神會，立刻就和蕭昭業鬼混在一起。

蕭昭業成天在宮中胡鬧，軍國大事怎麼辦，難道都撂挑子不幹了？沒關係，他早把髒活累活甩給了堂叔祖蕭鸞，節省出大把的時間吃喝玩樂。

讓蕭鸞主事其實是皇爺爺蕭賾的意思，蕭昭業順水推舟，蕭鸞便成了齊朝的「太上皇」。當然這個「太上皇」只是名義上的，因為蕭昭業根本不聽他的，什麼事都擰著幹。

就拿對楊瑉之的態度來說吧，蕭鸞非常討厭楊瑉之，倒不是因為他吃了皇帝皇后的夫妻檔，而是他的出現會打亂自己在官場一統江湖的局面。楊珝之雖然只是一介布衣，但天天在皇帝身邊晃悠，跟貼身宰相沒兩樣，蕭鸞哪裡放心得下。

為了除掉楊珝之，蕭鸞說動了左僕射王晏、丹陽尹徐孝嗣、左衛將軍王廣之，一行人浩浩蕩蕩地來到宮中，請皇帝誅殺小豎楊珝之。蕭昭業哪裡捨得，當場駁了幾位爺的面子。

消滅政敵講究的是一招致命，絕不能留下後患。蕭鸞緊接著又搬動了衛尉蕭諶、臨汝縣男蕭坦之去開導蕭昭業，這二人都是蕭昭業的心腹近臣，由他們出面效果可能會更好。

在楊珝之的問題上，二蕭和蕭鸞是一致的，自然願意跑這趟差事。二蕭來到宮裡，正好何婧英也在，二蕭也不避諱，開門見山，請陛下誅殺小豎楊珝之。

對於楊珝之的態度，蕭昭業和何婧英是有所不同的。蕭昭業只是把楊珝之當成一個孌童，玩玩就罷了，但何婧英卻把楊珝之當成心肝寶貝。聽到二蕭的話，還沒等蕭昭業說話，何婧英就哭出聲來，淚流滿面地為楊珝之辯解：「楊郎有什麼罪過，值得你們如此興師動眾？亂殺無辜，你們於心何忍？」

何婧英的眼淚並沒有感化二蕭，二蕭見糾纏不過何婧英，就從蕭昭業這裡下手。蕭坦之是個聰明人，他趴在蕭昭業的耳朵上輕聲說道：「臣有密啟，請皇后暫且迴避。」

蕭昭業不知道蕭坦之整什麼么蛾子，就叫著何婧英的暱稱道：「阿奴，我們要商討軍國大事，你先迴避一下吧。」何婧英雖然有些不情不願，但還是起身離開了。

何婧英剛出殿門，蕭坦之就噴了蕭昭業滿臉唾沫星子：「臣等請誅殺楊珝之，不是和他有什麼私怨，只是為了維護陛下的顏面。現在坊間都傳開了，說楊珝之光著屁股爬進了皇后的被窩。陛下是天下之主，怎麼能受此侮辱？臣等請陛下當機立斷，天家尊嚴豈容小豎踐踏！」

話說到這個份上，蕭昭業也是沒轍了，楊珸之私下裡怎麼糟蹋何婧英他都無所謂，但這種事傳到民間，皇帝的臉面往哪擱，不怕被人恥笑？蕭昭業一狠心，下令誅殺楊珸之。

二蕭接過手敕，生怕夜長夢多，立刻告辭，通知蕭鸞即刻拿下楊珸之，就地處死。這幫人做事真夠雷厲風行的，楊珸之人頭剛落地，一道要求無條件釋放楊珸之的手敕又來了，這肯定是何婧英幹的，可惜一切都晚了。

蕭鸞趁熱打鐵，逼著蕭昭業處死了小太監徐龍駒，於是他在宮中又少了一個潛在的對手。楊珸之和徐龍駒事件使敏感的蕭昭業突然聞到了一股異味，這股異味是從他的堂叔祖、西昌侯蕭鸞身上散發出來的。

蕭長懋的預感幽靈般附在了兒子的身上。

四　蕭昭業的末日（上）

蕭昭業剛即位的時候，和蕭鸞的關係雖說不上親密，但還算和諧，從祖孫二人為了各自的政治利益暫時走到了一起。

從血緣上來說，蕭鸞是帝室的旁支，但這並不影響他對最高權力的無限渴望。在永明時代，因為蕭賾生性雄悍，蕭鸞不敢招惹堂兄，只好夾著尾巴做人。

蕭賾倒非常看重堂弟的才能，所以在臨死的時候提拔蕭鸞做了尚書令，使他成了齊朝名副其實的首輔。在永明朝的官場，蕭鸞只是個無足輕重的二線角色，現在終於等來了出人頭地的機會。

按江湖上的規則，有了自己的山頭，就要拉起一支隊伍，蕭鸞自然也不例外。他剛做老大沒幾天，手下弟兄們不算多，卻有一個鐵杆粉絲，就是後來的梁武帝蕭衍。

蕭衍當時的職務是給事黃門侍郎，跟在蕭鸞身邊辦差。蕭衍職務雖然不高，但本事不小，他成功說服了和蕭鸞不太對眼的豫州刺史崔慧景，將準備降魏的老崔生生拽進了蕭鸞的陣營。

圍在蕭鸞身邊還有幾個官場打手，除了上面提到的王晏、徐孝嗣和王廣之，還有中書郎江祏，驍騎將軍蕭遙光、秘書郎蕭遙欣、給事中蕭遙昌兄弟三人，冠軍司馬裴叔業等人。江祏是蕭鸞的表弟，蕭遙光兄弟是蕭鸞的親侄，這夥人是蕭鸞政治集團的核心人物。

至於蕭諶和蕭坦之，本來都是蕭賾留給蕭昭業的貼身心腹，蕭昭業對他們也沒二話。但這二位爺是典型的騎牆派，看官場風聲吃飯的，他們一看蕭昭業成天到晚胡折騰，覺得他早晚要出事，乾脆一狠心用掉他，投靠了頭號權臣蕭鸞。

二蕭知道自己雖然不是蕭鸞的心腹，但蕭鸞對他們的倒戈一定會欣喜若狂。因為二蕭手握禁軍大權，極得蕭昭業信任，蕭昭業醉酒後在宮裡裸奔，二蕭都可以不用迴避。

蕭鸞正愁宮裡沒有耳目，二蕭就倒貼著送上門了，自然興奮。在江湖上拜了新的大哥，總要有點見面禮的，二蕭給蕭鸞的見面禮是勸蕭鸞發動政變，誅殺蕭昭業，自立為帝！

為了幫助蕭鸞實現政治抱負，蕭利用在宮中的方便做起了間諜，每天給蕭鸞提供各種絕密情報，使他對宮中的事情瞭若指掌。

不知不覺間，蕭鸞實現了對蕭昭業的政治包圍，就差拔刀砍人了。不過在殺蕭昭業之前，蕭鸞還必須拿掉圍在他身邊的幾個心腹悍將。否則萬一失手，就有可能引火焚身，沒把握的買賣蕭鸞是不會做的。

這幾個人是冠軍將軍周奉叔、直閣將軍曹道剛、中書舍人綦毋珍之、朱隆之、溧陽令王文謙。其中性情兇悍的周奉叔最為蕭鸞所忌憚，蕭鸞向來和他不太對眼，早就想給他穿小鞋了。

之前蕭昭業曾經答應要封周奉叔為千戶侯，結果被蕭鸞駁了回去，只好改封他為三百戶的曲江縣男。周奉叔非常憤怒，當著群臣的面指著蕭鸞破口大罵，蕭鸞表面上裝得很大度，好說歹說，終於勉強勸住了周奉叔。在官場上這麼鬧對誰都沒好處，周奉叔也只好忍氣吞聲。

蕭鸞正準備對周奉叔動手的時候，蕭昭業突然來了一道詔令，調周奉叔為青州刺史。蕭昭業此舉實際上是想讓周奉叔在外領兵，萬一和蕭鸞翻臉，外頭也有個照應。

蕭鸞一眼就看穿了蕭昭業的心思，他絕不能放周奉叔到外面興風作浪，只能提前下手了。周奉叔入宮辭行，還沒見到蕭昭業就被蕭鸞和蕭諶嬉皮笑臉地攔下了，說是皇帝有旨，請周將軍到中書省說話。

周奉叔剛到中書省，就被一夥壯漢摁倒在地，劈頭蓋臉就是一頓暴打，直打到嚥氣。蕭鸞和蕭諶見得了手，微笑著回宮，誣告周奉叔詆毀朝廷，已經論死。蕭昭業氣壞了，朕的人也是你們隨便殺的？但人已經死了，只好作罷。

幹掉周奉叔之後，蕭鸞一鼓作氣捕拿了中書舍人綦毋珍之和杜文謙，並將二人處死。之前杜文謙曾經勸說綦毋珍之先下手為強，做掉蕭鸞，綦毋珍之做事猶豫不決，結果被蕭鸞搶了先。

玩宮廷鬥爭，最忌諱的就是拖泥帶水，猶豫不決。一定要瞅準敵人命門，一刀下去，乾乾淨淨。錯過了機會，等待自己的只能是敵人的無情毀滅。

蕭鸞贏得了第一回合，知道蕭昭業不會束手就範，現在還不是動手的時候，讓小瘋子多活幾天吧。蕭昭業不傻，他何嘗不想幹掉蕭鸞，只是時機未到，等機會下手吧。雙方進入僵持階段，都希望能夠把握戰機，一戰而勝。

蕭鸞需要面對的只有蕭昭業一個對手，而蕭昭業卻要面對許多對手，雖然有些「對手」只是存在於他的臆想之中，比如他的幾個同宗長輩。不過讓蕭昭業高興的是，還沒等他有所表示，他的兩個潛在對手就自動退出了歷史舞臺。

隆昌元年（西元四九四年）四月初七，僅比蕭昭業年長六歲的五叔祖武陵王蕭曄病故，時年二十八歲。七天後，差點取代蕭昭業做皇帝的皇二叔竟陵王蕭子良病故，時年三十五歲。

如果不是蕭子良當初猶豫不決，現在君臨天下的不會是他蕭昭業。可蕭子良卻選擇了放棄，即使這樣，蕭昭業依然對二叔保持高度的警惕。蕭子良鬱鬱寡歡地活在侄子的刀口上，最終沒能挺過去，撒手去了極樂世界。

下一個超升的是誰？蕭昭業還是蕭鸞？

五　蕭昭業的末日（下）

自從蕭鸞處死了周奉叔，尚書令要廢掉小皇帝的消息就在宮裡傳開了，和蕭昭業關係不錯的幾個尼姑經常將各處打聽到的消息帶進宮裡。

蕭昭業早就想對蕭鸞下手了，但是考慮到局勢尚不明朗，也就不敢貿然行事。他找來了中書令何胤，商量誅殺蕭鸞。何胤是官場上出了名的老實人，他雖然是皇后何婧英的從叔，而且深得蕭昭業的信任，但這個渾水何胤是無論如何都不敢淌的。萬一押錯注，吃飯的傢伙就沒了，不如保持中立。

何胤苦勸蕭昭業不要胡來，至於是怎麼勸的，諸史沒有記載，可以想見，無非就是「本是同根生，相煎何太急」那一套。蕭昭業到底年輕，沒什麼鬥爭經驗，想想何胤說的不無道理，就決定暫不動手。

雖然如此，蕭昭業還是有些不放心，又把蕭坦之拽到身邊問道：「朕聽說蕭鸞、王晏他們要合夥廢掉朕，真有此事？」

蕭坦之已經賣身給蕭鸞了，自然不會對蕭昭業說實話，只是轉著圈兒胡扯：「陛下睿智聖明，不要聽那幾個尼姑老太婆胡說八道，誰會沒事閒得去廢皇帝？蕭鸞、王晏都是國之幹臣，陛下如果聽信讒言除掉他們，以後誰還敢給陛下做事？」

蕭昭業平時看上去挺精明的一個人，不知道到關鍵時刻為什麼就忽然糊塗了，經蕭坦之這麼一勸就沒了動靜。倒是直閣將軍曹道剛想先發制人，對蕭鸞下手，可一看蕭昭業是這個態度，也就跟著停了手。

其實只要蕭昭業下定決心，蕭鸞就是有十個腦袋也已經搬家了，他的猶豫就是蕭鸞的機會，蕭鸞做事狠勇果決，機會來了就絕對沒有半點猶豫！

不過蕭鸞做事很有條理，知道該先做什麼後做什麼。他指使蕭諶將諸王的典籤叫到一起，先給這些「管家」上點眼藥，讓這些人對諸王嚴格看管，以免諸王接觸外人，節外生枝。因為蕭諶是打著蕭昭業的旗號行事的，這些人認為蕭諶本就是蕭昭業的心腹，誰也不願找事，都點頭答應了。

搞定了潛在的安全威脅，蕭鸞終於要動手了！

齊隆昌元年七月二十二，蕭諶率兵強行入宮，開始了對蕭昭業的定點清除。事發突然，蕭昭業的人馬沒有絲毫準備，曹道剛和朱隆之不幸撞到蕭諶的刀口，命喪黃泉。宮中宿衛官徐僧亮見有人謀反，立刻拔刀大吼：「反賊！老子今天和你們拼了，以報主上大恩！」可惜寡不敵眾，沒一會兒也去見了閻王。

得到蕭諶已經得手的消息，蕭鸞立刻帶著王晏、徐孝嗣、蕭坦之、陳顯達、王廣之、沈文季等人提本部兵馬穿過尚書省，進入雲龍門，一行人內穿朝服、外披鎧甲，手執佩劍，以防不測。

做這等大大的買賣，要說不緊張也不可能。蕭鸞剛入雲龍門的時候，因為緊張，腳上的鞋子就掉了三次。但他已經沒有任何退路，必須和蕭昭業做個了斷，不是蕭昭業死，就是蕭鸞亡。

這時的蕭昭業還在壽昌殿裡休息，聽到外面有人大呼小叫，仔細一聽，居然是蕭鸞的人馬！他沒想到蕭鸞會提前下手，心知不妙，立刻寫手敕命蕭諶前來救駕。蕭諶也確實來了，只不過不是來救命，而是來奪命的。

蕭諶手中利刃在陽光下顯得格外晃眼，蕭昭業一下子明白了，蕭諶已經把他賣了。他長歎一聲，心說如果落在蕭鸞手上，不定死得多難看，於是跑回徐姬房中，拔劍準備自刎。

可此時還不到蕭昭業下地獄的時候，他剛抹脖子，蕭諶就衝了進來，一把打掉他手裡的劍。蕭諶讓人找來帛布，強行圍在蕭昭業溢血的脖子上，用小轎將其抬出殿外。

在路上，蕭諶遇到了蕭昭業的衛兵，這些人都是蕭諶在宮裡的直系部下，蕭諶不想讓他們摻和進來，於是大聲喝道：「今日之事與你們無關，不要輕舉妄動，否則玉石俱焚！」這些人也不想為即將成為死人的蕭昭業殉葬，紛紛默然離去。

在這個過程中，蕭昭業頭腦依然清醒，卻只是一言不發地看著這一切。他沒有求生欲望嗎？有。但他是個明白人，以現在的局勢，他已經沒有任何反敗為勝的餘地了，與其這樣，不如死了算了。

蕭諶將蕭昭業抬到延德殿西邊的夾道裡，一刀送他上了路。蕭昭業二十二年的人生之路就此走到了盡頭，他的時代還沒有開始就已經結束。

蕭昭業死了，他身邊那幫男男女女一個都不能活下來，這是蕭鸞的意思。接下來要做的就是廢掉蕭昭業的皇帝名分，不然蕭鸞的做法就是弒君犯上，他可擔不起這個罪名。

至於以誰的名義來宣布廢黜令，除了蕭昭業的生母、皇太后王寶明外，怕是沒有更合適的人選了。王寶明也夠可憐的，兒子被殺了，還要順從仇人的意思廢掉兒子，可為了保命，她也沒有別的辦法，只能寫了廢黜令交給蕭鸞。

皇太后下令，追廢蕭昭業為鬱林王（「鬱」通「郁」），以諸王禮將蕭昭業的屍體草草下葬。至於淫蕩的皇后何婧英，也許是顧忌到廬江何氏的勢力，蕭鸞只是廢她為鬱林王妃，之後下落不明。

蕭昭業就這樣結束了短暫的一生。其實以他的資質，成為第二個劉義隆，創建屬於他的隆昌盛世是完全有可能的。只是他沒有選擇做劉義隆，而是選擇了做劉子業，雖然他沒有劉子業的變態狠毒，但也足夠荒唐。

蕭子顯對這個堂侄恨鐵不成鋼，乾脆把怒火燒向了大伯蕭賾，指責蕭賾老眼昏花，錯選了蕭昭業，結果「為害雖未遠，足傾社稷」。

蕭子顯說的這個「社稷」並不是指齊朝國祚，因為後來蕭鸞打的也是齊朝國號，而是指高帝（蕭道成）、武帝（蕭賾）子孫的命運。蕭昭業的死對高武子孫來說只是災難的開始，蕭鸞的屠刀已經在不知不覺中架到了他們的脖子上，一場骨肉殘殺不可避免。

蕭子顯為什麼這麼仇視蕭鸞？原因非常簡單，他也是高帝子孫。要不是當時他年齡太小，在那場血腥屠殺中，也一定不能倖免。

六　第一輪屠殺

蕭昭業被廢之後，天下已經是蕭鸞的掌上玩物，但他卻沒有立刻登基稱帝，而是拐彎抹角地擁立了蕭昭業的二弟、新安王蕭昭文，自己則搖頭擺尾地做起了錄尚書事、揚州刺史，晉爵宣城郡公。蕭昭文即位後改元延興，這一天是延興元年（西元四九四年）七月二十五。

蕭鸞這麼做從政治上來說是正確的，如果幹掉蕭昭業後立刻即位，他就洗不掉篡位的罪名。現在將蕭昭文拎到前臺，那蕭鸞就是「伊尹」、「周公」，至少在政治上沒留下什麼話柄。先讓蕭昭文做個過渡，然後再「順應天意」做皇帝，蕭鸞這算盤打得賊精明。

至於蕭昭文，與其說他是皇帝，不如說是個沒有自主能力的提線木偶，什麼權力都沒有，甚至想吃什麼東西也必須先請示蕭鸞。有一次他想吃蒸魚，向太監索要，太監以沒有錄公（蕭鸞）的指示為由拒絕了。蕭鸞是不會在乎蕭昭文如何可憐的，十五年前蕭道成又是如何對付劉準的？一報還一報而已。蕭鸞擁立蕭昭文還有一層深意，就是想打著蕭昭文的旗號對那些不對路的諸王進行打擊報復，而且自己不必承擔惡名。

蕭鸞的屠刀終於落下了，落在了高武子孫的頭上，這是當初視蕭鸞如同己出的蕭道成無論如何都沒有想到的。

第一個倒在蕭鸞刀下的是蕭道成的第七子、鄱陽王蕭鏘。蕭鏘是蕭道成在世的兒子中年紀最大的一個，和蕭賾、蕭昭業祖孫倆的感情都非常好，這也正是蕭鸞最忌諱他的原因。

其實從某種程度上來說，蕭鏘還是蕭鸞的救命恩人。當初多虧蕭鏘力保，稱讚蕭鸞為宗室幹才，蕭昭業才沒動手殺掉蕭鸞。蕭鸞知道蕭鏘的分量，於是暫時利用了一下，在輩分上蕭鸞是蕭鏘的堂兄，但在蕭鏘面前蕭鸞卻跟孫子一樣。

蕭鏘每次來訪，蕭鸞都是倒屣出迎，畢恭畢敬地將堂弟從車上扶下來。每當談到國事家事的時候，蕭鸞都是聲淚俱下，言辭懇切，感人肺腑。傻頭傻腦的蕭七爺根本沒看出來蕭鸞這是在演戲，以為他為人正派，沒想到上了大當。

蕭鸞是宗室旁支，雖然手控軍政大權，但他在宗室內部並不受歡迎。論輩分，蕭鏘是太祖嫡胤，而且是諸子之長，所以有些人希望蕭鏘出山做大事。

制局監謝粲曾經勸過蕭鏘和武帝第八子、隨王蕭子隆：「蕭令主事，人所不忍，若二王有意，可乘油壁車進宮，悄悄將皇帝（蕭昭文）接到朝堂上，以天子名義討誅逆臣蕭鸞，大事可成。」

隨王蕭子隆早就想幹掉蕭鸞——武皇帝的天下憑什麼被八竿子打不著的蕭鸞給搶了？蕭鏘做事要比蕭子隆穩重，但弱點是優柔寡斷，蕭鏘考慮到蕭鸞手上有兵，萬一要玩砸了，人頭就要落地，一直未能下定決心。

蕭鏘這邊拖泥帶水，蕭鸞那邊就已經通過諸王典簽得到了蕭鏘等人談話的內容，蕭鸞陰冷地一笑，終於可以動手了。

齊延興元年（西元四九四年）九月初二，蕭鸞的兩千多人馬黑鴉鴉撲向了鄱陽王府，揪住毫無準備的蕭鏘，就地處死，謝粲也陪著七王爺升了天。當天夜裡，蕭鸞又把屠刀對準了蕭子隆，蕭子隆人頭落地。

蕭鏘和蕭子隆的被殺，在高武子孫中引起了強烈的震撼和恐懼。武帝七子、晉安王蕭子懋此時正坐鎮江州，不甘心束手就戮，心腹陸超之和董僧慧都勸他起兵清君側、誅逆鸞，為蕭昭業報仇雪恨，「事成則宗廟獲安，不成猶為義鬼。」

其實不僅是高武子孫對蕭鸞這個魔頭咬牙切齒，就是高、武的嬪妃也都非常痛恨他。高武子孫坐天下，她們還能享受榮華，蕭鸞要上了台，她們算幹什麼的。

蕭子懋的母親阮淑媛在建康給兒子寫了一封密信，讓兒子出兵滅鸞。可惜阮淑媛做事太不謹慎，居然把這事告訴了同母哥哥于瑤之，讓哥哥幫她出主意。于瑤之剛從妹妹那裡出來，就立刻去找蕭鸞邀功去了。

蕭鸞巴不得蕭子懋鬧事，這樣就可以名正言順地消滅他了。九月初四，蕭鸞打著蕭昭文的旗號遣中護軍王玄邈征討逆臣蕭子懋。王玄邈年近七旬，老眼昏花，本不想摻和宮廷鬥爭，但胳膊擰不過大腿，只能厚著老臉去幹這票招人罵的買賣。

蕭鸞對王玄邈這個老傢伙沒抱什麼希望，又調寧朔將軍裴叔業和于瑤之一起去偷襲尋陽城。蕭子懋得到消息後，派城局參軍樂賁守湓城，阻止裴叔業。沒想到樂賁是根牆頭草，大風一吹就轉了向。裴叔業剛到湓城，樂參軍就開門投降了。

湓城是尋陽門戶，湓城丟了，尋陽大門洞開，蕭子懋真急了，親率本部人馬據守尋陽。裴叔業是官場有名的狠角，蕭子懋有點怵，這時舅舅于琳之（于瑤之的弟弟）自告奮勇要去勸降，蕭子懋覺得這辦法不錯，就派舅舅去了。

于琳之是去勸裴叔業反水的嗎？顯然不是。見到裴叔業後，他自告奮勇地要幫朝廷除掉外甥。天上掉下個大餡餅，裴叔業笑得合不攏嘴，調軍主徐玄慶帶著四百壯漢跟著于琳之大搖大擺進了城。

于琳之帶著二百多好漢操刀闖進了府衙內，將目瞪口呆的蕭子懋圍了個水洩不通。蕭子懋萬沒想到舅舅居然出賣自己，氣得渾身發抖，指著于琳之的鼻子痛罵：「無恥小人！我看你怎麼對外甥下這個重手！」

被外甥這麼一罵，于琳之臉上一陣陣發燒，但在名利的誘惑之下他已顧不得什麼親情了，以袖遮面，命人殺掉外甥。蕭子懋慘叫一聲倒在血泊之中，時年二十三歲。

這時王玄邈也磨磨蹭蹭到了尋陽，雖然沒吃掉大肉餅，但卻抓到了首謀董僧慧，準備行刑。董僧慧真是條好漢，他告訴老王頭：「晉安起事，我是首謀！我食晉安之祿，自當為晉安死。我只希望安葬晉安王後你們再動手。刀山火海，我要皺一下眉頭，不算爹生娘養的！」

王玄邈沒想到這人如此講義氣，也就答應了，給蕭鸞寫了封信，力保董僧慧。蕭鸞還算有點人情味，沒難為董僧慧，只是發配到東冶做苦力。蕭子懋九歲的兒子蕭昭基並不知道父親已經死了，這個可憐的孩子寫了封絹書，湊了五百錢給東冶牢頭，才將絹書遞給董僧慧。董僧慧認得這是蕭昭基的字體，當場撫絹痛哭，「悲慟而卒」。

蕭子懋待人厚道，所以屬下也願意為他而死節，另一個首謀陸超之也義薄雲天，于琳之想放他一條生路，被他拒絕了，他的話同樣感人：「人早晚都要死，有什麼好怕的。只是我要逃了，以後誰來照顧九歲的小公子？我不怕死，卻怕田橫義士恥笑！」

對比一下和蕭子懋沒有血緣關係的董僧慧、陸超之，再看看和蕭子懋有血緣關係的于瑤之、于琳之，做人的差距怎麼這麼大？司馬遷在《報任安書》中有句名言：「人固有一死，或重於泰山，或輕於鴻毛。」董陸二人之死，重於泰山。

七　第二輪屠殺

蕭鏘、蕭子隆、蕭子懋只是第一批被殺者，蕭鸞並沒有放下屠刀的計畫。

接下來倒下的是武帝第五子、時任南兗州刺史的安陸王蕭子敬，替蕭鸞操刀的是平西將軍王廣之，實際動手的則是王廣之的狗腿子陳伯之。英勇的陳伯之單槍匹馬闖進了廣陵城，將時年二十三歲的蕭子敬送去了地府。

蕭鸞瞄上了蕭昭文的三弟、臨海王蕭昭秀，派打手徐玄慶前去荊州辦差，不過因為代理荊州事務的西中郎長史何昌偊的阻撓，徐玄慶沒有得手。蕭鸞主要心思都放在成年的高武諸子上，就暫時沒動蕭昭秀，只是改任四歲的永嘉王蕭昭粲去做荊州刺史，當然這只是一個虛名，高武子孫依然在蕭鸞的嚴密監控之中。

裴叔業在江州殺掉蕭子懋後，蕭鸞的第二道指令來了，讓他從尋陽順道赴湘州，誅殺高帝第十五子、南平王蕭銳。裴叔業唯蕭鸞馬首是從，開動殺人機器，三下五除二，蕭銳人頭落地，時年十九歲。

跟著蕭銳升天的還有十八歲的宜都王蕭鏗和十六歲的晉熙王蕭銶，蕭鏗在高帝諸子中行十六，蕭銶排行十八。

蕭鸞殺人殺到手軟，有點累了，就休息一會。在休整期內，他打著朝廷的旗號給自己晉封王爵，從宣城郡公變成了宣城王。雖然蕭鸞掌權屬於齊朝內部的權力更迭，但他畢竟是帝室旁支，也要按官場的法定程序走，公爵—王爵—皇帝，馬虎不得。

中場休息結束，殺人遊戲又開始了。在蕭鸞擬定的死亡名單上，出現了桂陽王蕭鑠（高帝第八子）、衡陽王蕭鈞（高帝第十一子）、江夏王蕭鋒（高帝第十二子）、建安王蕭子真（武帝第九子）、巴陵王蕭子倫（武帝第十三子）的名字。

在南朝二十四個皇帝中，蕭鸞是最讓人感覺乏味的，就像一座冰山，冰冷得讓人無法接近。蕭鸞殺人有個習慣，在決定殺諸王之前，都會在深更半夜裡燃香拜天，跪在地上痛哭流涕，嘴裡念念有詞。他在做什麼？在向大伯蕭道成和堂兄蕭賾謝罪！他知道自己如此冷血瘋狂是要遭天譴的，這麼做是為了減輕自己的負疚感。身邊人一看蕭鸞這個架勢，就知道他又要開殺戒了。

蕭鑠不幸成為蕭鸞刀下的冤死鬼，蕭鑠被殺之前，二人曾見過一面。當時蕭鸞對蕭鑠非常熱情，留戀不捨，面露慚色，蕭鑠心裡一緊，知道要壞事了。果然，當天夜裡蕭鸞就派出大批殺手圍住桂陽王府，結果了蕭鑠。

接下來挨刀的是蕭鋒，蕭鋒為人強悍，甚至曾寫信大罵蕭鸞殘殺骨肉，蕭鸞屁也不敢放一個。但對蕭鸞來說，蕭鋒是必須要死的，只不過費點力氣而已。

蕭鸞使了一招調虎離山，以朝廷的名義讓蕭鋒去太廟祭祖。在太廟裡，蕭鸞的狗腿子一哄而上，將蕭鋒亂刀砍死。太祖高皇帝的兒子們至此只剩下十四歲的河東王蕭鉉，因為蕭鉉「年少才弱」，所以蕭鸞法外開恩，暫時饒他一命。

再說蕭賾這一脈。不知道神武英明的蕭賾怎麼生下了蕭子真這個飯桶膿包，當建安王典簽柯令孫奉命來殺他的時候，他嚇得躲在床下，被柯令孫硬生生給拽了出來。

蕭子真渾身顫抖地跪在柯令孫面前，磕頭如搗蒜，求柯爺爺放他一條生路，他願意放棄王爺身分，做一個下賤的奴隸。柯令孫當然不會答應，大笑著結束了蕭子真十九歲的生命。

和蕭子真比起來，他的十三弟蕭子倫卻是深明事理，讓人欽佩。中書舍人茹法亮和巴東王典簽華伯茂逼蕭子倫喝下毒酒，他整了整衣冠，拜受詔書，平靜地告訴茹法亮：「我就知道早晚會有這一天。茹大人是世祖（蕭賾）心腹近臣，我知道今日之事你是迫不得已，我不會怪你的。」

蕭子倫的話說到了茹法亮心窩裡，茹法亮頓時淚如雨下：十三爺真是明事的人！左右人等也跟著哭，蕭子倫在眾人的哭聲中含笑喝下了毒酒，死的時候只有十六歲。

按常理來說，蕭鸞應該斬草除根，一次性解決餘下的十一個高武子孫，但他卻沒有這麼做，而是收刀回鞘。其實這些倒楣王爺的性命都捏在他的手心裡，殺他們只是一句話的事而已，可現在應該考慮皇位的問題了，畢竟這才是他的最終目標。

自從蕭鸞主政以來，朝中大佬們多拜其門下，這幫人勢利得很，他們才不管天下由誰來坐，誰能保證他們的飯碗，他們就做誰的狗腿子。在誅殺諸王的過程中，這幫高武的忠臣們沒少跟著蕭鸞幹壞事。

當然，也不是所有人都稀罕這個富貴，侍中謝朏就從來不理蕭鸞。謝朏是個精明人——官場險惡，今天作威作福，明天不定就被人當豬給宰了，何苦呢？於是請外放做吳興（今浙江湖州）太守。蕭鸞巴不得這個刺頭滾蛋呢，立刻就准了，將謝朏踢到吳興。

謝朏逃出虎狼窩後，立刻給時任吏部尚書的弟弟謝瀹送去了幾壺好酒，隨酒附書一封：「兄弟多喝酒，少說話，千萬別摻和著淌混水。」

謝瀹不是傻子，二哥的意思他當然明白。蕭鸞誅殺蕭昭業之時，謝瀹正和客人下棋，手下來報廢立之事，謝瀹根本沒興趣過問，繼續下他的閒棋。謝家二兄弟真夠精明，為了避禍，謝朏甚至公然在郡裡貪污國帑，許多人都罵他無恥，老謝根本不在乎。

謝朏不在乎蕭鸞，蕭鸞同樣不在乎他，蕭鸞在乎的只有一樣東西，那就是至高無上的權力。

蕭鸞準備摘果子了。

八 蕭鸞的天下

蕭昭文被強行拉出來跑了兩個多月的龍套，利用價值已經被蕭鸞榨乾。在蕭鸞看來，是時候拿掉這個可憐的木偶了。

齊延興元年（西元四九四年）十月初十，皇太后王寶明下令廢蕭昭文為海陵王，理由是「嗣主沖幼，庶政多昧」，而且蕭昭文「早嬰戶疾，弗克負荷」。後半句說蕭昭文身體孱弱，這可能是真的，但前半句絕對是假話，誰都知道真正的皇帝是站蕭昭文背後的蕭鸞。

王寶明接著吹捧蕭鸞「識冠生民，功高造物……宜入承寶命」。蕭鸞的刀早就架在了她脖子上，她只好昧著良心說話。同年十月二十二，蕭鸞在滿朝文武的山呼萬歲聲中，以太祖高皇帝第三皇子的身分坐在了權力金字塔的頂端，下詔大赦天下，改元建武元年，這一年他四十二歲。

至於廢物一樣的蕭昭文，蕭鸞早就丟到了腦後。一個月後，他突然對外宣稱海陵王蕭昭文得了重病。出於對侄孫的「關愛」，蕭鸞派御醫去給蕭昭文治病，結果「病重醫治無效」，蕭昭文撒手人寰，年僅十五歲。

權力鬥爭就是這麼殘酷，為了本枝的千秋萬代，蕭鸞的「父親」蕭道成和大哥蕭賾的後代都必須消失，如同蕭道成當初屠殺劉宋宗室一樣，換了誰都會這樣做。

蕭鸞共有九個兒子，因為長子蕭寶義自幼殘疾，不堪承統，就改立次子蕭寶卷為皇太子。蕭寶卷雖是次子，卻是髮妻劉惠端生的頭胎，而蕭寶義是庶出，從立嫡不立長的角度來說，蕭寶卷被立為儲嗣也沒什麼問題。

劉惠端早在永明七年就去世了，蕭鸞與髮妻感情很深，追封其為敬皇后。蕭鸞雖然冒充蕭道成的兒子，但也沒忘親爹蕭道生，追尊為景皇帝、母親江氏為景皇后。

蕭鸞能熬到這一步太不容易，雖然行事太過毒辣，但權力場上向來都是這樣，他要是栽在蕭昭業手裡，照樣伸頭挨刀。蕭鸞人品不怎麼樣，對權力的控制能力卻是非常強的，這一點並不比蕭賾差。

蕭鸞即位後，做的第一件大事就是省裁典簽制度。典簽制度是劉宋皇帝為了控制諸王而設立的監控手段，挑選寒人出任諸王典簽，在諸王外放州牧時就近監視。

典簽職位雖低，但權力極大，是實際上的刺史。州內郡縣要辦什麼事，基本上都走典簽的門路，諸王刺史倒成了擺設。雖然蕭鸞誅殺諸王時典簽們出不了不少力，但他覺得還是有必要控制一下他們的權力。

蕭鸞讓各州以後有事直接上奏朝廷，不必再通過典簽傳達，典簽的職權大大縮小。到唐朝時，典簽雖然還存在，但只是替諸王打點文書，沒有實權。到了宋朝，典簽制度最終被取消。

蕭鸞接著要做的是對權力進行分配，說白了就是賞手下那幫狗腿子幾根骨頭啃啃。人為財死，鳥為食亡，一毛不拔，誰肯給自己賣命？

政治史說白了其實就是一部用人史，用什麼人，怎麼用，都是大有講究的。在分贓的時候，雖然王晏、徐孝嗣、蕭諶晉封公爵，蕭坦之晉封侯爵，這些人分到的蛋糕最大，但蕭鸞真正的心腹是表弟江祏、江祀，親侄蕭遙光、蕭遙欣、蕭遙昌，小舅子劉暄這些人。

蕭鸞稱帝後，江祏晉升為衛尉，主掌軍器依仗，蕭遙光晉升為揚州刺史、蕭遙欣晉升為荊州刺史、蕭遙昌晉升為豫州刺史，拱衛京師。這些職務都是實實在在的肥缺，尤其是揚州刺史。揚州是江左第一大州，拱衛京師，地位極高，一般人是很難吃到這塊肥肉的。

其實揚州刺史本來是蕭鸞許給蕭諶的，當初蕭鸞為了拉攏蕭諶，答應除掉蕭昭業後讓他做揚州刺史。沒想到蕭鸞說話不算數，把揚州給了蕭遙光。蕭諶感覺自己被耍了，又羞又惱，私下大罵蕭鸞：「我幫你把生米煮成了熟飯，你倒要把飯給別人吃，這是什麼道理！」

說到底，蕭諶和蕭鸞只是臨時結盟，互相利用而已，根本沒什麼感情可言。不僅蕭諶不服蕭鸞，王晏對蕭鸞也是橫挑鼻子豎挑眼。王晏是尚書令，手上有人事權，就經常在一些重要職務上安插自己的人馬，專和蕭鸞擰著幹。

王晏在官場這麼窮折騰，得罪了許多新貴，揚州刺史蕭遙光就橫豎看他不順眼，在蕭鸞面前說盡了他的壞話。蕭鸞也曾從宮中搜出幾年前王晏寫給武帝蕭賾的三百多張奏疏，其中有許多是攻擊自己的，因而對王晏非常反感。

但他的態度還是有些猶豫：「隆昌之際，晏廢立有功，而且現在他沒有明顯的罪過，找不到合適的藉口拿掉他。」蕭遙光真會說話：「這又如何，當初王晏深受世祖寵信，他又是如何對待蕭昭業的？他不能盡忠世祖，又豈能盡忠於陛下？」

蕭遙光真夠狠的，一句話就捅到了蕭鸞的痛處，蕭遙光說的沒錯，萬一自己早死，難說王晏不會再次吃裡爬外。蕭鸞雖然暫時沒動他，但已經起了殺心，早晚是要翻臉的。還有蕭諶，說什麼「見炊飯熟，推以與人」，這話早已通過間諜傳到了蕭鸞的耳朵裡，你們都等著吧。

蕭鸞暫時沒開殺戒，有兩個原因，內因是他剛剛稱帝，政權不太穩，需要一段緩衝時間。外因是北魏皇帝拓跋宏起雄兵三十萬，大舉南下。做事要分輕重緩急，和拓跋宏相比，王晏、蕭諶只是癬疥之疾，蕭鸞決定好好招待一下拓跋宏。

有朋自遠方來，不亦樂乎？蕭鸞滿臉壞笑，手提一根碩大的棒子，等待著拓跋宏的到來。

關於拓跋宏起兵伐齊的原因，《南齊書．魏虜傳》說得非常清楚：「宏聞高宗（蕭鸞）踐阼非正，既新移都，兼欲大示威力。」

拓跋宏當初決定遷都洛陽，遭到了許多鮮卑上層貴族的反對，只好打著伐齊的旗號南下洛陽。完成遷都後，總要兌現諾言，不然這一條理由也站不住腳。於是拓跋宏決定對齊朝採取大規模軍事行動，換取貪圖土地和人口的鮮卑貴族們的支持。

就在拓跋宏不知道從哪兒下口的時候，突然從天下掉下來一塊噴噴香的大肉餅：齊雍州刺史曹虎遣使請降！

拓跋宏得到消息後快活地大笑，蕭鸞真是死到臨頭了。孟子云：「得道者多助，失道者寡助。」拓跋宏相信自己就是那個得道者，如果當時有條件配上鼓點，他都能興奮得當場扭起來。

不過興奮勁頭還沒過去，尚書盧淵就迎頭潑了一盆涼水：「陛下，這是假消息吧？曹虎是蕭氏重臣，沒聽說與蕭鸞有什麼過節，怎麼說降就降？吳國周魴就以詐降計誘騙曹休，結果魏軍死傷萬餘，陛下還是謹慎些好。」拓跋宏沒理他。

齊建武元年（魏太和十八年，西元四九四年）十二月初一，拓跋宏下詔，行征南將軍薛真度率兵趨襄陽，大將軍劉昶、平南將軍王肅率兵趨義陽，徐州刺史拓跋衍領兵趨鍾離，三道並進，大舉伐齊。

梁州刺史拓跋英上書請以兵出漢中，牽制齊西線兵力，拓跋宏覺得這辦法不錯，便讓拓跋英帶著平南將軍劉藻率兵西進關中。至於前鋒人選，他挑中了盧淵，沒想到盧淵卻不想跑這趟苦差，推託自己儒生不知兵不能去，拓跋宏才不管那麼多，壞笑著一個大腳將盧淵踢到了前線。

拓跋宏本來還等著曹虎獻出雍州呢，這樣就可以在齊朝的中部打開戰略缺口，可黃花菜都涼了也沒見曹虎投降，拓跋宏這才明白被曹虎這老東西給騙了。

拓跋宏心情很沮喪，會議群臣，商量這仗還要不要打。拓跋宏的意思要繼續打，大多數朝臣都順著拓跋宏的竿子往上爬，同意出兵，鎮南將軍李沖、任城王拓跋澄卻堅決反對出兵。雙方話不投機，拓跋宏很不高興，也沒興趣再吵，他決定了，這仗一定要打。

十二月十一，拓跋宏大起雄師從洛陽南下，替天下人向「得位不正」的蕭鸞討一個公道。

按照拓跋宏的軍事計畫，前鋒盧淵本來是要進攻南陽的，但因為盧淵部缺糧，拓跋宏決定改變計畫，調城陽王拓跋鸞、荊州刺史韋珍等人會合盧淵主攻赭陽（今河南方城）。另一路薛真度所部穿插進沙堨（今河南南陽南），但遭到南齊守軍的強烈反抗。

自從拓跋宏出兵以來，建康城中的蕭鸞一秒鐘也沒閒著，他要讓拓跋宏明白，輕視他是要付出慘重代價的。

齊建武二年（西元四九五年）正月初二，奉蕭鸞詔令，江州刺史王廣之增援司州刺史蕭誕，右衛將軍蕭坦之增援北徐州刺史蕭惠休，尚書右僕射沈文季增援豫州刺史蕭遙昌，隨後下詔戒嚴。太尉陳顯達率部巡防建康城外，以防不測。

蕭鸞仰望天空，西北方向烏雲密布，暴風雨就要來了。

第五章

獨夫皇帝

一 八公山上的口水戰

齊建武二年（西元四九五）正月二十九，北魏皇帝拓跋宏率鮮卑精銳步騎兵三十萬渡過淮河，兵臨壽陽（今安徽壽春）城下。

然而到了戰場，拓跋宏並沒有下令攻城，而是順道去了壽陽城北郊的八公山——一百多年前苻堅「草木皆兵」的地方。拓跋宏對爬山沒什麼興趣他只不過是想佔據有利地形，觀察壽陽城中的動靜而已。

齊國的真實情況在山上是看不出來的，最好揪幾個齊人過來問問，拓跋宏派人到壽陽城中捎話，要蕭遙昌找個會說話的，到山上陪他嘮嘮。蕭遙昌立刻答應了，選派參軍崔慶遠上山招呼一下拓跋宏，他想看看拓跋宏是不是吃飽了撐的，沒事跑來找罵。

江東真是藏龍臥虎之地，崔慶遠雖然名不見經傳，但口才極好，他在八公山上和拓跋宏展開了一場精彩至極的論戰。

崔慶遠微笑著走進了拓跋宏的黑氈行殿，看到了同樣微笑著的拓跋宏，崔慶遠長揖道：「旌蓋飄飄，遠涉淮泗，風塵慘烈，無乃上勞？」諷刺拓跋宏沒事出來瞎轉悠。

拓跋宏知道崔慶遠不懷好意，回了一句：「六龍騰躍，倏忽千里，經途未遠，不足為勞。」告訴崔慶遠，大魏雄師龍騰虎躍，不過千里之地，兩步就跨過來了。

拽完了，崔慶遠開始切入正題，他質問拓跋宏：「齊魏互為睦鄰，北主為什麼不請自來，有請柬沒有？」拓跋宏依然微笑：「朕此次南下，自有朕的理由，不知道崔卿是想聽我直言呢，還是聽我說客套話？」

崔慶遠說道：「北主也是個爽快人，有什麼話直說，拐彎抹角放空炮有什麼意思？」拓跋宏大笑而起：「果然爽快！那我就直言了，朕此次南行，只是想問問貴主，為什麼連廢鬱林、海陵二王，擅行自立？」

崔慶遠從容笑道：「廢昏立明，古之常例，且我主與世祖武皇帝情同手足，世祖臨崩，以後事相付，一肩擔天下。鬱林昏狂，海陵幼弱，皆不足為人君之望。社稷無主，海內沸騰，宣德太后強令我主即位，群臣三伏固進，黎元良請，我主順從人望，有何可怪？」

雖然崔慶遠明顯在胡說八道，但如果要摳字眼，拓跋宏還真佔不到半點便宜，法律程序確實是這麼走的。拓跋宏也不是好對付的，又拋出一個重磅炸彈：「卿所言似有道理，但朕還有一個疑問，武帝子孫現在都在哪裡？」拓跋宏暗指蕭鸞大殺蕭賾子孫，是個忘恩負義的小人。

崔慶遠有備而來，自然有話堵拓跋宏的嘴：「七王謀逆，罪同管蔡，已伏天誅，其餘諸王或內居清要，或外治大州，皆無恙。」之前蕭鸞沒有殺盡武帝子孫，現在倒成了崔慶遠反擊拓跋宏最有力的武器。

拓跋宏卻搖搖頭：「不對吧？朕怎麼聽說武帝子孫盡數被殺，無一孑遺，崔卿明顯在說謊。」崔慶遠不想再和他糾纏這個敏感話題，還是說正經事吧，於是勸拓跋宏：「聖人用兵，見可而進，知難而退。本朝兵強馬壯，北主何苦欺我？不如見機收甲，豈非美事？」

拓跋宏真夠無聊的，有話不直說，拐彎抹角地胡謅：「卿說的有道理，只是朕想知道，卿是希望朕與貴朝和好呢，還是不和好？」崔慶遠精得跟猴兒似的，一眼就看穿了拓跋宏這是挖坑讓他跳，如果他說希望和好，就等於承認和平是拓跋宏施捨給齊朝的，於是斂容回答：「齊魏都是大國，和則睦鄰，不和則兩敗俱傷。不過和與不和我說了不算，這事您拿主意。」拓跋宏搬起石頭砸了自己的腳，好不尷尬。

拓跋宏讓隨從擺下酒宴，端來烤羊肉和果脯，熱情款待崔慶遠。崔慶遠也不客氣，張嘴就啃。正當他大快朵頤之際，耳邊響起了拓跋宏刺耳的聲音：「有個問題忘了問崔卿，剛才卿說七王罪同管蔡，齊主自比周公，那貴主為何不立武王之子？周公旦可沒廢成王自立吧？」說完，拓跋宏仰天大笑。

既然拓跋宏蹬鼻子上臉，那崔慶遠也只好奉陪到底了。他打了一個飽嗝，接著敲打拓跋宏：「成王賢明，所以周公盡忠輔佐，而今諸王並無成王可造之。前漢霍光執政，不也是捨武帝（劉徹）諸子而立宣帝麼？」

拓跋宏不依不饒：「那如果霍光要自立為帝呢，後人還能視霍光為漢室忠臣麼？」

崔慶遠果然是鐵嘴銅牙，立刻回敬拓跋宏：「霍光是漢朝異姓大臣，我主是宗室正胤。我主當比漢宣，和霍光根本不能相提並論。若按您的邏輯，那當年周武王滅紂，為什麼不立殷朝嫡孫微子而自為天子？難道可以說武王也是貪圖天下？武王得道順天，後史誰敢非之。」

這回拓跋宏真的沒詞了，武王伐紂，歷代史家無不俯仰稱頌，誰敢有半句不敬？崔慶遠嘴皮子功夫了得，再糾纏下去，弄不好會輸得很難看，拓跋宏只好尷尬地大笑，掩飾自己的理屈詞窮。

拓跋宏真夠窩囊的，嘴上沒佔到半點便宜，還讓崔慶遠白蹭了一頓飯。崔慶遠臨回城時，可愛的拓跋宏又送了他一些禮物，回去留個念想吧。

其實攻打壽陽根本不在拓跋宏的軍事計畫中，他只不過是路過歇歇腳，逗逗悶子，此次出征真正的目標是鍾離（今安徽鳳陽）。

二　大打出手

齊建武二年（西元四九五年）二月初九，拓跋宏率軍撤離八公山，沿著淮河北岸浩浩蕩蕩朝正東方向的鍾離城開來。從壽陽到鍾離只有一百四十多里路，拓跋宏居然走了八天。二月十七，魏軍才磨磨蹭蹭到了鍾離城下。

這時魏軍劉昶、王肅率領的中路軍約二十萬人已經殺到了義陽（今河南信陽），對義陽發動了潮水般的進攻，司州形勢岌岌可危。在這個危急時刻，負責救援義陽的王廣之「畏魏強」，做了縮頭烏龜，在義陽城外百餘里處遲疑不進。

隨隊執行救援任務的黃門侍郎蕭衍不想失去這個建功立業的機會，於是請王廣之給他一隊人馬，拼了這條性命也要為國紓難。王廣之正愁沒人出頭墊腳，蕭衍就站了出來，自然求之不得，立即派蕭衍和太子右衛率蕭誄等人領兵去救義陽。

蕭衍帶領精銳齊軍趁夜色朦朧之際銜枚疾進，沒想到由於過於心急，準備工作不夠充分，沒多久就迷了路。這時前方隱隱約約有兩點火光緩緩前行，蕭衍顧不得許多，一路跟著火光，很快就到了義陽城下的賢首山。

魏軍眼瞅著就要破城，自然不希望蕭衍搗亂，王肅帶著十萬鮮卑騎兵殺到賢首山下，強行攻山。蕭衍非常強硬，打就打，這年頭誰怕誰？他騎馬臨陣，揮劍高喝：「有沒有不怕死的，跟蕭爺一起上陣殺敵！」話音未落就有大批壯士挺身而出，紛紛大呼「願為國效死」。

蕭衍大喜，帶領一千弟兄呼嘯著衝進了魏軍大營，魏軍逆著東南風倉促應戰。就在兩軍鐵血搏殺的時候，義陽城上的蕭誕發現援兵正和魏軍廝打，知道有救了，這是他生存下來的唯一機會，是時候反擊了。

蕭誕派長史王伯瑜率軍出城，抄到魏軍背後，一邊殺人，一邊放火。魏軍兩面受敵，加上風急火烈，終於撐不住了，王肅和劉昶見勢不妙，拔腳就溜，魏軍慘敗，死傷遍野。

自從蕭承之死後，蕭衍家道中落，一直隱忍低調地在官場上苦苦掙扎，直到賢首山之戰才揚眉吐氣，他知道，憑藉這一戰，自己肯定要發達了。最讓他興奮的是，打退魏軍後，他從王肅私人巾箱裡發現了一封拓跋宏寫給王肅等人的信。

拓跋宏在信中說：「我聽說江東黃門蕭衍善用兵，是當世英雄，你們不要輕易和蕭衍開戰，等朕親自擒他。只要能生擒蕭衍，朕就能夷平江東，一統天下。」能得到拓跋宏如此高的評價，蕭衍激動得快瘋了，他越來越相信自己是天命授受。果然，七年後蕭衍一飛沖天，翱翔於萬里雲霄之上。

賢首山的慘敗並沒有影響到拓跋宏遊山玩水的好心情，二月二十二，拓跋宏離開鍾離，準備去長江邊問候蕭鸞，一如當年拓跋燾臨江問候劉義隆。

不過拓跋宏發熱的大腦很快就冷靜下來，他知道，齊魏兩國實力半斤八兩，對於一舉消滅蕭鸞他沒有任何把握，與其搞花架子，不如實實在在撈點實惠。他決定回到鍾離，只是派人到長江邊大聲誦讀聲討蕭鸞「得位不正」的檄文，替蕭昭業、蕭昭文討一個「公道」。

齊朝的長江防線固若金湯，而鍾離城中的蕭惠休也刀槍不入，魏軍圍著鍾離百般狂攻，非但沒撈到什麼便宜，反而死傷慘重。拓跋宏不是個輕易言退的人，他不相信三十萬鮮卑鐵騎奈何不了一座小小的鍾離城。

三月初九，拓跋宏把部隊拉到鍾離東北四十里外的邵陽洲（淮河內小島），在洲上建造了一座小城，同時在淮河岸邊修建了兩座軍事堡壘，並截斷淮河水流，企圖阻止齊軍救援鍾離。

讓拓跋宏惱火的是，這兩座小城剛剛建好，就被無恥的裴叔業給抄了個底朝天，白白便宜了齊軍。

魏軍出師不利，拓跋宏有些撐不住，他也玩膩了，想撤，但面子上又下不來。相州刺史高閭和尚書令陸睿都是明眼人，知道拓跋宏的心思，立刻竄出來敲鑼打鼓，勸拓跋宏與其這樣乾耗著，不如先經營洛陽新都，積蓄實力，以後再拿蕭鸞開刀也不晚。拓跋宏要的就是他們這幾句話：看看，不是我想撤，是他們逼我撤的。

其實齊軍方面早有人看出了拓跋宏的鬼心思，齊領軍長史張欣泰就是這樣一個明白人。左衛將軍崔慧景還在為魏軍在邵陽洲築城發愁呢，張欣泰就拈鬚笑道：「拓跋宏在邵陽洲築城，表面上是想與我們長期對抗，實際上是在放迷霧彈迷惑我們，以便見機撤軍。鮮卑人的實力明擺著，我們是打不過的，將軍不如做個順水人情，我們也能落個清靜。」

崔慧景巴不得早點回京交差，馬上派張欣泰出城跟拓跋宏打招呼。面對齊軍送來的臺階，拓跋宏毫不客氣，嬉皮笑臉地踩著就下來了。

正當拓跋宏準備渡淮河北上的時候，崔慧景卻突然改變主意，派大股齊軍追殺過來。崔慧景在打什麼如意算盤？很簡單，活捉拓跋宏，一夜暴富。

拓跋宏已經過了河，只有五個魏軍將領還沒來得及渡河。捉不到拓跋宏，能逮到這五條大魚也不錯，齊軍堵在邵陽洲，準備活捉這幾個鮮卑將領。

拓跋宏在北岸氣得直跺腳，大罵崔慧景無恥下作。為救南岸將領，拓跋宏下令在軍中募集敢死勇士去救人，賞格是直閣將軍。

厚重的賞格果然在人群中引起騷動，軍主奚康生激動地告訴朋友：「今天該我發財，如果能破南人，我一戰成名。如果不能，大丈夫為國捐軀，死而無憾！」

奚康生挺身而出，願意救人，拓跋宏也不多說，讓他快點動手。奚康生讓部下搬來木柴捆在船筏上，點火後推進河裡。這時河上正颳著西北風，火船藉著風勢瘋一般地撞向齊軍船隊。

江上濃煙滾滾，齊軍的叫罵聲還沒停下來，魏軍已經在濃煙的掩護下殺了進來，亂刀齊下，齊軍死傷慘重。拓跋宏言而有信，立刻擢升奚康生為直閣將軍，他要讓弟兄們知道：只要肯替朕賣命，榮華富貴都是你們的。

三　鬧劇

眼睜睜看著被困的魏軍突圍而出，崔慧景在岸上氣得直罵。正在他懊惱不已的時候，手下人突然來報，邵陽洲上發現了還沒來得及撤離的一萬多鮮卑軍。

還有這等美事？崔慧景喜笑顏開，送上嘴的肥肉，不吃那是傻子。還沒等他張嘴呢，邵陽洲上的魏軍就派人過來討饒，請崔將軍手下留情放他們北歸，他們願意奉送良馬五百匹。

為了五百匹馬放棄吃掉上萬鮮卑兵？崔慧景的算盤可不是這麼打的。他準備拒絕鮮卑人的求饒，派人切斷魏軍的歸路，好吃頓大餐。還沒等老崔下令呢，旁邊張欣泰又賊頭鼠腦地湊過來說：「兵法云，窮寇勿追。這些鮮卑人要是被逼急了，不定怎麼咬我們呢。何況他們只是落魄殘軍，我們贏了也是勝之不武，萬一要輸給他們，可就顏面掃地了。」

崔慧景覺得老張說的在理，與人方便，與己方便，能白撈五百匹馬也不錯了，這年頭賺點外快容易麼？崔慧景同意了魏軍的請求，齊軍奉命閃開一條生路，這支落魄的魏軍倉皇逃離邵陽洲北歸。

拓跋宏這次所謂的南征就這樣稀里糊塗地結束了，其實出發之前他就知道，此行不太可能從蕭鸞那裡佔到什麼便宜。不過他並沒有直接回到洛陽，而是去山東祭拜了孔老夫子——四處走走，換換心情也是好的。

拓跋宏夾著尾巴溜了，建康城中的蕭鸞長長出了一口氣，對於這場戰爭，他也沒有十足的把握，萬一拓跋宏殺進建康，那火就玩大了。

這次打退拓跋宏，多虧了崔慧景和張欣泰，蕭鸞決定重賞這二位抗魏英雄。

此次實際負責救援鍾離的是右衛將軍蕭坦之，結果卻讓崔慧景和張欣泰大出鋒頭，蕭坦之心裡別提多彆扭了。你們想升官發財？門都沒有！憋了一肚子氣的蕭坦之回到建康就把崔張二人私放邵陽洲萬餘魏軍的事情捅了出來。

蕭鸞一聽鼻子都氣歪了：這兩個混蛋，吃朕的喝朕的，背後還敢放朕的鴿子，不罰你們已經不錯了，賞賜？門兒都沒有！其他抗魏有功將領均有封賞，只有崔慧景和張欣泰半文錢也沒撈到，還被蕭鸞狠狠臭罵了一頓。崔慧景氣得吐了張欣泰一臉口水：狗頭軍師，盡出餿主意！

三月十五，蕭鸞下詔解除戒嚴，建康城中依然盛世太平，紙醉金迷。

拓跋宏雖然滾蛋了，但這只是魏軍東線軍事計畫的失敗，魏軍的西線軍事計畫並沒有停止，魏梁州刺史拓跋英、平南將軍劉藻繼續向漢中挺進。

魏朝的梁州刺史拓跋英大舉進攻，齊朝的梁州刺史蕭懿也不含糊，抄傢伙上陣。蕭懿在歷史上不太知名，但他的三弟卻大名鼎鼎：梁武帝蕭衍。齊朝的梁州不是專設，而是和秦州同時並稱的，蕭懿的職務嚴格上說是梁、秦二州刺史。

蕭懿聞警，立刻派部將尹紹祖、梁季群率二萬精兵在沮水邊分五軍下營，傍山為寨，居高臨下，互為犄角，阻止魏軍南下。蕭懿想法是好的，但弱點非常明顯。孫子曰：「並敵一向，千里殺將。」魏軍本就強悍，齊軍卻將有限兵力分散，這就給了拓跋英可乘之機。

拓跋英是個聰明人，他也發現了這一點，尹紹祖和梁季群都是無名小將，威望不高，只要攻下齊軍一營，其他四營不戰自潰。魏軍精銳銜短刃從三面攀山而上，偷襲其中一營，其餘四營果然大亂，被魏軍狠狠宰了一票。齊軍陣亡三千餘人，梁季群被俘。

擊破齊軍五營之後，魏軍浩浩蕩蕩地朝漢中城殺來，齊白馬戍將看到魏軍這架勢，嚇得連夜逃竄。漢中已經無險可守，蕭懿不服氣，又派部將姜修出馬。剛開始的時候姜修還能和魏軍打個平手，慢慢就撐不住了，被拓跋英強勢反擊，姜修所部全軍覆沒。

魏軍順利包圍漢中，漢中是齊朝西北重鎮，一旦失守，兩川將直接暴露在鮮卑人強大的攻擊力之下，後果不堪設想。漢中城裡氣氛極為緊張，最要命的是，城中已經沒有糧食了。蕭懿心裡發毛，他可承擔不起這個責任。

現在最重要的是穩定軍心，軍心一散，什麼都完了。還是錄事參軍庾域有主意，他派心腹人將早就吃空的糧庫打上封條，強作鎮定地告訴眾將士：「看到沒有，這裡都是我們的儲備糧，夠我們吃兩年的，怕什麼鮮卑小虜！」這招果然靈驗，齊軍士氣大振。

其實庾域這麼做也是非常冒險的，萬一魏軍真圍上個一年半載，城中有糧的謊言就會不攻自破，齊軍根本撐不了多長時間。就在這個危急關頭，蕭懿突然發現魏軍開始後撤，仔細打聽，原來是魏主拓跋宏下詔撤軍。

這次西線撤軍是魏留守洛陽的左僕射李沖提出來的，李沖一直反對拓跋宏對齊用兵，他寫了道奏疏給拓跋宏，勸小主子不要再窮折騰了，見好就收吧。拓跋宏考慮了一下，覺得李沖說的也有道理，齊朝根本就是個無底洞，投再大的本錢也只能打水漂，就同意了。

皇帝說撤，那就撤吧，拓跋英也玩夠了。他做事很謹慎，為防萬一，他讓老弱殘兵先撤，自己率精銳鐵甲押陣殿後。臨走前，拓跋英派人給蕭懿捎話，我要回家了，您就不要送了，老實待著吧。

蕭懿懷疑拓跋英在玩誘敵計，沒敢輕舉妄動，直到第二天他才發現拓跋英真的撤了。困了我三個月，說跑就跑了？蕭懿哪裡嚥得下這口惡氣，立刻派人去追，至少也要從拓跋英身上揪幾根雞毛下來。

拓跋英對此早有準備，等到齊軍追來的時候，拓跋英親率敢死士和齊軍玩命，魏軍素稱悍勇，齊軍沒佔到什麼便宜，乾脆撤回去了。魏軍在歸途又遇上氐兵的騷擾，拓跋英又改打頭陣，一路披荊斬棘，歷盡千辛萬苦才回到關中。

拓跋英撤軍的同時，在雍州、司州作戰的拓跋鸞、薛真度等也遭到了齊軍的迎頭痛擊，屢戰屢敗，最後被齊軍強行禮送出境，灰頭土臉地逃回去了。

這場混亂的齊魏大戰漸漸拉下了帷幕，作為兩大主演，拓跋宏和蕭鸞卻一直沒閒著。拓跋宏繼續他的漢化改革大業，和朝中那幫反對漢化的老頑固周旋。蕭鸞在做什麼？他又要大開殺戒了。

四　權力的魔杖

對蕭鸞來說，拓跋宏並不會造成實質性的威脅，以齊朝的綜合國力，拓跋宏只有望江興歎的份，不足為慮。真正讓他寢食難安的是身邊的那幾顆定時炸彈，比如蕭諶。

早在蕭鸞即位之初，因為蕭諶那句「見炊飯熟，推以與人」就讓蕭鸞有了除掉他的心思。只是隨後拓跋宏吃飽了撐的來砸場子，而司州刺史蕭誕和增援司州的太子右衛率蕭誄是蕭諶的親兄弟，這時要對蕭諶下手，勢必逼反蕭誕兄弟，所以一直隱忍不發。

蕭鸞做事果決，不拖泥帶水，魏軍前腳剛撤，他緊接著就動手了。齊建武二年六月二十五，蕭鸞在華林園設宴，邀請王晏、蕭諶等人吃酒敘舊，這頓飯吃得非常開心。等到傍晚，王晏先告辭了，蕭諶被蕭鸞多留了一會兒，天黑時才離開。

剛走到華林閣，蕭諶就被一群武士拿下，推搡到尚書省。隨後蕭鸞的心腹莫智明帶詔前來譴責蕭諶：「當初鬱林昏政，如果不是卿等，朕也做不上皇帝，朕知恩圖報，卿兄弟三人位盡人臣。沒想到卿卻得寸進尺，干預朝政，還胡說什麼『兒炊飯熟，推以與人』。是可忍，孰不可忍！今賜卿死，黃泉路上多保重吧。」

蕭諶知道這一天早晚要來，只是面帶微笑說道：「當初我與今上殺高武諸王，罪孽深重，自知會有今日，沒什麼了不起的。」莫智明不想多說廢話，命人將蕭諶處死。隨後蕭鸞又殺掉了太子衛右率蕭誄，同時任命心腹蕭衍為司州別駕，前往義陽誅殺蕭誕。

招蕭鸞嫉恨的不只是蕭諶兄弟，還有堂兄蕭賾的幾個兒子。在蕭鸞看來，他們的存在就是對自己的威脅，乾脆併案處理吧。在殺蕭諶的同一天，蕭鸞以夥同蕭諶謀反的罪名誅殺了武帝第十子西陽王蕭子明（十七歲）、第十一南海王蕭子罕（十七歲）、第十四子邵陵王蕭子貞（十五歲）。

自蕭鸞掌權以來，蕭賾的十六個兒子已經被他殺掉了九個，還有七個未成年的，另加蕭長懋的兩個兒子。蕭鸞覺得這些可憐的從侄孫們暫時不會對自己產生什麼威脅，於是決定收刀，以後再找機會下手。

也不能完全怪蕭鸞狠毒，人性本就如此，在南北朝時期，新朝推翻舊朝，都會對舊朝宗室大肆屠殺，斬草除根。當年蕭道成屠殺劉宋宗室何其狠毒！蕭鸞只不過照葫蘆畫瓢而已。

衡量一個帝王是優是劣，不能用道德來評價，這樣是得不出客觀結論的。歷史上那些有作為的帝王都沒少殺人，劉裕誅南燕王公三千人，永樂攻破應天，誅十族瓜蔓抄，李世民殺兄屠弟並侄子十人……他們非常珍惜自己千辛萬苦打下來的江山，殺戮大多針對敵對勢力，蕭鸞也是這樣。不管他的江山是怎麼來的，但只要到了手裡，他就有責任將江山平安地傳給下一代。

皇權具有強烈的排他性，明太祖朱元璋大殺功臣，太子朱標苦苦勸諫，朱元璋取來一根長滿棘刺的棍子丟在地上，讓朱標用手去拿。朱標怕疼不敢拿，父親趁機教育兒子：「你也知道怕疼？現在我替你殺掉那些礙事的，將來你就可以坐享天下，這你都不明白嗎？」

不管是誰，也不管曾經立過多大的功勞，只要威脅到皇權，其存在就是錯誤的。權力場上是最不講感情的，講感情也可以，比如苻堅，可有哪個帝王願意做苻堅第二？蕭鸞自然懂得這個道理。

蕭諶三兄弟被殺之後，蕭鸞下一個清除的目標是尚書令王晏。

就職務來說，王晏的威脅顯然比蕭諶更大，如果不是蕭諶心存異念，蕭鸞也不會對他下手，蕭坦之不就深得蕭鸞信任麼？因為內外事務繁多，蕭鸞暫時騰不出手來對付王晏，只是派心腹陳世範等人偵察王晏的動向。

王晏也真是愚昧至極，局勢都發展到了這一步，還跟沒事人似的到處撈錢。最讓人噴飯的是，他不知從哪找來一個算命的，這位算命先生見來了主顧，自然盡揀好聽的說，什麼君相大貴，前程不可限量云云，聽得王晏飄了起來。

蕭鸞的心思其實許多人都看出來了，王晏的堂弟御史中丞王思遠就經常勸王晏：「哥哥你瘋了？難道看不出來上邊對你已經起了殺心？不要再做那些烏七八糟的蠢事了，想辦法自保才是上策。」王晏不但不聽，還嘲諷堂弟膽小怕事。

王晏的表弟處士阮孝緒也是明白人，「眼看他起朱樓，眼看他宴賓客，眼看他樓塌了」。王晏的下場在他背叛武皇帝的時候就已經注定，阮孝緒可不想為表哥殉葬，所以每次王晏來訪，他都推誘不見。

有一次阮孝緒在家裡吃到一種味道鮮美的醬，一打聽是王晏送來的，立刻將嘴裡的醬吐在地上，還把剩下的都丟掉了。他這麼做是想和王晏撇清關係，以免日後蕭鸞跟王晏算總帳的時候牽連到自己。

王晏還在做黃粱大夢呢，蕭鸞的狗腿子陳世範就挖到了重大線索，他向主子爆料：「王晏陰謀在陛下南郊祭祀時，和武帝舊臣在祭壇道中行逆。」

蕭鸞不知道這個消息是否準確，正在猶豫之際，突然有人來報，說有一隻老虎闖進了南郊祭壇。蕭鸞很迷信，立刻聯想到這是上天在向他示警，再加上王晏不住地勸他去郊祭，不禁更加起疑，終於決定對王晏下手。

齊建武四年（西元四九七年）正月二十八，蕭鸞將王晏召到華林省，以企圖奉河東王蕭鉉謀逆的罪名治了死罪，王晏連喊冤的機會都沒有就被一刀送上了路。這就是蕭鸞的做事風格，快刀亂麻，一刀了斷。

王晏死了，他的兩個兒子王德元、王德和，好友北中郎司馬蕭毅、台軍隊主劉明達都跟著他上了路。至於他的弟弟廣州刺史王詡，蕭鸞也沒打算放過，派南中郎司馬蕭季敞去廣州捕殺了他，蕭季敞繼任為廣州刺史。

蕭鸞殺人還有一個好處，他只殺政敵，不殺無關的人，只要不窺視皇權，他不會沒來由和誰過不去。他知道王思遠和阮孝緒有意和王晏撇清關係，也就沒難為他們。

蕭鸞也許已經把拓跋宏給忘了，但拓跋宏卻一直沒有忘記蕭鸞。上次的潰敗讓拓跋宏非常窩火，這位性格活潑的皇帝根本閒不住，他又把賊手伸向了蕭鸞……

五　亂七八糟的戰爭

嚴格意義上來說，我們應該稱拓跋宏為元宏，魏太和二十年（齊建武三年，西元四九六年）初，他已下詔改拓跋姓為元姓。元宏進行漢化改革的信念堅定不可動搖，他頂住了強大的政治壓力，在北魏境內力行漢化。

元宏這次起兵的原因是為了報之前薛真度所部在南陽遭到南齊軍沉重打擊之仇，實際上他還想以南陽做突破口，在齊朝的腰部敲進一顆大頭釘子，方便自己日後慢慢蠶食江東。

魏太和二十一年（西元四九七年）五月初七，元宏從冀州、定州、瀛州、相州、濟州徵調二十萬強兵壯馬，準備找蕭鸞尋仇。

此後的近三個月時間裡，元宏一直在處理亂七八糟的家事，他也不容易，七大姑八大姨的事情都要有個妥當的安排。

八月初一，元宏下詔全國進入戒嚴狀態。

八月十九，元宏會集精甲，在華林園講武，無非就是說些鼓舞士氣的話。

八月二十，元宏留任城王元澄居守洛陽，御史中丞李彪、尚書僕射李沖輔政。元宏親率三十六路魏軍，號稱百萬鐵甲，浩浩蕩蕩朝南陽殺來。

元宏起兵的同時，從西邊傳來一個糟糕的消息：他任命的南梁州刺史楊靈珍突然叛變，襲擊魏氏帥楊集始，楊靈珍知道得罪了元宏沒好果子吃，立刻向蕭鸞稱臣求援，元宏派河南尹李崇率兵前去收拾楊靈珍。

九月十七，魏軍路過赭陽（今河南方城），留部分人馬攻城，元宏率主力部隊繼續南下。九月十九，魏軍閃電奔襲到南陽城外，元宏並沒有安營休整，而是下令直接攻城。

魏軍的戰鬥力確實非常強，一戰就攻下南陽外城，齊南陽太守房伯玉只能死守內城，好在房伯玉守城有方，魏軍被拒之城外。上次將薛真度打得灰頭土臉的就是房伯玉，元宏豈能饒了他。

元宏可能是對自己的嘴皮子功夫過於自信，想不戰而屈人之兵，一雪上次被崔慶遠奚落的恥辱。他派中書舍人公孫延景到城下喊話，自己則打著黃羅傘坐在城外一里處的空地上，估計是怕房伯玉用冷箭射他。

公孫延景來到城下，以元宏的口氣譴責房伯玉犯下的累累罪行：「卿有三罪可誅！其一，貴朝武帝（蕭賾）待你不薄，蕭鸞冒充高帝第三子入繼大統，屠殺高武子孫，你不但不捨命相救，反而厚顏無恥地做蕭鸞的走狗；其二，上次你打敗我的大將薛真度，我軍死傷慘重；其三，朕御駕親臨，你居然不泥首面縛歸降天朝，你講不講道理啊？」

看來元宏的搞笑本事還是不減當年，除了第一條勉強說得過去，後兩條簡直讓人噴飯。他去騷擾別人，別人自衛，他居然還要告別人行兇打人，這是典型的強盜邏輯。

元宏隨後派公孫延景給房伯玉指了一條明路：「朕久欲蕩平四海，這次南下，不克南陽絕不北歸。最多一年，最快一月，朕就能拿下你。如果房將軍識時務早點投降，朕給你加官晉爵。如果執迷不悟，朕破城之後就砍下你的狗頭。生死兩路，房將軍好好考慮吧。」

房伯玉也是個搞笑的人物，聽明白公孫延景的意思後，派軍副樂稚柔出城答謝。樂稚柔首先代表齊軍對魏軍大舉攻城表示了熱烈歡迎，並預祝魏軍順利拿下南陽。

禮貌性問候後，樂稚柔切入正題，替房伯玉回答元宏：「小人不過是個江東匹夫，這次能和尊貴的陛下大打出手，實在是無上榮幸。小人深受世祖武皇帝信任，豈敢忘恩負義。只是鬱林、海陵二王昏暴無德，不能主天下。本朝主人是太祖高皇帝第三子，繼承大統，名正言順，這也是武皇帝的遺意。上次陛下派薛真度騷擾小人，這筆賬還沒算呢。小人是齊臣，守土有責，您為什麼不從小人的角度考慮問題呢。」除了蕭鸞篡位是房伯玉在胡說八道，其他都是至情至理，元宏也拿房伯玉沒辦法。

房伯玉也是個狠人，別看他說話溫柔，下手狠著呢。他發現南陽城東南有座建在淯水河邊的寺廟，寺邊有一座小橋，元宏經常騎馬從橋邊經過，於是悄悄派幾個敢死士，身穿虎皮衣，頭戴虎頭帽，趴在橋下伺機行刺。

有一回元宏從橋邊路過，那幾個敢死士大叫著衝上來，準備擒賊先擒王。元宏沒想到這裡居然有埋伏，嚇得魂飛魄散，幸虧身邊有個叫原靈度的神射手護駕，幾箭射死了齊軍敢死士，元宏這才得以脫身，狼狽逃回大營。

直到此時，元宏才發現房伯玉是塊不好啃的硬骨頭，看樣子南陽一時半會兒是拿不下來了，不過元宏是聰明人，有的是好辦法。九月二十三，元宏留下咸陽王元禧繼續圍攻房伯玉，自己則親率主力南下新野，他不相信齊新野太守劉思忌比房伯玉還難對付。兩天後，元宏來到新野城下，這回他可長記性了，先休整幾天再打。十月初三，魏軍開始攻城，結果還是讓元宏非常失望，小小的新野城固若金湯，根本攻不進去。拿下不新野，元宏就派人去嚇唬劉思忌：「大魏雄師已拿下南陽，房伯玉投降了，劉將軍為何執迷不悟，與王師抗衡，難道不怕被砍下狗頭麼？」

劉思忌也是個硬頭釘子，根本不吃這一套，派人出城噴了魏使一臉唾沫：「您老就省省吧，哄小孩子呢？新野城非不高，糧非不多，兵非不精也，有本事就打，少說廢話。」元宏氣得直翻白眼。

翻白眼的還不只是元宏，建康城中的蕭鸞同樣在翻白眼，元宏三天兩頭跑來搗亂，太不把人放眼裡了，真是越想越惱火。事不宜遲，救城要緊，蕭鸞立刻派人去鍾離，命令北徐州刺史裴叔業去救雍州。

裴叔業是出了名的官場滑頭，去和兵強馬壯的元宏拼命？他才沒那麼傻呢。不過皇帝的命令也不好違背，這位裴爺真是精明到家了，他建議趁魏軍主力集中西線之機，進攻魏軍相對薄弱的東線，自然就能解雍州之圍。

蕭鸞覺得這辦法不錯，就讓裴叔業北上虹城（今安徽泗縣境內一座小城）「圍魏救趙」。裴叔業果然能征善戰，在虹城威風八面，順手掠走了四千多北魏百姓，回去請功去了。

儘管如此，形勢對齊朝還是越來越不利。雍州絕不能落到元宏手裡，否則後果不堪設想。十月二十，蕭鸞下詔，以太子中庶子蕭衍、右軍司馬張稷為第一波救援隊緊急前往雍州執行救援任務。

難怪裴叔業不敢和魏軍主力交手呢，元宏手下的這支部隊真是夠分量，齊軍連戰連敗。最駭人聽聞的是，十一月十一，齊前軍將軍韓秀方等十五員將領集體向魏軍投降，大挫齊軍士氣。

面對如此危局，齊雍州刺史曹虎成了軟蛋，他不敢和元宏正面交鋒，窩在襄陽城內大氣不敢出。加上他和房伯玉有私仇，巴不得元宏幫忙收拾房伯玉呢，表面上是領兵去救南陽，實則窩在樊城逗留不進，就等著看房伯玉的笑話。

蕭鸞對曹虎已經不抱什麼希望，這老傢伙成事不足，敗事有餘。十二月二十五，再派度支尚書崔慧景以代天子出征的名義率兩萬精銳緊急趕往襄陽，雍州刺史曹虎也要受崔慧景調度。

六　蕭鸞瘋了

兩年前的那次南征，活蹦亂跳的元宏被弄得灰頭土臉，這一次他是動真格的了。老虎不發威，你當我是病貓?!元宏要讓蕭鸞知道他的厲害。

轉眼殘年就過去了，齊建武五年（西元四九八年）正月，在元宏的督戰下，平遠將軍李佐身先士卒，數萬鮮卑軍向新野城發動猛烈的攻擊。新野是小城，兵力不足，劉思忌雖然拼命死戰，終是寡不敵眾，正月初六，魏軍破城，生擒劉思忌。元宏笑瞇瞇地問劉思忌：「劉將軍，現在你還有什麼話好說?投降吧，朕保你榮華一世。」

劉思忌真是一條響噹噹的漢子，元宏話音未落就被噴了一臉唾沫：「思忌守土不成，自當殉國，以謝聖主隆遇。思忌寧死為南鬼，不生做北臣。來刀痛快的吧。」元宏見他敬酒不吃吃罰酒，二話不說，斬！劉思忌悲壯殉國。

新野的失守對雍州各郡造成了非常大的震撼，齊各城戍主棄城抱頭鼠竄，這幾位「好漢」是：湖陽（今河南新野湖陽鎮）戍主蔡道福、赭陽（今河南方城）戍主成公期、軍主胡松、舞陰（今河南泌陽北）戍主黃瑤起、台軍主鮑舉、南鄉（今河南淅川南）太守席謙。為國盡忠只有劉思忌這樣的傻子才能做得出來，聰明人誰會幹這種傻事？

雍州形勢危如累卵，蕭鸞對元宏非常惱火，下詔大罵元宏是「凶醜剽狡，專事侵掠」。光有嘴上功夫不行，關鍵時刻還要亮真傢伙，蕭鸞立刻派太尉陳顯達督軍北上，務必守住雍州。

這時的蕭鸞疾病纏身，身體已經大不如前，他本想安心養病，但元宏偏偏在這個時候跳出來搗亂，只好強撐著應付。病人一般都對自己的身體非常敏感，蕭鸞總感覺自己時日無多了，元宏倒沒什麼，自己手下那幫弟兄也不是吃素的，他最擔心的是，之前沒殺光的高武子孫會不會在自己死後對自己的兒子們反攻倒算！這是他無論如何都不能接受的，否則這幾年豈不是白忙活了。每次高武子孫上朝晉見，他都會暗自歎息：「我的兒子們年紀都還小，高武子孫卻日漸長大！」

蕭鸞雖然知道自己這麼狠毒肯定要遭天譴，但現在已經顧不了許多，斬草不除根，必留後患！蕭鸞讓揚州刺史蕭遙光給他出謀劃策，想辦法除掉高武子孫。

蕭遙光也是個忘恩負義的小人。蕭道成即位時嫌棄蕭遙光腳上有疾，想改封蕭遙欣，多虧蕭賾苦勸，蕭遙光才得以繼承始安王宗祀。如果不是蕭賾，蕭遙光什麼都不是，可這位蕭爺卻恩將仇報，力勸蕭鸞早日除掉後患。

蕭遙光的算盤打得很精明，先幫助蕭鸞除掉高武子孫，等蕭鸞死後，他再找機會除掉蕭鸞的兒子們，自己坐享天下。當然這不能讓蕭鸞知道，他還要在叔父面前繼續裝忠臣孝子。

齊建武五年（西元四九八年）正月二十四，蕭道成如果地下有知，應該永遠記住這一天。這一天，他最疼愛的侄子蕭鸞為劉宋宗室討回了公道，將他的兒子全部屠殺，孑遺不留。

蕭鸞已經喪心病狂了，他明明想殺高武子孫，卻又不想留給後人把柄，於是唆使群臣上疏，誣告高武子孫謀反，肯請陛下大義滅親。蕭鸞裝好人，駁回，這幫有奶便是娘的奴才們繼續上疏，請陛下以天下大義為重。蕭鸞「無奈」，只好痛哭著下詔，誅殺高武子孫。

第三批被殺諸王名單如下：

高帝十九子河東王蕭鉉（十九歲）、武帝十六子臨賀王蕭子岳（十四歲）、武帝十七子西陽王蕭子文（十四歲）、武帝十八子永陽王蕭子峻（十四歲）、武帝十九子南康王蕭子琳（十四歲）、武帝二十子衡陽王蕭子珤（過繼給蕭道成長兄蕭道度為後，十四歲）、武帝二十一子湘東王蕭子建（十三歲）、武帝二十三子南郡王蕭子夏（七歲）、文惠太子蕭長懋三子巴陵王蕭昭秀（十六歲）、蕭長懋四子桂陽王蕭昭粲（八歲），包括蕭鉉兩個尚在襁褓中的兒子。

說要南朝皇帝中的殺宗室冠軍，非蕭鸞莫屬，清人趙翼在《廿二史雜記》中「高度」評價蕭鸞的冷血變態：「宋子孫多不得其死，猶是文帝、孝武、廢帝、明帝（劉彧）數君之所為。至齊高、武子孫，則皆明帝（蕭鸞）一人所殺，其慘毒自古所未有也。」

蕭道成臨死前曾經囑咐蕭賾：「如果不是宋朝宗室骨肉殘殺，我們也沒機會出頭，你不要學宋朝。」蕭道成了解蕭賾待人還算厚道，卻漏算了侄子蕭鸞，結果殺來殺去，殺到了自己的頭上。清初史學家趙翼為此諷刺蕭道成：「齊高但知宋之自相屠戮，而不知己之殺劉氏子孫之慘。」

蕭鸞現在還活著，死後的事他管不著，眼前最要緊的是如何對付開始發飆的元宏。兩年前的那場勝利讓蕭鸞產生了錯覺，以為魏軍實力不過如此，這次再交手，蕭鸞終於領教了元宏的厲害，鮮卑軍打遍天下無敵手可不是吹出來的。

齊建武五年（西元四九八年）二月十二，魏軍攻陷南陽城，走投無路的南陽太守房伯玉及府吏二百人束身投降。關於房伯玉投降後的事情，《南齊書》和《魏書》的記載完全相反。

《魏書》的記載是：房伯玉投降後，元宏狠狠地羞辱了他，指責他跟著蕭鸞作惡多端。房伯玉跪在元宏腳下搖尾乞憐，加上他在北魏任統軍的堂弟房思安幫忙求情，才最終保住了小命。

《南齊書》則說房伯玉大義凛然，寧死不吃嗟來之食。蕭鸞知道房伯玉身在魏營心在齊，也不為難房伯玉的兒子房希哲，每月還給他若干米糧。後來房希哲逃到北魏見父親，房伯玉卻大罵兒子不忠不孝。

南北朝互為敵國，史書自然揀對自己有利的大書特書，對自己不利的則避而不談，甚至互相潑髒水、拍板磚，難說誰的記載更可靠一些。

行軍打仗全憑一口氣，魏軍一掃前幾次對齊軍的頹勢，接連取得重大勝利，極大鼓舞了士氣。魏軍弟兄們倒是高興了，前來救援雍州的齊度支尚書崔慧景卻是火冒三丈，之前在邵陽洲，聽張欣泰的建議放走了上萬鮮卑兵，結果半文錢也沒撈到，這次可不能再讓煮熟的鴨子飛了。

七　亂戰

崔慧景來到襄陽，稍事休整後立刻率五千精銳急馳北上。齊建武五年三月初一，齊軍到達鄧城，偵察兵突然來報，前方不遠處發現幾萬鮮卑騎兵。崔慧景也不著急，他讓蕭衍守北門，自己則守著南門，奮力抵禦魏軍。

一切安排妥當，沒想到齊軍隊伍中卻出現了三個敗類，他們趁人不備，悄悄出城投降，並把城中虛實告訴領頭的魏彭城王元勰。元勰見天上掉肉餅，喜笑顏開，立刻調武衛將軍元蚪率軍去城南切斷齊軍的南逃路線，司馬孟斌攻城東，右衛將軍播正攻城北。

蕭衍看到城外強敵不斷圍上來，不免有些著急，他勸崔慧景趁魏軍立足未穩之際出城決戰，或可一勝。崔慧景不同意，稱索虜沒有晚上攻城的習慣，到了傍晚他們就會撤退。哪知道這次魏軍偏偏破例，人越聚越多，將鄧城圍了個水洩不通。

齊軍主力多跟著崔慧景集中在南門，北門空虛，魏軍就從北門打開缺口，蜂擁而入。幸虧軍主劉山陽及時發現，帶著幾百個弟兄和鮮卑人玩命，勉強為崔慧景爭取了一點逃命時間。

《通鑒》、《南齊書》的記載都是劉山陽率兵和魏軍死戰，而《梁書》卻說是蕭衍「獨帥眾距戰，殺數十百人，魏騎稍卻」，根本沒劉山陽什麼功勞。

但為什麼其他史料均說立功的是劉山陽，唯獨《梁書本紀》說是蕭衍？最大的可能應該是蕭衍確實參加了劉山陽的行動，但主角是劉山陽。加上二人素為政敵，蕭衍稱帝後，極有可能有意抹掉劉山陽的功勞，往自己臉上貼金。

鴨子是吃不成了，還是逃命要緊，崔慧景帶著部隊沒頭蒼蠅似的逃出鄧城，在鬧溝被魏軍追上殺了一個痛快！還是劉山陽讓人把衣服和武器都扔到溝裡，崔慧景等人踩著武器哭嚎著逃出生天。

元宏還記得上次被耍的事情，想活捉老崔一雪前恥，於是親自提兵拿人。又是劉山陽，捨了命和元宏肉搏，魏軍沒佔到什麼便宜，只好撤軍。崔慧景率殘部連夜划著小船逃回襄陽。

打了一場漂亮的勝仗，元宏心情大好，他知道此時的北魏還沒有一次吞下南朝的實力，但還是覺得有必要向蕭鸞展示一下大魏鐵中雄師的威嚴，鎮一鎮這幫偷奸耍滑的也好。

三月初七，元宏率十萬鮮卑精銳，打著羽儀華蓋，耀武揚威地來到樊城（今湖北襄樊漢水北岸）。之所以選擇樊城，是因為守樊城的是上次無端耍他的曹虎。到了樊城後，元宏還沒有攻城，曹虎已經被嚇破了膽，閉城死守。

元宏來樊城不是為了攻城，而是來罵曹虎的。他曾經寫過一封信託人捎給曹虎，在信中諷刺曹虎：「進而陳平歸漢之智，退無關羽殉節之忠，要閉窮城，權勇兩缺，何其嗟哉。」

曹虎臉皮非常厚實，這幾句不鹹不淡的話也扎不疼他，別看他打仗不行，耍嘴皮子卻是十分厲害。他回信對元宏冷嘲熱諷，同時威脅道：「組甲十萬，雄戟千群，以此堪難，何往不克？……雲旗北掃，長驅燕代，並羈名王，使少卿忽諸，頭曼不祀。」

曹虎真是吹牛不臉紅，還「長驅燕代」呢，自己縮在樊城都不敢出來了。估計元宏看完信也是仰天大笑，這老東西倒挺有意思。

元宏心情倒是爽了，蕭鸞的臉上卻是烏雲密布，沔北五郡的丟失讓齊軍在中線防禦體系上非常被動，他嚥不下這口氣。你敢挖我的牆腳，我就敢掘你家的墳頭，看誰狠得過誰。

蕭鸞詔命豫州刺史裴叔業領兵北上，進攻魏南兗州治所渦陽（今安徽蒙城），在元宏的後院放把火，燒得越大越好。

裴叔業就喜歡幹這等便宜買賣，他興高采烈地帶著五萬齊軍渡過淮河，出其不意地圍住了渦陽，準備吃大餐。魏南兗州刺史孟表沒想到裴叔業會過河偷襲，急忙固城自守，並向朝廷本部求援。裴叔業暫時吃不下渦陽，決定一邊攻城，一邊圍點打援，派軍主蕭璝和成寶真去攻渦陽東南百餘里的龍亢戍，沒想到龍亢戍也高懸免戰牌等待援兵。

聽說渦陽告急，元宏立刻派弟弟徐州刺史、廣陵王元羽率二萬精銳前去救援。元羽本是個風花雪月的公子，玩偷香竊玉的勾當是把好手，哪裡會打仗。裴叔業正準備悶頭大發財，哪會讓元羽斷了自己的財路，當下就點了三萬悍卒殺到龍亢，趁著魏軍立營未穩之際一通狠揍，將元羽打成了光棍，元羽狼狽逃跑。

元宏見弟弟不中用，再派征虜將軍劉藻、安遠將軍傅永、督統軍高聰等人領軍去找裴叔業尋仇。裴叔業已經殺紅眼了，見又來了一票送死的，那就不客氣了。

齊魏兩軍在龍亢城外展開決戰，齊軍士氣高昂，來多少吃多少。是役魏軍僅戰死的就有一萬多，被俘三千多，損失軍資無數。這場齊魏戰爭史上少有的慘敗把元宏氣得七竅冒煙，怎麼會輸得這麼慘！盛怒之下，元宏命人將劉藻等三人鎖拿至行在，嚴加訓斥，免為庶人。

北魏堂堂大國卻在南朝折了面子，元宏實在嚥不下這口氣，於是再出血本，派統軍楊大眼、奚康生率精銳馬隊十萬星夜去救渦陽，並下令，此戰再不勝，所有相關人等都要受到處罰。

楊大眼是北魏響噹噹的名將，跟著元宏踏遍雍司諸州，據史書記載：「所經戰陣，莫不勇冠六軍。」楊大眼胸懷大志，他知道，要想當上大腕兒，必須露幾手真功夫，機會終於來了。

十萬鮮卑兵鋪天蓋地地向渦陽殺了過來，楊大眼知道裴叔業是南朝名將，覺得這次相遇肯定是場惡戰，他做足了心理準備。讓楊大眼沒有想到的是，裴叔業是個欺軟怕硬的主，見北魏十萬強兵壓境，當場就下了軟蛋。

當天晚上，已經被嚇破膽的裴叔業帶著本部人馬悄悄南逃，溜回了境內。第二天一大早，齊軍發現主帥不見了，立刻炸開了鍋，開始成群結隊地南逃。楊大眼發現情況後，率兵直追。齊軍已經喪失了戰鬥力，魏軍如虎入羊群，好一場屠殺！

渦陽慘敗的消息風一般傳回了建康，蕭鸞氣得大罵裴叔業：「飯桶，超大號的飯桶！」但他還算明白人，現在是非常時期，他不敢把裴叔業逼急了，不然這廝就敢當場叛變。為了穩住裴叔業，蕭鸞特地遣使慰問。

戰爭打到這個份上，實際上已經結束了，元宏撈到了大頭，吃得滿嘴流油。不僅攻陷沔北五郡，西線李崇那一路也進展順利，在武興大勝楊靈珍，隨後又將前來救援的齊梁州刺史陰廣宗所部吃了個精光。

元宏趾高氣揚地回到洛陽，盡情享受勝利的喜悅。沒有想到的是，他的時代快要結束了——只剩下不到一年的時間。

更讓元宏意外的是，他的對手蕭鸞，比他先一步去了極樂世界。

八 蕭鸞的末日

蕭鸞的身體每況愈下，再加上這次元宏的折騰，更是心力交瘁，病情加重。有時覺得蕭鸞挺可憐的，為了保住自己的家天下而背了萬世罵名。其實屠殺前朝宗室，他並不是始作俑者，只不過是遵守了歷史的潛規則而已。人性在權力面前往往不堪一擊。

蕭鸞開始為自己安排後事，首先是要讓皇太子蕭寶卷順利接班，他也許不是一個好人，卻是一個好父親，虎毒還不食子呢。然而，就在這個時候，突然從東南方向傳來緊急軍情：大司馬王敬則在會稽（今浙江紹興）扯旗造反！

王敬則是齊朝重臣，但他卻不是蕭鸞的人馬，他與蕭道成、蕭賾父子的私交遠不是蕭鸞可以比的。蕭鸞篡位以來，雖然表面上對王敬則尊崇有加，暗中卻嚴加防備，他根本信不過這些高武舊臣。

為了提防這個老傢伙作亂，蕭鸞特意安插了光祿大夫張瓌任平東將軍，率兵駐守吳郡（今江蘇蘇州）。王敬則也不是傻子，張瓌的任命一下來，他就破口大罵：「狗屁平東將軍，現在東邊有賊嗎？不就是想平我嗎？老子也是上過刀山下過火海的，這年頭誰怕誰！」

王敬則這麼一鬧，他的女婿、南徐州代理刺史謝朓的處境非常尷尬。南徐州轄區即今天江蘇的鎮江、常州、無錫一帶，南京城以北就是南徐州地界，所以如果謝朓能幫忙，朝發夕至，建康城唾手可得。

王敬則的五兒子、太子洗馬王幼隆派正員將軍徐岳去說服姐夫起事。

反蕭鸞？省省吧，謝朓才不幹這種傻事呢。徐岳的唾沫星子剛噴完，謝朓就把他五花大綁送到了建康宮中，並告發了王敬則。

徐岳被抓的事情被王敬則通過七拐八繞的關係網給打聽到了，他又氣又急，大罵謝朓白眼狼，他的兒子們可全都在京師呢，這下肯定全報銷了。眼下已經沒有退路，蕭鸞什麼為人他最清楚，是生是死再賭最後一把，於是打著擁立南康侯蕭子恪（蕭嶷次子）的旗號起兵。

得到謝朓的密報後，蕭鸞立刻下詔將王敬則在京師的四個兒子就地處死，同時讓北徐州刺史徐玄慶誅殺王敬則長子、黃門侍郎王元遷。蕭鸞要讓王敬則知道，這就是對他不忠的代價！

蕭鸞打算聽從蕭遙光的毒計，利用王敬則擁立蕭子恪的藉口誅殺上次沒殺光的宗室子孫七十餘人。當天晚上，他命諸王子孫來到西省待命，同時命人備下毒藥，打造了七十多具棺材，準備三更時分將這些人都送上路。

說來他們也是命不該絕，就在二更時分，不願跟著王敬則造反的蕭子恪突然跌跌撞撞地闖進皇宮，請求見駕。親信單景雋搖醒睡夢中的蕭鸞，正睡得糊塗的蕭鸞大罵：「你們怎麼還沒動手，成心壞朕的大事麼？」

單景雋把蕭子恪的事情告訴蕭鸞，蕭鸞僅存的一點人性突然復甦了，蕭子恪如此明白事理，自己還要殺他們，實在是羞愧難當。於是下命罷手，天一亮，讓諸王子孫都回府第去，自己已經夠造孽的了，就饒了他們吧，現在最關鍵的是對付王敬則。

就在蕭鸞胡思亂想的時候，王敬則已經率甲兵上萬渡過浙江（今富春江）北上，要和蕭鸞決一死戰。王敬則的第一個目標是吳郡，平東將軍張瓌守土有責，派甲兵三千駐守松江口。沒想到這幫兵爺都是飯桶，一聽南岸王敬則部隊的鼓聲，以為敵人殺了過來，一哄而散。

張瓌比這幫兵爺還有本事，一見事情不妙，也顧不得身分，抱頭逃出官府，跑到民間避難去了。看來齊朝在東南地區沒少刮油水，老百姓怨氣沸騰，王敬則人馬一到，老百姓就跟著他造反，「擔篙荷鍤，隨之者十餘萬眾」，震動東南。

這支兵民合一的部隊繼續北上，很快就殺到曲陵（今江蘇丹陽）。曲陵是埋葬蕭賾的地方，也許是觸景生情，在武進陵口，王敬則坐著小轎從景安陵前號啕痛哭，唏噓而過。當然這也可能是他拉攏人心的政治手段，這麼一來，替高武子孫報仇的理由就能站住腳。

蕭鸞不敢大意，派前軍司馬左興盛、後軍將軍崔恭祖、輔國將軍劉山陽、龍驤將軍胡松等人在曲阿東南的長岡埭構築防線。王敬則不說廢話，圍著左興盛和劉山陽的寨子就是狂攻猛打，不信打不出個子丑寅卯來。

左興盛被打急了，派人站在高處使勁刺激王敬則：「王太尉的兒子們都死絕了，你現在還瞎忙活什麼！」這話確實夠狠，但事情已經到了這一步，王敬則根本沒有退路，只能繼續狂扁官軍。

官軍有些撐不住了，想撤，但漫天遍野全是王敬則的人馬，根本突圍不了。倒是龍驤將軍胡松聰明，他帶著騎兵抄到王敬則的背後，王敬則的隊伍多是手無寸鐵的百姓，哪經得起騎兵的摧殘？沒幾下就全都被打跑了。

在混亂中，王敬則也被擠下了馬，他想再爬上馬繼續作戰，卻被眼尖的後軍將軍崔恭祖發現了。崔恭祖是崔慧景的同族，自然也是專做油光水滑的買賣，小崔一個箭步上前，一槍將七十多歲的王敬則刺倒在地。

不過沒等崔恭祖上前撿獵物呢，左興盛的軍容袁文曠忽然半路殺出，大笑著砍下王敬則的人頭，崔恭祖直叫晦氣。

王敬則就這麼失敗了，如風而來，如風而去，到地下見蕭賾去了。但他的造反卻讓建康城中雞飛狗跳，蕭鸞已經病得不行了，皇太子蕭寶卷沒了主心骨，嚇得魂飛魄散。蕭寶卷派人爬到高處向東南觀望，發現征虜亭起大火，以為王敬則殺了過來，立刻收拾細軟，甩掉老爹要逃。

好在王敬則雷聲大雨點小，建康城安然無恙，蕭鸞長出了一口氣。下面要做的就是論功行賞，四位將軍各封四百戶縣男，但關於首功的問題，崔恭祖和袁文曠在蕭鸞面前吵了起來。

袁文曠說王敬則的人頭是他砍下的，當然是首功。崔恭祖不服：「臣冒著危險刺倒老賊，這才便宜了袁文曠。沒有臣的助攻，袁某也不可能在門前撿漏。」

蕭鸞病怏怏的，哪有心情聽他們嘰嘰喳喳，於是指責左興盛：「你怎麼能讓袁文曠和崔恭祖爭功掐架？傳出去不怕外人笑話！」右僕射江祏也反對把首功給袁文曠，沒少在旁邊幫腔。蕭鸞愛惜崔恭祖是員猛將，加上清河崔氏也是天下豪門，好歹給點面子，以崔恭祖為首功，袁文曠封二百戶了事。

受到封賞的還有大義滅親的謝朓，蕭鸞改任其為尚書吏部郎，謝朓覺得挺對不住老丈人的，推辭不受。即便如此，謝朓的老婆王夫人還是沒打算放過這個沒心肝的，身懷利刃，準備殺掉丈夫，為父親報仇，謝朓嚇得不敢回家。侍中沈昭略引用《詩經．思齊》的名句「刑于寡妻，至于兄弟，以御於家邦」挖苦謝朓，謝朓怕老婆的事情一時傳為官場笑柄。

按照制度，那些跟著王敬則造反的老百姓都要論罪處死，但這事牽扯面太大，弄不好會再度激起民變。晉陵太守王瞻也上疏勸蕭鸞不要再輕易開殺戒，蕭鸞同意了，「所全活以萬數」，並專門特赦東南七郡，穩定人心。

這時的蕭鸞已經病得不行了，幾次昏死過去。他知道自己大限到了，為了兒子蕭寶卷能順利即位，他寫了一道遺詔，稱幼子孤弱，諸卿勉力云云，並進徐孝嗣開府儀同、沈文季為左僕射、江祏為右僕射、江祀為侍中，劉暄任衛尉，太尉陳顯達主管軍務，並與蕭遙光、蕭坦之、劉悛、蕭惠休、崔慧景等人共輔國政。

齊永泰元年（西元四九八年）七月三十，四十二歲的蕭鸞在正福殿壽終正寢，在位只有四年。死前，蕭鸞拉著皇太子蕭寶卷的手要他牢記鬱林王蕭昭業的歷史教訓，好好做皇帝，「作事不可在人後」！

南朝二十四個皇帝雖然性格不同，但還沒有哪一個像蕭鸞這樣冰冷得不可接近。他經常面無表情地坐著，沒有人知道他心中是喜是怒，是哀是樂。劉備也是這樣，「喜怒不形於色」，但劉備比蕭鸞可愛多了，也更像是活生生的人，而不是一台冰冷的機器。

蕭鸞不相信任何人，包括他自己。每次出門之前都要找巫婆占卜，不吉利的日子絕不出宮門半步。甚至出行的時候，也不敢明確說出往哪個方向，他說往南走，那就一定朝西邊去，如果說往東走，一定朝北邊去，以妨遭人暗算。他幹的壞事太多了，心虛。

當然，對於坐在皇位上的人來說，最重要的不是看他人品有多好，而是能不能牢牢控制住權力。苻堅人品幾乎完美，但下場又如何？蕭鸞對權力的貪欲大得驚人，事必躬親，哪怕是地方上雞毛蒜皮的小事，也必須經過他的同意。

不僅如此，蕭鸞還是個「特務皇帝」，掌權之後他豢養了大批間諜嚴密監控群臣王公，連王公大臣們幾時吃飯睡覺幾時更衣如廁都瞭若指掌。

像這樣冰冷嚴酷的皇帝，往往在生活上都驚人地節儉，比如明朝的永樂、清朝的雍正。蕭鸞很會過日子，有次御膳官呈進一個大饅頭，他一頓吃不完，就切成四塊留作晚上充饑。每次洗澡後剩下的皂莢水他也捨不得倒掉，讓太監們盛起來，下次再用。

蕭鸞人生最大的污點就是屠殺了高武子孫，蕭道成和蕭賾父子倆向來對蕭鸞寵愛有加，蕭鸞這麼做，忘恩負義的罵名是肯定跑不了的。不過從另一個角度來看，蕭鸞雖然殺人如麻，但基本不殺百姓，在他統治期間，南朝沒有發生大規模的動盪，在對北魏的戰爭中也是互有勝負，毀滅南朝的是他信任的雍州刺史蕭衍。

當初蕭鸞誅殺武帝子孫時，蕭衍沒少煽風點火，被蕭鸞倚為忠臣。沒想到三年後，蕭鸞的子孫除了一個北逃的蕭寶寅、一個殘廢的蕭寶義，其餘均死於蕭衍的刀下。

歷史總是這麼荒唐地輪迴著，但這一切蕭鸞已經不知道了。

蕭鸞駕崩後，皇太子蕭寶卷在王公大臣們的擁護下於父親靈前稱帝，改年永元。隨後將大行皇帝遺柩奉葬興安陵，諡為明皇帝，廟號高宗。

歷史進入了一個更為荒唐的時代，十六歲的蕭寶卷是這場歷史鬧劇的第一號男主角，第一號男配角是蕭衍，另有若干群眾演員。

第六章

蕭寶卷的另類人生

一　蕭寶卷閃亮登場
二　權力場上的鬥爭
三　不僅變態，而且無恥！
四　烏雲壓城
五　襄陽有條真龍
六　風捲殘雲
七　荒唐皇帝的荒唐事
八　長驅直入
九　江山易主
十　歷史的輪迴

一 蕭寶卷閃亮登場

南齊共有七個皇帝（包括蕭昭文和蕭寶融兩個傀儡），雖然蕭道成、蕭賾、蕭鸞都雄武強悍，但他們留給歷史的深刻記憶並不多。

對於皇帝來說，想在歷史上留名其實也還算簡單，要麼非常英明，要麼非常荒唐，前者如李世民，後者如朱厚照，夾在中間的只能是半紅不黑。具體到南齊，要說荒唐的，蕭昭業算一個，但他只能算個暖場的，真正的搞笑明星是下面出場的蕭寶卷。

蕭寶卷生於齊永明元年（西元四八三年），雖是次子，卻為嫡出，加上長兄蕭寶義有殘疾，所以蕭鸞選擇他做皇位繼承人。

蕭寶卷雖然比蕭昭業荒謬可笑，但資質遠不如堂侄，蕭昭業練得一手好書法，蕭寶卷卻貪玩不肯學習，經常帶著一幫小廝通宵達旦地在宮裡掀牆挖洞。他在做什麼？在捉老鼠取樂，以填補他空虛的精神世界。兒子頑皮搗蛋，蕭鸞也沒什麼辦法，乾脆聽之任之，由他鬧去。蕭鸞已經把那根權力魔杖上的刺都拔掉了，兒子不傻不呆，完全可以安安穩穩傳承他的家業。

蕭鸞死後，遺體停放在太極殿，按照禮法，蕭寶卷應該哭喪，可他對哭沒興趣，還想著怎麼玩呢。有人勸他哭，他就天南海北地找藉口，推說嗓子疼哭不出來。他平時被管得嚴，巴不得老爹早點上西天，如今高興還來不及呢。

可能是被人逼急了，蕭寶卷只好裝模作樣地嚎上幾嗓子。正哭著，太中大夫羊闡前來哭喪，羊大人跪在地上對著蕭鸞的遺體號啕痛哭，帽子不小心掉在地上，露出了光禿禿的腦袋。蕭寶卷看到羊闖這副尊容，也不哭了，開懷大笑：「誰把這禿鷲放到宮裡來的？哈哈！」

官場上許多人都知道小主子的德性，幾乎就是蕭昭業的翻版，但沒人在乎他是瘋是傻，有銀子賺就行。

蕭寶卷繼位之初，曾下詔「訪搜貧屈」，安撫貧苦百姓，一副悲天憫人的模樣。不過這些都是小火，蕭寶卷覺得不過癮，又點了一把大火，燒向已經身患重病的北魏皇帝元宏。

蕭鸞去世那年九月，元宏裝過一回好人，打著「禮不伐喪」的旗號率軍北撤。實際上他就算是繼續打也未必能佔到多少便宜，不如賣齊朝一個人情，何況他自己身體也不太好，不如回去養病。

搶完錢就想跑？也要問問蕭寶卷答不答應：吃了我的雍州五郡，都得給我吐出來！

齊永元元年（西元四九九年）正月，蕭寶卷下詔北伐，太尉陳顯達、平北將軍崔慧景率軍四萬攻魏，意圖收復雍州五郡。陳顯達的第一個目標是馬圈城（今河南鎮平南），馬圈城是南陽的西大門，拿下馬圈，南陽收復指日可待。

坐鎮魏荊州（今河南魯山）的魏前將軍元英聽說齊軍又來了，立刻率軍南下馳援馬圈城。元英有些輕視陳顯達，七十歲的老棺材瓤子，還能幹什麼。一交手才知道，薑還是老的辣！

陳顯達一邊圍住馬圈城狂攻猛打，一邊收拾元英。元英屢戰屢敗，三拳兩腳就被打翻在地，好不狼狽。援兵被殲，這下可苦了馬圈城中的魏軍。糧食沒了，雖然城中有大批絲織品，但那不能吃啊。只能忍著噁心吃死人的肉，樹皮也啃光了。

為了活命，二月二十七，被圍四十多天的馬圈魏軍強行突圍北逃。大部隊雖然跑了，但仍被齊軍幹掉一千多人。齊軍興高采烈地入城，開始坐地分贓，弟兄們個個都吃得滿嘴流油。陳顯達開始發飆，隨後讓軍主莊丘黑收復南鄉郡。

魏軍的慘敗讓元宏非常震怒，一方面是因為元英不爭氣，再者，他好容易吃進肚的雍州五郡，豈肯輕易再吐出來！陳顯達既然來了，那爺爺只好捨命奉陪到底。

齊永元元年三月初四，元宏抱病從洛陽出發，率十萬精銳騎兵去和陳顯達玩命。騎兵的行軍速度就是快，魏軍三天後抵達梁縣（今河南臨汝西郊），但這時元宏病情嚴重惡化，形勢不容樂觀。

為了防止意外，導致軍中無主，元宏特命彭城王元勰全權打理軍中事務。但前線戰事緊急，元宏不放心元勰一個人處理，咬著牙繼續南下，準備會會陳顯達。

陳顯達將部隊紮在鷹子山（今河南淅川縣老城鎮北），元宏生怕這老傢伙溜了，派廣陽王元嘉率軍悄悄潛至均口（今湖北均縣，漢江和丹江的匯合處），截住陳顯達的退路。

準備得差不多後，元宏下令向鷹子山發動總攻，齊軍士氣不如魏軍，一戰大敗。陳顯達害怕了，自己困守孤山，萬一被元宏下鍋煮了餃子，那老命就沒了。

手下弟兄們也不想打了，一群人私下一合計，乾脆逃吧。當天夜裡，崔恭祖和胡松等人找來一個大布袋子，請年邁的陳太尉鑽進去，挑了幾個精壯的漢子挑著，踉踉蹌蹌地朝山下逃竄。元宏可不想放過這條大魚，發兵追殺過來，虎入羊群，殺了個痛快，齊軍僅戰死的就有三萬餘人。

崔恭祖等都不是當地人，天黑摸不著路，只能扛著陳太尉沒頭蒼蠅似的瘋跑。幸虧軍中有個叫馮道根的軍客，熟悉當地形勢，由他帶路眾人才勉強逃脫，保住了性命。另一路的平北將軍崔慧景正在攻打順陽，聽說陳太尉逃了，再也撐不下去，也夾著尾巴溜了。

這就是蕭寶卷的皇帝生涯中第一次外戰的成績，卷子上畫了醒目的大紅叉——不及格！

不過對蕭寶卷來說，有一個好消息，齊永元元年四月初一，北魏皇帝元宏在返回洛陽的途中病逝，去世時只有三十三歲。十七歲的皇太子元恪繼位，他給父親的諡號是孝文皇帝，廟號高祖。

元宏是個非常有趣的皇帝，他的去世讓南北朝的娛樂係數直降好幾個等級，南北朝的燦爛星空突然暗淡下來。元宏雖然英年早逝，但其漢化改革大業，足以讓他彪炳千古，躋身第一流皇帝的行列。

元宏病逝後，北魏的權力架構開始了新一輪的洗牌，暫時不會再對齊發動戰爭，蕭寶卷也不想打了，打仗多沒意思，他手上那攤子雞毛蒜皮的破事還沒扯乾淨呢。

明帝蕭鸞在臨死前讓尚書令徐孝嗣、右僕射江祏、揚州刺史蕭遙光、右將軍蕭坦之、侍中江祀、衛尉劉暄六人身受顧命，輔佐幼主，是為齊朝決策集團的核心，號稱六貴。

在這六人中，真正拿主意的是江祏和江祀，因為蕭鸞最信得過他們。二江得志後，目中無人，不僅瞧不起徐孝嗣等人，連蕭寶卷也沒少吃兩位表叔的夾板氣，對他們非常惱火。

蕭寶卷信任的制局監茹法珍和梅蟲兒想撈點外快，也被江祏斷了財路，這二人恨透了江祏，沒少在蕭寶卷面前說江祏的壞話。江祏可真有本事，不但對此滿不在乎，還想做一場更大的買賣：廢掉蕭寶卷，擁立江夏王蕭寶玄。

江祏找衛尉劉暄商量這事，沒想到劉暄和蕭寶玄平時有過節，不想立蕭寶玄，勸江祏不如改立建安王蕭寶夤。江祏一時沒拿定主意，又跑到始安王蕭遙光府上請王爺指點明路。

蕭遙光更有意思，立什麼蕭寶夤，不如立自己好了，他可是太祖高皇帝蕭道成的侄孫，正牌宗室王爺。不過蕭遙光沒摸透江祏的底細，就沒直說，只是拐彎抹角地給江祏敲邊鼓。

在官場上吃飯的哪個也不是傻子，江祏自然聽得出來蕭遙光的話外音。立蕭遙光？他還真沒想過，考慮一下吧。江祀也勸哥哥擁立蕭遙光，蕭寶夤還不如蕭遙光明白事理呢。

江祏覺得真要立蕭遙光未必不是一個好選擇，但沒等他下決心呢，劉暄就跳出來反對。原因很簡單，蕭寶夤是劉暄的親外甥，如果立了不相干的蕭遙光，他就失了皇帝母舅這個特殊的身分，自然不願意。

還有蕭坦之，他對蕭遙光似乎也不太感冒，江祏找他的時候，蕭坦之說了一句很有道理的話：「當初明帝廢立，天下人大不服氣，現在如果再幹這種事，恐怕人心散亂，到時可不好收場。」

幾個人為了私利爭論不休，江祏頭都大了，一時也沒了主意。他真夠壞的，還沒決定擁立誰呢，就和江祀一起去見尚書吏部郎謝朓，稱大家已經同意立始安王蕭遙光了，來問問小謝的意見。表面上說得動聽，實際上是想把禍水引到謝朓身上。

還沒等謝朓表態，蕭遙光就派心腹劉渢來見，希望謝朓能加入其麾下，一起做大事。哪知道謝朓根本沒瞧上他，以「身受高宗皇帝大恩」為藉口婉拒了他。謝朓不給面子，蕭遙光暴跳如雷，給你臉你不要，那就不要怪爺爺下手狠了。

謝朓似乎聞到了異味，為了自保，他把蕭遙光等人的計畫告訴太子右衛率左興盛，想讓左將軍在外面宣傳宣傳，拆蕭遙光的台。左興盛吃碗官飯不容易，哪敢輕易淌這個渾水？支支吾吾不敢答應。

謝朓見左興盛膽小如鼠，大袖子一甩，又跑到劉暄府裡，從利害關係角度勸說劉暄不要跟著蕭遙光搗亂，否則你的位子早晚要被蕭遙光的人馬取代。

謝朓是南朝著名文學家，才華橫溢，但政治上明顯不成熟，他對劉暄並不了解，就敢輕易摻和這等殺頭的買賣。劉暄雖然和蕭遙光不和，但暫時還和蕭遙光穿一條褲子，不見兔子不撒鷹。

劉暄表面上和謝朓稱兄道弟，指天劃地為國盡忠，等謝朓一走，立刻把他的話捅給蕭遙光。這下蕭遙光可真火了，王八蛋，這次爺爺可不能饒了你！蕭遙光和江祏等人一合計，決定利用這個機會幹掉人嫌狗憎的謝朓。

隨後蕭遙光立刻派人將謝朓捕拿下獄，眾人痛打落水狗，聯名上疏，誣告謝朓「扇動內外，處處奸說，妄貶乘輿，竊論宮禁」。這帽子扣得可夠大的，蕭寶卷估計對謝朓也沒好感，他的詔書有一句「朓資性輕險，久彰物議」，說明謝朓在官場上的人緣很差，不廢話了，論死獄中，時年三十六歲。

這個臨時拼湊起來的團夥在謝朓死後立刻土崩瓦解，開始互相撕咬起來。之前劉暄反對立蕭遙光為帝，蕭遙光一直懷恨在心，心想與其這樣耗著，不如一刀下去，乾乾淨淨。於是派心腹黃曇慶去刺殺劉暄，沒想到黃曇慶臨場退卻，哆哆嗦嗦沒敢下手。

雖然刺殺沒有成功，但這事卻不知怎麼就讓劉暄知道了，劉暄恨得咬牙切齒，立刻入宮將江祏兄弟的廢立計畫全盤告訴尚蒙在鼓裡的蕭寶卷。

蕭寶卷雖然年紀小，但也知道江祏等人的計畫如果實現，對自己來說意味著什麼，立刻命侍衛捉拿江祏兄弟。二位江爺此時都在宮中當值，江祀發現情況異常，便勸哥哥早拿主意。

江祏剛說了句「不要急，等等再看情況」就被來人拿個正著。帶頭的正是袁文曠，當初袁文曠砍下了王敬則的人頭，本能獲得首功，因遭到江祏強烈反對才丟了首功，袁文曠自然懷恨在心，趁機殺害了江祏和江祀。

蕭寶卷有個愛好，喜歡在宮中跑馬，袁文曠等人回來覆命的時候，他正在騎馬。知道袁文曠得手之後，他笑著對左右人說道：「江祏兄弟若在，朕哪還有在這裡騎馬作樂的機會啊？」眾人紛紛附和。

蕭寶卷平時就不太喜歡表叔江祏，現在江祏死了，終於沒有人來管他了，他可以玩個痛快。除了迷戀騎馬，蕭寶卷還喜歡聽小曲，每天都和一幫太監歌伎玩到深夜，在宮中吹拉彈唱騎大馬，經常從雞打鳴時開始睡覺，到太陽落山才睡醒。

由於作息時間黑白顛倒，大臣們每次入朝，白天根本見不到皇帝。只有到了晚上，蕭寶卷才偶爾出來見見，沒說兩句就將餓得頭昏眼花的大臣全都攆回家，自己繼續玩兒去。

最荒唐的是，他只顧著貪玩，朝政大事也沒人打理了。各省司官的摺子雖然呈進宮中，但他基本上看不到，都被當值的太監們拿了去，包著從御膳房偷來的上好魚肉，回家享口福去了。

看來劉暄並沒有把蕭遙光的陰謀曝光，蕭寶卷除掉二江後，召蕭遙光入宮，告訴他江祏的事情。蕭遙光以為事情敗露，嚇得魂飛魄散，從宮裡出來後，立刻裝瘋賣傻，狂哭亂叫著回了府，從此再不入宮。

蕭寶卷不知道蕭遙光裝傻，還擔心他因為江祏的事情受刺激，就派人去東府宣詔，請堂兄出任司徒，打理朝政。蕭遙光精神極度緊張，聽說宮裡來了人，以為是要拿他問罪的，情急之下，一狠心，反了！

蕭遙光早就想反了，只是他的兩個弟弟，即荊州刺史蕭遙欣和豫州刺史蕭遙昌相繼病故，他忙著處理後事，沒來得及動手。看如今這種形勢，不能再拖下去了。齊永元元年八月十二，蕭遙光帶著兩位弟弟留下的上千親兵，打著誅殺劉暄的旗號發動政變。

二　權力場上的鬥爭

要想除掉蕭寶卷，就必須打掉負責宮中禁衛的領軍將軍蕭坦之。蕭遙光派人去殺蕭坦之，沒想到動靜太大，驚動了蕭坦之，他被嚇得光著膀子，頭上套著一條褲子就跳出了院牆，朝宮中逃竄。蕭坦之逃竄路上遇到了巡邏隊主顏端，顏端以為是來偷東西的歹人，當場將其拿住，氣得蕭坦之直罵。弄清事情原委後，顏端立刻調給蕭坦之一匹馬入宮報信，蕭坦之一路大叫著「蕭遙光殺過來了！」

蕭遙光殺過來了嗎？沒有。太子右衛率垣歷生勸蕭遙光早點動手，並大言不慚地保證：「王爺您只管在後面跟著，等我拿下昏君，天下就是您的。」蕭遙光「狐疑不敢出」。垣歷生苦勸了一夜，蕭遙光跟木頭似的根本聽不進去。

蕭遙光是想等宮中發生變故，有人替他幹掉蕭寶卷，這樣他就不用冒殺頭的危險了。想得挺美，寶貴的機會就這麼被他白白浪費掉了，等到天亮之後，蕭寶卷已經把平叛的部隊集合好。

蕭遙光要造反？那就送他上西天好了！天剛放亮，蕭寶卷馬上下詔在建康實行緊急戒嚴，由徐孝嗣、沈文季等人屯衛內宮，蕭坦之率軍平叛。這時蕭遙光終於後悔了，但已經晚了，只好硬著頭皮和蕭坦之玩命。

替蕭遙光出馬的是垣歷生，垣爺有些本事，一戰擊斬官軍頭目桑天愛。蕭遙光大喜，他相信自己還有翻盤的希望，不過沒等笑容褪去就有人來報，諮議參軍蕭暢（蕭衍四弟）和撫軍長史沈昭略逃出南門，游過秦淮河，向官軍反水了。

蕭沈二人的反水給本就人心不穩的叛軍造成了沉重的心理打擊，「眾情大沮」。垣歷生本來還指望押一把蕭遙光，弄個新朝元勳當當，現在看來，蕭遙光根本就是個飯桶草包。垣歷生不想陪他送死，在青溪中橋投降了前雍州刺史、鎮軍司馬曹虎。

正愁沒肉吃，天上就掉下來一塊肥的，曹虎嘴都笑歪了。他命人將「反賊」垣歷生拿住，押到橋下砍頭，拎著老垣的人頭準備邀功。蕭遙光這邊還指望著垣歷生給他賣命呢，聽說他居然投降了，不禁大怒，立刻提來垣歷生的兒子，當場斬首。

這是蕭遙光人生中最後一次殺人，當天夜裡，官軍從東北方向破城而入。叛軍多是想跟蕭遙光發財的，眼看著要賠本，全都溜了。蕭遙光這回可傻眼了，為了活命，英明神武的蕭王爺吹滅蠟燭鑽到床下，哆哆嗦嗦地祈求老天爺保佑。

官軍帶隊的是軍主劉國寶和時當伯，二位軍爺率部闖入宅子，發現屋裡一片漆黑，正想點火呢，卻突然聽到床下有動靜。眾人大笑，摸著黑將蕭王爺從床下拖了出來，還沒等他求饒，就一刀下去結果了蕭遙光三十二歲的生命。

平定叛亂，幾位大佬都得到了相當豐厚的賞賜，徐孝嗣晉司空，沈文季加鎮軍將軍，蕭坦之晉右僕射，劉暄晉領軍將軍，曹虎晉右衛將軍，弟兄們喜笑顏開地數銀子。

可沒想到的是，這竟然是一碗斷頭飯，蕭寶卷開始要殺人了。他身邊的那些幫閒對這幾位非常討厭，沒少在他面前煽風點火，他終於忍不住要動手了。

第一個倒楣的是蕭坦之，蕭寶卷派軍主黃文濟領兵抄到蕭坦之的宅子，揪住蕭坦之，殺！

下一個是領軍將軍劉暄，制局監茹法珍誣告劉暄謀反，蕭寶卷不太相信：「不會吧，他可是俺的親舅舅。」剛說完，直合將軍徐世檦一個巴掌就打了過來：「高宗皇帝是武皇帝堂弟，且受武帝大恩，猶誅絕武帝子孫，難道舅舅就可靠？」蕭寶卷大笑：「說得好！舅舅算什麼，殺！」

第三個是曹虎，蕭寶卷之所以要殺曹虎，除了覺得他不太可靠外，最重要的原因居然是他的錢多！曹虎是官場上有名的撈錢大戶，僅在雍州那幾年就撈了五千萬錢。他還是隻鐵公雞，雖然家裡有金山銀海，但豢養的歌伎卻每天吃醬菜度日。蕭寶卷就早瞄上曹虎了，殺！

看到幾個老哥都倒下了，徐孝嗣不禁心裡發毛，下一個會不會是自己？虎賁中郎將許準勸徐丞相見機廢掉蕭寶卷，自專朝政。徐孝嗣也想趁蕭寶卷出外遊玩時下手廢立，但他性格比較懦弱，遇事猶豫不決，這事就拖了下來。

對敵人仁慈就是對自己的殘忍，徐孝嗣拖拖拉拉，蕭寶卷那邊可是準備動手了。除了徐孝嗣，沈文季也深受蕭寶卷猜忌，乾脆一併解決。十月二十三，蕭寶卷召徐孝嗣、沈文季、沈昭略（沈文季的侄子）入華林省，說是有事商議。

沈文季是個明白人，臨上車的時候，他回頭告訴家人：「準備後事吧，我這一去恐怕是回不來了。」沈文季的預感很準，剛到華林省，蕭寶卷就派茹法珍送來美酒：三位大人，喝了趁早上路吧。

沈昭略之前多次勸過叔父早行廢立，沈文季就是不從，現在遭到報應了。還有徐孝嗣，上輩子一定是蝸牛投胎，做事沒見過這麼拖拉的。脾氣火暴的沈昭略悲憤地指著徐孝嗣的鼻子痛罵：「都是你這個飯桶草包誤事，才有今天的下場！」說罷拿起一個酒罈子砸向徐孝嗣，徐孝嗣慘叫一聲，臉上鮮血直流，沈昭略還不解氣：「你這個大飯桶！爺今天給你點顏色嘗嘗，到了陰曹地府，你也要做一個破面鬼！」

現在說這些還有什麼用？徐孝嗣歎了口氣，忍著疼痛，拿起酒甕，連喝了一斗毒酒才氣絕身亡。沈家叔侄無路可逃，跟著喝下毒酒，到閻王殿和曹虎他們會合去了。

歷史是一齣讓人哭笑不得的諷刺劇，蕭鸞死前精心挑選了「六貴」來輔佐兒子坐天下，哪想到僅僅一年，「六貴」就全都被蕭寶卷殺光了。

蕭寶卷殺人上癮，嚇壞了那些官場上的老油條們，宰相都被小瘋子殺光了，還有誰他不敢殺？為了活命，許多人都有了想法。

第一個站出來反抗蕭寶卷的是太尉陳顯達，這時他並不在京師，而是在江州任刺史。京師最近殺戮不斷，能被放外任實在是他的造化，老陳頭作夢都笑了出來。

陳顯達造反的直接原因是聽說蕭寶卷要派兵來攻江州，看來小瘋子也沒打算放過他，那就沒什麼好說的，反了吧。

齊永元元年（西元四九九年）十一月十五，陳顯達打著擁立建安王蕭寶夤的旗號在潯陽起兵。同時讓長史庾弘遠給朝中權貴寫了一封信，斥罵蕭寶卷「淫犯先宮，穢興閨闥」，「任非華尚，寵必寒廝」，陳顯達可能忘了自己也是「寒廝」出身。

陳顯達很夠朋友，為朋友徐孝嗣、沈文季等人鳴冤叫屈，實際上是想提醒那些「朝貴」：不跟我合作，你們早晚也要被蕭寶卷當豬給宰了！

雖然在政治上明顯是陳顯達佔理，但解決政治問題還是要靠軍事實力。什麼是真理，槍桿子硬就是真理，廢話不多說了，打吧。

蕭寶卷聽說陳顯達這老東西反了，正好拿他開齋。十一月二十四，蕭寶卷詔命護軍將軍崔慧景率軍西下平叛，實際上崔慧景只是尊泥菩薩，蕭寶卷信不過他，真正主持前線軍務的是輔國將軍徐世標，後軍將軍胡松屯兵采石（今安徽馬鞍山南），等陳顯達過來。

陳顯達雖然上次在鷹子山丟盡了顏面，威望大跌，但這不要緊，因為對付胡松簡直太容易了。兩軍會戰於采石，陳顯達「大破之」，胡松的老本都賠光了。十二月十三，江州兵殺到建康城外的新林，建造工事。

朝廷方面是左衛將軍左興盛出馬，不過陳顯達沒瞧上左興盛，他想抓的是蕭寶卷。當天夜裡，陳顯達命人在長江岸邊放火，江州兵主力潛水過長江，直襲宮城。第二天凌晨，岸邊的大火依然熊熊燃燒，江州兵已經連夜過江，登陸落星崗。

駐守在新亭的官軍聽說叛軍已經過江，嚇得腿都軟了，一窩蜂似的逃回城裡。僅用了一個月，江州兵就殺到了建康城天子腳下，陳顯達這個快活！蕭寶卷已經成為甕中之鼈，蹦躂不了幾個時辰了，陳顯達執槊上馬，帶著幾百個弟兄在西州城下和官軍決戰。

陳顯達雖然已經七十二歲了，但寶刀未老，將官軍打得死去活來，還親手斬殺數人。但他帶的兵太少，區區數百人根本擋不住越聚越多的官軍，他明顯撐不住了，大槊都打折了。

見勢不妙，陳顯達撥馬想溜，但場面太過混亂，他老眼昏花，也分不清官軍和江州兵了，被朝廷騎官趙潭注一個飛槍刺倒在籬笆牆邊，沒等爬起來，人頭就已落地。

權力場就是賭場，賭贏了一夜暴富，賭輸了傾家蕩產。陳顯達不幸賭輸了，不僅一世英名盡毀，子孫們也要陪他挨刀，「諸子皆伏誅」。

蕭寶卷一想起陳顯達就忍不住冒火，老東西，你死了也不能便宜你。蕭寶卷下詔將陳顯達的人頭懸於朱雀航示眾。

這年冬天建康城連月下大雪，朱雀航下，白茫茫一片。狂風捲著暴雪，颳得讓人心寒，陳顯達的人頭孤零零地吊在城上。

不遠處的皇宮裡，燈火通明，溫暖如春，蕭寶卷和他的朋友們快活地吃酒玩耍，陣陣歡聲笑語不斷從宮裡傳出，飄散在茫茫夜色之中。

三　不僅變態，而且無恥！

蕭寶卷的理想是做一個快樂的玩家，誰不讓他玩他就殺誰！

討厭的「六貴」外加一個陳顯達都到閻王殿報到去了，暫時不會有人再跳出來搗亂。蕭寶卷大笑著撒開腳丫子開始了他的玩主生涯。

南朝有四個著名的少主玩家：劉子業、劉昱、蕭昭業、蕭寶卷，這四個小變態就像四條臭魚，被上帝丟進了味道鮮美的湯裡，把好端端的南朝搞得滿鍋惡臭。

其中兩人導致了政權內部的權力更迭（劉子業—劉彧，蕭昭業—蕭鸞），另外兩人更是直接導致了改朝換代（劉昱—蕭道成，蕭寶卷—蕭衍）。更巧的是，劉昱和蕭寶卷之後都還有個墊腳的傀儡——宋順帝劉準和齊和帝蕭寶融。

這四位少主雖然都夠變態，但要說變態中的變態，劉昱和蕭昭業的檔次稍次一點，最有資格爭冠軍的就是劉子業和蕭寶卷，他們都是變態皇帝中的極品。

蕭寶卷喜歡騎馬，沒多久就膩了，開始帶著幫閒們四處遊蕩。這本沒什麼稀奇，劉昱當初就喜歡逛街。但和劉昱不同的是，蕭寶卷出門時不喜歡讓人看到他，就命人用布幔做屏障拉滿了大街小巷，這就是所謂的「屏除」。

每次出行前，有關部門都要扛著一面大鼓在前方開道，告訴百姓人等：皇帝要出巡，爾等都滾遠一些，誰敢違旨，當場格殺！蕭寶卷喜歡三更半夜出門，天還沒亮，街上就鼓聲大作，百姓們知道小變態要出門了。

百姓們誰也不想撞到槍口上，跟難民似的一撥一撥地往外逃，有時甚至連衣服都來不及穿好，衣冠不整地就逃了，正常的生活秩序完全被打亂，民間怨聲載道。

最殘忍的是蕭寶卷喜歡無端殺人。有次在沈公城，一位懷孕的婦女躲閃不及被這夥變態抓住，蕭寶卷閒得沒事做，想看看這個孕婦懷的是男是女，竟然殘忍地將孕婦肚子剖開。

還有一次在定林寺（《文心雕龍》作者劉勰出家的寺院），一個老年僧人也因年弱多病來不及避開，只好藏在草叢中。蕭寶卷賊眼一掃，發現草叢中有動靜，大笑著讓一百多名弓箭手朝草叢放箭。

侍衛韓暉光心存善念，勸蕭寶卷：「老僧無辜，陛下不如放了他。」蕭寶卷噴了韓暉光一臉口水：「你要是在野外看到獐鹿射不射？給朕射！」眾弓箭手只聽皇帝的，皇帝要射我們就射，可憐的老和尚活生生被射成了刺蝟。

皇帝變態，那幫手下也跟著變態，有些老弱病殘的百姓實在走不動了，就躺在路邊。這些喪盡天良的王八蛋怕皇帝責罵他們，便將這些百姓全都推到水裡，不知道殘害了多少無辜。

蕭寶卷起初是一個人玩獨角戲，後來覺得自己玩沒意思，就帶上他最心愛的潘貴妃一起出去兜風，潘貴妃坐著小轎前行，蕭寶卷騎馬跟在後面護花。

殺幾個草民，蕭寶卷根本不在乎，只要玩得開心就行。他是天下最至尊的皇帝，有權決定別人的生死，這也正是一代代野心家前仆後繼，不惜用九族身家來賭權力的原因。

潘貴妃並不姓潘，本名俞尼子，是前太尉王敬則的家伎，後來王敬則叛變被殺，家眷籍沒入宮，被蕭寶卷倒了一個二手。之所以改姓潘，是因為宋文帝劉義隆也有一個潘貴妃，為了討個吉利，蕭寶卷就強行給愛妃改了戶口，甚至連她的老爹俞寶慶也改姓為潘。

蕭寶卷非常寵愛潘尼子，把小老婆當親娘一樣供著，對心愛的女人他從來都是捨得砸錢的。潘尼子有一件虎魄釧，市值一百七十萬錢，以一枚銅錢約折現在的三角錢粗略計算，這枚虎魄釧約值五十萬元，可謂價值不菲，但對於蕭寶卷來說這算不得什麼，誰會在乎這點小錢？

雖然蕭寶卷有皇后褚令璩，是前司徒褚淵的侄女，但他和褚令璩沒什麼感情，於是讓她守活寡，自己則天天和潘尼子廝混。蕭寶卷為了討潘尼子的歡心，還拿出自己的看家本領：擔白虎幢。所謂擔白虎幢，就是頂竿，也稱頂幢。藝人把一根長長的竿子頂在自己的肩膀上甚至是臉上來回抖動，竿上繫有銅鈴，每動一下，銅鈴就嘩嘩作響，確實很有美感。玩這個絕活首先要有牛一般的力量，不然一定玩不轉。

別看蕭寶卷一腦袋糨糊，但有的是力氣，他玩的白虎幢有七丈五尺高，都是他自己製作的。他的塊頭跟蠻牛似的，頂起來毫不費力，不但用臉頂，還非常喜歡用牙齒頂，牙齒哪能承受那麼大的重量，他也因此被頂掉了好幾顆牙。

玩白虎幢的時候，蕭寶卷穿著飾滿金玉的奇裝異服大搖大擺走到場地中間，抱拳唱個喏，然後開始現場表演。潘尼子坐在涼棚下，手舞足蹈地看著老公耍寶。蕭寶卷臉皮比城牆還厚三分，當著眾幫閒的面將竿子玩得呼呼作響，也沒覺得不好意思。

白虎幢玩膩了，蕭寶卷就帶著潘尼子滿世界瘋跑，小變態穿著內衣，頭頂金帽子，手上橫著一杆七寶槊，出城丟人現眼去了。玩累了就跳下馬，拿出馬勺趴在河邊舀水喝，全無皇帝體統。

蕭寶卷和他的大伯蕭賾一樣喜歡射雉，僅皇家射雉場就有二百九十六座，他經常在幾百座射雉場之間來回奔走，樂此不疲，真不知道哪來這麼多野雞讓他折騰。

蕭寶卷這麼胡鬧，朝廷內外重臣看在眼裡，心都涼透了，「六貴」這樣的重臣說完蛋就完蛋，自己還能活到哪一天？在朝中任職的整日提心吊膽，天天求佛爺保佑，而在邊鎮任職的則是山高皇帝遠，想甩掉蕭寶卷是非常容易的。

四　烏雲壓城

當初齊明帝蕭鸞遺命「六貴」輔政的時候，雍州刺史蕭衍就看出了其中的弊端，他告訴表舅、雍州錄事參軍張弘策：「一國執政，二人尚且嫌多，何況有六個人！等著吧，天下不久就要亂了。」

蕭衍雖然是蕭鸞的心腹，卻不怕蕭寶卷。蕭鸞雖是齊朝宗室旁支，卻依然做了皇帝，算起來他蕭衍也是齊朝宗室旁支，蕭鸞可以飛上枝頭做鳳凰，他為什麼不可以！

蕭衍打算想說動時任益州刺史的大哥蕭懿與他聯手做一番大事。這時蕭懿已經調任郢州刺史，郢州轄境由西南向東北傾斜，呈啞鈴形狀，以洞庭湖為界分為兩部，西部包括湘西和黔北，東部約為鄂東，距京師只有六百餘地，且地勢平坦，戰略位置非常重要。

蕭衍讓張弘策遊說蕭懿造反，張弘策將蕭衍對時局的看法告訴了蕭懿：「六貴都是狗屁，蕭遙光沒大氣局，徐孝嗣聽人穿鼻，江祏優柔，劉暄喑弱，蕭坦之剛狠，而皇帝又喜近小人，內亂不可避免。我兄弟有幸在外，守雍控郢，兵強馬壯，虎視雄關，俯觀天下。如朝廷安穩，我們俯首效命。若天道有變，我們可以一飛沖天。時不我待，哥哥當早作打算。」看人眼光如此狠準毒辣，怪不得蕭衍最終能成大事。

隨後張弘策也以自己的角度勸蕭懿：「卿兄弟二人皆當世英才，何不借雍、郢霸材之資，將義兵，誅昏君，成齊桓晉文霸業。」張弘策慷慨激昂地說了半天，蕭懿卻木頭樁子似的根本沒反應。蕭懿沒弟弟那麼多花花腸子，他對朝廷非常忠誠，張弘策沒辦法，悻悻地回到襄陽。

大哥不同意並不影響蕭衍的計畫，他是鐵了心要反。蕭衍讓心腹秘密打造武器，砍伐樹木，準備造船，暫時用不上就先悄悄沉到河裡。

要做大事，僅有物質條件是遠遠不夠的，還要有人才。蕭衍身邊藏龍臥虎，群英薈萃，如襄陽太守王茂、竟陵太守曹景宗、別駕從事柳慶遠、輔國司馬蔡道恭、中兵參軍呂僧珍、寧蠻長史鄭紹叔、華山太守康絢、前馮翊戍主呂義之等人都是可用之才。

蕭衍還有一個貼身棋童，二十年後，這位棋童率七千白袍軍北上伐魏，一舉攻克魏都洛陽，他的名字叫陳慶之。

還有一些人，雖然不是蕭衍的屬下，但對他非常欣賞。如梁秦二州刺史柳惔、上庸太守韋叡、前武寧太守鄧元起、前橫桑戍主張惠紹、布衣馮道根。

在外面折騰的不僅是蕭衍，還有益州刺史劉季連和豫州刺史裴叔業。劉季連也不是個安分的主兒，他聽說蕭寶卷荒唐亂政，就有了想法，準備在益州做個長久的土霸王。

劉季連在益州狂妄自大，「嚴愎酷狠」，暴掠百姓。蜀人大憤，最終激起民變，各地起義風起雲湧。蜀中大亂，劉季連只好手忙腳亂地到處撲火。

劉季連玩的只是小兒科，裴叔業才是真正做大買賣的。蕭寶卷大殺宰輔，裴叔業不禁心裡發毛：這世上還有誰是蕭寶卷不敢殺的？自己拼了一輩子才攢下這份家業，可不想毀在變態的蕭寶卷手裡。

其實蕭寶卷早就盯上了裴叔業，「朝廷疑叔業有異志」，裴叔業也不傻，早在京城布了眼線，專門刺探消息。蕭寶卷想把裴叔業弄到南兗州當刺史，裴叔業死活不肯去，南兗州哪有豫州自在。

蕭寶卷也學聰明了，不能把裴叔業逼急，不然這廝什麼事都做得出來。蕭寶卷派中書舍人裴長穆去壽陽安慰裴叔業，承諾讓他長久坐鎮壽陽。這條件其實不錯，但裴叔業的幾個侄子突然從京師逃回來，說朝廷早晚要拿叔叔開刀，早想辦法保命吧。

裴叔業曾經爬上壽陽城牆，北望淝水，對手下說：「你們想要富貴嗎？我有辦法。」說白了無非是想投降北魏，但畢竟事關重大，他也不敢草率決定前程。

裴叔業和蕭衍交情不錯，於是派心腹馬文範去襄陽，把自己想投降的意思告訴蕭衍：「昏君亂國，無可救藥，為我們兄弟身後計，不如北面事魏，至少可以混個河南公。」

蕭衍並不希望裴叔業降魏，這將給自己以後起兵帶來很大的麻煩，就勸裴叔業：「裴公糊塗！昏君當廢，何不廢之？以豫州之兵橫斷江流，大事可定矣。如果降虜，索虜必然派人來取代你，隨便在河北劃一塊小地面打發你，裴公不過落得個紙面上的富貴，到時後悔就晚了，不如將家小遣送建康，打消朝廷疑慮，再作打算。」

蕭衍說的都是大實話，裴叔業也明白蕭衍的意思，就先把兒子裴芬之打發到建康做人質。但裴叔業還是不放心，他一方面和蕭寶卷周旋，一方面派心腹秘密越境去汝南探魏豫州刺史薛真度的口風。

薛真度是薛安都的堂弟，劉宋淮北四州就是他們幾個打包送給北魏的，現在裴叔業要叛變，他自然願意撮合，以後被史家扔板磚時也好拉個墊背的。薛真度先對著來人大吹魏朝美政，並勸裴叔業早點歸順，等事急時再降就撈不到多少好處了。

剛開始裴叔業還是有點猶豫，但架不住薛真度的誘惑和恫嚇，一狠心就投降北魏去了。因為兒子裴芬之已經溜回壽陽，沒有了後顧之憂，裴叔業就派裴芬之奉表降魏。

齊永元二年（魏景明元年，西元五〇〇年）正月初七，被幸福砸暈的北魏宣武帝元恪派驃騎大將軍元勰、車騎將軍王肅率十萬鮮卑騎兵渡淮，接手壽陽城。北魏如此興師動眾，明擺著是信不過裴叔業，但開弓沒有回頭箭，裴叔業只好咬牙任由鮮卑人擺布。

但還沒等魏軍渡河，裴叔業突然得了大病，沒幾個時辰就死了。他辛苦一場，只撈到了蘭陵忠武公的謚號，淮南險要之地就這樣被他輕易送給了北魏。許多齊朝人瞬間就成了魏人，包括裴叔業的同宗裴邃，不過幾年後裴邃又逃了回來，成為梁朝名將。

豫州的失陷給南朝帶來了巨大的災難，此前南朝軍隊可以憑藉淮河天險防禦魏軍，而今魏軍過了淮河，強悍的鮮卑騎兵就可以在淮南千里平川之地肆意縱橫，南朝對北魏的戰略防御完全陷入被動。

壽陽是南朝淮河防線上的頭號軍事重鎮，蕭寶卷再貪玩也知道鮮卑軍隊過了淮河對他來說意味著什麼。

三月十五，蕭寶卷下詔命平西將軍崔慧景率水陸諸軍北討反賊裴叔業，不過裴叔業已經死了，崔慧景的對手實際上是北魏新設的揚州刺史元勰。

蕭寶卷對這次北伐非常重視，親自在琅琊城為崔慧景送行，他坐在城上，讓崔慧景一個人入內，說是有話要說。崔慧景出來的時候，老臉都笑開了花，估計是蕭寶卷許下了什麼重諾。

為防萬一，蕭寶卷遣新任豫州刺史蕭懿率三萬精銳守小峴（今安徽含山北郊），護衛京師安全。

北魏方面也不含糊，吃完了一條大魚，他們還想吃第二條，不能怪他們貪婪，這是人的本性。時隔五十年後，鮮卑軍隊再次馳騁在淮南的土地上，鮮卑騎兵打遍天下無敵手，區區南朝步兵根本不是他們的對手。

魏驃騎大將軍元勰是孝文帝元宏的弟弟，「博綜經史，雅好屬文」，耍起槍桿子也是把好手。齊軍陳伯之部、胡松部已經開到了壽陽城下，魏軍必須敲掉這支軍隊。元勰帶著大股部隊殺向齊軍，打陣地戰齊軍根本不是魏軍的對手，是役齊軍慘敗，戰死九千人，被俘一萬人，陳伯之和胡松等人抱頭鼠竄。

自從三年前元宏攻克南陽之後，齊軍就一直在魏軍面前抬不起頭來，這次也不例外。雖然重鎮壽陽是無恥的裴叔業賣出去的，但淮南另一個重鎮合肥卻是魏軍實實在在打下來的，合肥丟了，魏軍把尖刀直接捅到蕭寶卷的鼻子底下。

如果不是蕭懿的三萬重兵在小峴盯著，魏軍隨時都可能殺到建康，蕭寶卷這回真坐不住了，命崔慧景趕快北上抗魏。

崔慧景確實率軍北上了，但在廣陵城北幾十里的地方突然停了下來，就地召開軍主以上將領會議，議題不是如何抗魏，而是要推翻昏君蕭寶卷！

崔慧景在會議上嚴厲指責蕭寶卷：「我深受高皇帝、武皇帝、明皇帝三世厚恩，且受明皇帝託孤之重，本當盡力輔弼幼主。但昏君無道，枉殺重臣，禍亂民間，若不矯枉，社稷危矣。為拯萬民於水火，我決定推翻昏君，諸公有意與崔某共匡社稷否？」

蕭寶卷在位只有兩年，但早把人心丟得差不多了，崔慧景一說，眾人高呼回應：反了！既然弟兄們都支持，崔慧景也不再廢話，下令軍隊調頭南下。看來他也是早有準備的，部隊剛回到廣陵，守城司馬崔恭祖立刻大開城門將人馬迎了進來。

廣陵是江北第一門戶，如果想拿下建康，就必須敲掉長江南岸的南徐州治所京口（今江蘇鎮江）。守京口的是蕭寶卷的三弟、江夏王蕭寶玄，因為蕭寶卷曾逼他休掉髮妻徐氏（徐孝嗣的女兒），蕭寶玄恨透了二哥。

這次崔慧景造反的旗號就是擁立江夏王為帝，蕭寶玄知道暴富的機會來了，立即殺掉朝廷使節，和崔慧景站在一起。崔慧景的部隊順風順水地過江來到京口，蕭寶玄也做好了進京當皇帝的準備，坐著八抬大轎，手拿紅色的旗子，搖頭晃腦地跟著崔慧景向建康進發。

「北伐軍」突然變成了「南征軍」，蕭寶卷魂都嚇飛了，直罵崔慧景不是東西，派左衛將軍左興盛率軍討伐反賊崔慧景和蕭寶玄。

蕭寶卷擔心左興盛不濟事，再派驍騎將軍張佛護和直合將軍徐元稱等六名軍主率兵守住要塞竹里（今江蘇南京龍譚鎮東）。

蕭寶玄不想讓張佛護過來添亂，派人勸降，沒想到張佛護對蕭寶卷忠心不二，不睬他這一套。崔慧景見張佛護不識相，那就不要怪爺們下手狠了。因崔慧景的手下多是江北悍卒，而且屬於機動作戰，沒有多少儲備糧，為了吃飯，就必須玩命。官軍雖然也拼命抵抗，但還是沒有玩過這夥不要命的，張佛護和另外四位軍主戰死，徐元稱見勢不妙，立刻反水。

竹里的失陷幾乎讓蕭寶卷抓狂，他可不想做第二個劉劭，再賭一把吧。蕭寶卷派太子詹事王瑩率兵駐紮湖頭，連同蔣山的官軍，足有數萬人。崔慧景見官軍這陣勢，確實有些發怵，如果發動正面進攻，以他的實力未必能勝。

手下一個叫萬副兒的當地人給崔慧景出了個主意：「官軍駐守蔣山，我們從正面突不進去，不如從蔣山上抄小路入城。」崔慧景大喜，挑了一千多精壯漢子趁著夜色悄悄從蔣山西面攀爬過來，騷擾官軍。

叛軍不過區區千人，居然就把數萬官軍嚇得魂飛魄散，還沒打呢，全都跑了。王瑩根本不是打仗的材料，但天生是個游水的好手，見大勢已去，慌忙跳到水裡，抱著塊木頭拼命划回城裡。

王瑩跑了，另一路的左興盛也不甘示弱，丟下駐守北籬門的三萬多弟兄，狂呼亂叫地逃了，但左將軍運氣不好，沒跑多遠就被崔慧景捉去砍頭示眾。

崔慧景也沒想到官軍這麼沒用，大笑著指揮弟兄們包圍皇宮，準備攻城。官軍在蔣山的潰逃給城內樹了一個壞榜樣，建康全城崩潰，崔慧景趁熱打鐵，打著宣德太后王寶明的旗號廢蕭寶卷為吳王，準備擁立蕭寶玄。

就在這個時候，竟陵王蕭子良的兩個兒子巴陵王蕭昭胄和永新侯蕭昭穎突然投奔崔慧景。因為蕭昭胄是世祖武皇帝蕭賾的正牌嫡孫，比旁枝末節的蕭寶玄更正統，所以崔慧景動了拋棄蕭寶玄擁立蕭昭胄的念頭。

崔慧景猶豫不決，按兵不動，蕭寶卷就得了寶貴的戰略緩衝時間，現在朝中已經無人可派，萬不得已中，蕭寶卷將駐守小峴的豫州刺史蕭懿調回來平叛。蕭懿是永元朝僅有的柱石之臣，對蕭寶卷可謂忠心耿耿。

蕭懿正在吃飯，聽聞皇帝派人來調他，二話不說，馬上丟掉筷子帶著三千勁卒去了京城。蕭衍聽說大哥帶兵進京，覺得這是除掉蕭寶卷的最佳時機，於是派心腹虞安福勸蕭懿趁進京的時候幹掉蕭寶卷自己坐天下，蕭懿素稱忠義，哪肯做這種事情，當然不從。

蕭懿一門心思對付崔慧景，其實雙方就兵力來說不相上下，但叛軍內部卻出了問題。崔慧景的兒子崔覺和崔恭祖因爭搶竹里之捷的功勞打了起來，兒子和同宗兄弟掐架，弄得崔慧景兩頭安慰，好不尷尬。

崔恭祖倒還講情分，以大事為重，勸崔慧景派人守住秦淮河，阻止蕭懿過河。崔慧景卻幻想官軍不戰自潰，不肯同意。崔恭祖請戰蕭懿，崔慧景卻讓崔覺出戰，肥水不流外人田。結果崔覺不經打，被蕭懿殺得潰不成軍，死傷兩千多人馬。

崔恭祖見這爺倆也不像成大事的，加上前幾天自己搶來幾個貌美如花的東宮歌伎，還沒來得及憐香惜玉就被崔覺給搶走了，不禁越想越生氣，一怒之下帶著崔慧景的心腹猛將劉靈運投降了官軍。

二人的出逃對叛軍士氣的打擊相當沉重，叛軍內部一片混亂。崔慧景看到這個樣子，知道這回算栽在蕭懿手上了，但已經和蕭寶卷翻臉，除了北逃也沒第二路可走。

崔慧景帶著幾個心腹悄悄逃出人營，準備過江投奔魏朝，蕭懿沒發現崔慧景，率領士兵攻擊叛軍本部，叛軍早就不想打了，一觸即潰。崔慧景也真可憐，剛逃到蟹浦就被一個漁夫認出，漁夫一刀將他砍死，隨後帶著人頭到建康邀功。

崔覺沒和老爹一起逃，而是化裝成一個道士，但還是沒逃脫，被人發現捕拿，送去跟老爹會合。最虧的就是崔恭祖，雖然投降了，但蕭寶卷並沒有放過他，一刀送上西天。

崔慧景的失敗，直接把江夏王蕭寶玄暴露在光天化日之下，蕭寶卷豈能饒了他。想取代我做皇帝，先去地下做閻王吧。

為了解恨，蕭寶卷讓一夥小廝用布帳將蕭寶玄圍在中間，幾十個人在一旁擂鼓吹號。蕭寶卷對著蕭寶玄冷笑：「老三，現在知道甕中之鱉的滋味了吧。」蕭寶玄已為人刀上的魚肉，只求速死，這點大哥倒滿足了他，「少日殺之」。至於巴陵王蕭昭胄和弟弟蕭昭穎，蕭寶卷難得發了一回善心，沒殺他們，踢回府裡做窩囊王爺去了。

看來蕭寶卷沒白跟老爹蕭鸞學本事，不僅殘害骨肉的功夫青出於藍，玩起政治手腕也不遜色。崔慧景敗後，官軍搜查出許多朝廷大佬私通崔慧景的信件，都是提前求保命符的。

有人勸蕭寶卷大開殺戒，誅殺逆賊，肅清朝野，蕭寶卷卻難得英明一回，讓人把這些信件全都燒掉，並告訴手下人：「攀龍附鳳是人的本性，蕭寶玄尚且知道，更何況外人，算了吧。朕以後還指望他們辦差呢。」

從這件事上來看，蕭寶卷還是挺明白的，可惜明白的時候少，糊塗的時候多，如果他能善始善終，天下怎麼會輕落於蕭衍之手？

五　襄陽有條真龍

在這次平定崔慧景的軍事叛亂中，豫州刺史蕭懿無疑是首功，如果沒有他，崔慧景早就殺進大殿了。蕭寶卷也沒虧待蕭懿，晉其為尚書令，橫跨文武兩道，成了齊朝官場當之無愧的男一號。

和弟弟蕭衍不同，蕭懿為人忠厚，嫉惡如仇。由於過於正派，而且手握大權，自然就引蕭寶卷身邊那幫小人的嫉恨，有蕭懿在，他們以後就別想在蕭寶卷身上揩油了。

為了扳倒蕭懿，茹法珍、王咺之等人在蕭寶卷面前誣告蕭懿謀反：「據可靠消息，蕭懿準備發動政變廢掉陛下。陛下危在旦夕，宜速自保。」蕭寶卷也不問青紅皂白，立刻命人捕拿蕭懿問罪。

其實之前確實有人勸蕭懿謀反，趁蕭寶卷出城遊玩之際廢掉他，但蕭懿不同意。這次蕭寶卷來抓，已經有人通過秘密管道向人緣好的蕭懿透漏風聲，告訴他江邊備有快船，請立刻西奔襄陽。蕭懿卻榆木腦袋不開竅，對蕭寶卷愚忠到底，歎了口氣道：「我寧可死也不能背叛朝廷，毀了一世清名。」

齊永元二年（西元五〇〇年）十月十三，蕭懿被蕭寶卷賜死，蕭懿很順從地喝了毒酒上路。最可恨的是他臨死前還把弟弟給出賣了：「家弟衍虎據雍州上流，一旦有變，必為朝廷大患。」蕭寶卷記住了這句話。

蕭懿死了，家眷都要連坐，蕭懿有九個弟弟，除了倒楣的老五蕭融被捕處死，其他人都僥倖逃脫。蕭家十兄弟在永元朝官場上名頭很響，但除了蕭懿，對蕭寶卷來說威脅最大的無疑是蕭衍。

雖然襄陽在千里之外，但以蕭寶卷的絕頂聰明，自有辦法除掉蕭衍。所謂辦法，就是派人行刺。至於刺客人選，蕭寶卷相中了中兵直後鄭植，因為鄭植的弟弟鄭紹叔在蕭衍手下任寧蠻府長史，蕭寶卷讓鄭植以探望弟弟為名接近蕭衍，伺機行刺。

鄭植襄陽之行的目的，不知道怎麼就讓鄭紹叔打聽到了，作為蕭衍的心腹，鄭紹叔立刻將此事上報。蕭衍自有辦法對付，鄭植剛到襄陽，他就在鄭紹叔的宅內設宴款待。

酒過三巡，蕭衍藉醉跟鄭植調侃：「卿來襄陽，一可探望兄弟，二可刺殺蕭衍，公私兩便，不知道什麼時候動手。」說完仰天大笑。鄭植已經被鄭紹叔收買了，也想給自己留條後路，聽蕭衍這麼一說也是大笑。

行刺計畫失敗後，蕭衍和蕭寶卷翻臉已經不可避免。蕭衍是聰明人，知道現在除了武力推翻蕭寶卷，沒有第二條路可走。人生本來就是一場賭局，賭贏了一夜暴富，賭輸了大不了含笑赴黃泉。蕭衍一狠心，反！

十一月初九，雍州刺史蕭衍大會文武將佐，蕭衍告訴弟兄們：「蕭寶卷昏狂亂國，暴虐天下，商紂不過如此！今日蕭衍決定替天行道，廢昏立明，諸卿若有意，可與衍共匡天下危局！」眾人都是蕭衍心腹，那還有什麼話好說，舉臂高呼，聲震遠近。

早在蕭懿死後幾天，蕭衍就已經和心腹商議好了武力推翻蕭寶卷的計畫，初九當日就招募到甲兵上萬，馬一千多匹，船三千多艘，之前沉在河裡的竹木全部撈出打造船艦。

蕭衍此時所控制的地盤並不大，而且雍州北五郡幾年前還被元宏給吞了，要想造反必須得到近鄰荊州的幫助。這時的荊州刺史是蕭寶卷的八弟、十三歲的南康王蕭寶融，但實際上主持荊州軍政的是行事蕭穎胄。

蕭衍和蕭穎胄雖然認識，但並不熟悉，他正挖空心思琢磨如何拉攏蕭穎胄呢，突然有消息傳來：蕭寶卷已經派巴西（今四川綿陽）太守劉山陽率三千官軍趕赴荊州，協同蕭穎胄剿滅蕭衍。

再勸蕭穎胄恐怕來不及了，蕭衍決定改變計畫，以反間計逼迫蕭穎胄跟著自己造反。《梁書》稱蕭衍「英武睿哲」，這可不是憑空吹出來的，他的反間計玩得實在是漂亮至極！

蕭衍命人寫了幾百封內容一樣的書信，詐稱劉山陽西上是來襲擊荊州和雍州的，然後派參軍王天虎去江陵挨家挨戶地投信，大造輿論。蕭穎胄得到消息後果然大為驚恐。

與此同時，蕭衍又給蕭穎胄和其弟蕭穎達另寄兩封書信，內容只有一句話：「事涉機密，由王天虎口述。」可蕭衍根本就沒有給王天虎交代過任何一句機密話，蕭穎胄問王天虎：「蕭雍州到底說了什麼？」王天虎瞠目結舌，答不上來。

這件事很快就在江陵城傳開了，加上王天虎本是蕭穎胄的貼身心腹，許多人都開始相信蕭穎胄已經和蕭衍勾搭成奸了。蕭穎胄夾在劉山陽和蕭衍中間進退維谷，好不尷尬。

巴西太守劉山陽是個滑頭，聽說蕭穎胄和蕭衍有一腿，不敢去江陵，生怕蕭穎胄吃了他。劉山陽這麼一停，反而讓蕭穎胄擔驚受怕，難道劉山陽真的相信自己要與蕭衍謀反？可事實上蕭穎胄根本就沒想過要跟蕭衍淌這個渾水。

蕭穎胄一時沒了主意，便找來西中郎城局參軍柳忱和席闡文，閉門商議如何應付眼前的局面。柳忱是梁、南秦二州刺史柳惔的弟弟，和蕭衍私交甚篤，自然勸蕭穎胄倒向蕭衍。

柳忱的理由非常充分：「昏君在上，群小在下，禍害社稷，人心思亂。尚書令蕭懿掃滅崔慧景，功勳第一，猶陷於小人之手，何況使君！而今雍州士馬精強，蕭牧雄姿絕代，我看蕭牧必能成大事，使君才姿英勃，自當明白忱之深意。」

席闡文也勸蕭穎胄和蕭衍合作，同時給蕭穎胄獻策：「使君欲與蕭雍州平坐，不如殺劉山陽做見面禮，然後共襄大業。現在劉山陽遲疑不進，是懷疑我們有反心，使君可殺掉王天虎，送天虎人頭於山陽。天虎是使君心腹，劉山陽必然會相信我們。然後把劉山陽誘到城裡，一壯士之力可斬彼頭！」蕭穎冑經過慎重考慮，覺得跟著蕭衍遠比跟著蕭寶卷更可靠，於是決定賭一把大的。

蕭穎冑為人「弘厚」，不過這等君子要玩起陰招來，更讓人心寒。他把王天虎叫過來，不懷好意地笑：「我今有難，且借天虎的人頭送給劉山陽。」話音未落，早有人踹門進來，一刀砍下王天虎的人頭。蕭穎冑派人將人頭送去劉山陽處，並傳話說自己馬上就起兵進攻蕭衍。

劉山陽果然上當，十一月十八，劉山陽帶著幾十個隨從，便服來江陵見蕭穎冑。劉山陽剛進城，眼前突然殺出前汶陽太守劉孝慶，還沒等反應過來人頭就被劉孝慶砍了，眾隨從見勢不妙，跪地請降。

劉山陽的人頭是蕭穎冑和蕭衍合作的最好信物，蕭穎冑派人給蕭衍捎話，希望在次年二月天氣回暖的時候再起兵推翻昏君。蕭衍笑瞇瞇地欣賞著劉山陽血肉模糊的人頭，沒有同意蕭穎冑的計畫。他告訴來人：「兵貴神速，否則軍心易變。大丈夫行事當果決，何必拖泥帶水！」

蕭衍早就盯上了蕭寶卷那個位置，但不想直接以自己的名義出兵。現在唯一的選擇就是擁立南康王蕭寶融，在政治上否定蕭寶卷就能爭取更多人的支持。蕭穎冑也是這樣想的，而且蕭寶融在他的控制之下，在政治上他比蕭衍更具優勢。

但如何給蕭寶融鍍層金身是個技術性難題，如果貿然稱帝，恐怕影響不好。正好這時西中郎司馬夏侯詳把在朝中任職的夏侯亶召了回來，夏侯亶一到江陵就拿出一道宣德太后王寶明的敕令，稱南康王比蕭寶卷更有資格繼承皇位，準備迎接南康王入京即位。

明眼人一看就知道這道敕令是假的，都是蕭穎冑和夏侯詳事先安排好的。蕭衍當然也知道這是蕭穎冑幹的好事，但他沒有點破，畢竟蕭寶融還在蕭穎冑手上。竟陵太守曹景宗勸蕭衍把蕭寶融搶過來，然後幫其稱帝，就可挾天子令諸侯，蕭衍沒同意。

如果真這麼做了，就等於和蕭穎冑翻臉，誰不知道蕭寶融現在價值連城，蕭穎冑肯放手麼？其實只要蕭衍能搶先滅掉蕭寶卷，蕭穎冑縱使有天大的能耐也撲騰不出多大的浪來，正所謂：「若其克捷，則威振四海，誰敢不從！」

六　風捲殘雲

籌備許久，蕭衍終於要動手了，是生是死很快就能見分曉。

蕭衍起兵在荊雍地區造成了非常大的震動，許多人相信蕭衍才是真正能成大事的人物，都把寶押在他身上。上庸太守韋叡就很欣賞他，蕭衍這邊剛動手，就帶著本部兩千多人馬來到襄陽。韋叡希望能夠通過蕭衍來實現自己的政治抱負，畢竟他已經近六十歲了，機會已經不多。梁、南秦二州刺史柳惔，華山太守康絢和布衣馮道根等人也紛紛響應，荊雍上流一時大震。

齊永元三年（西元五〇一年）正月初十，南康王在蕭穎冑的擺布下接受宣德太后的「敕令」，稱相國，並大赦「天下」。所謂天下，實際就那幾塊地盤。蕭衍被封為征東將軍，荊雍軍事集團能否推翻蕭寶卷，全看蕭衍了。

正月十三，征東將軍蕭衍正式起兵，留弟弟蕭偉和蕭憺守襄陽，自己則率兵襄陽東下，開始了他人生中最大一場賭博。

起兵後，蕭衍寫了一道檄文，聲討昏君蕭寶卷，在政治上給自己造勢拉分。在這道兩千多字的檄文中，蕭衍將蕭寶卷幹過的醜事全都抖出來，大罵蕭寶卷「獨夫擾亂天常，毀棄君德，奸回淫縱。猜忌凶毒，觸途而著，暴戾昏荒」。

蕭衍選擇的進軍路線是先南下竟陵（今湖北鐘祥），然後沿漢水東進江夏（今湖北武漢），佔據上流優勢，再順江東下，平克建康。

雍州兵很快就抵達漢口。有人勸蕭衍先圍住江夏，圍點打援，攻克西陽（今湖北黃石）和武昌（今湖北鄂州），蕭衍不同意，而是派王茂率軍渡江，在九里下營，曹景宗屯兵石橋浦。

蕭衍這麼布兵，主要是擔心萬一貿然攻西陽，駐守魯山（今武漢龜山）的驍騎將軍房僧寄有可能在背後偷襲，那麻煩就大了。只要拿下魯山，郢州唾手可得。王茂也給蕭衍爭氣，在郢州城下一戰擊敗官軍，郢州刺史張約見勢不妙，龜縮城中死守。

對蕭衍威脅最大的並不是張約，而是魯山的房僧寄，為防止房僧寄和張約眉來眼去，蕭衍派水軍頭領張惠紹率船隊在長江上來回遊弋，切斷郢州和魯山的一切人員往來。

蕭衍在前線折騰，後方的蕭穎胄也沒閒著，他和蕭衍是一根繩上的螞蚱，蕭衍要是敗了，他也得跟著完蛋。蕭穎胄知道其中的利害關係，派冠軍將軍鄧元起率本部增援蕭衍，湘州土霸楊公則也帶著本部人馬和蕭衍會合。

這次蕭穎胄是下了血本的，為了支援前線，他派中兵參軍劉坦主持湘州軍政，專為前線供應軍糧，一次就調運了三十多萬斛糧食，弟兄們能吃上飽飯，自然願意賣命。

這時郢州城突然發生變故，刺史張約病故，驍騎將軍薛元嗣、江夏內史程茂以及張約之子張孜繼續死守江夏。蕭衍沒把他們當回事，這些人早晚都是他盤子裡的肥肉，他更關心的是江陵城的情況。

三月十一，南康王蕭寶融在江陵稱帝，改元中興，置百官，並遙廢蕭寶卷為涪陵王，當然這些都是在蕭穎胄的指揮下進行的。蕭穎胄和蕭衍分工明確，蕭衍負責前線軍事，蕭穎胄負責後方朝政。

雖然兩人暫時結盟，有短期的共同政治目標，但他們同時還是競爭對手。蕭穎胄的職務是尚書令兼荊州刺史，蕭衍是征東大將軍。在大後方實際上是蕭穎胄一個人說了算，蕭衍在前線打拚的同時還要密切關注蕭穎胄，人心隔肚皮，誰知道蕭穎胄的肚子裡有幾條蛔蟲？

到了六月，江陵朝廷派衛尉席闡文來前線犒軍，席闡文同時還捎來了蕭穎胄對前線的看法，蕭穎胄對蕭衍頓兵郢州城下、圍而不攻相當不滿，認為蕭衍坐誤戰機，並建議蕭衍請來魏軍協同作戰，這樣勝算更大。

聽完席闡文的話，蕭衍直搖頭：「我軍人少，分則易為官軍所乘，我坐鎮漢口，就是要切斷各種官軍往來通道，等到官軍糧食吃光，就是我們反擊的時候。且索虜貪婪，請神容易送神難，煩公等再容衍一點時間，必然克敵。」

蕭穎胄的戰略眼光確實不如蕭衍，真要請來鮮卑人，只能加快南朝滅亡的時間，鮮卑人貪婪是出了名的。蕭衍相信蕭寶卷根本不是他的對手，天下早晚是自己的，何必請鮮卑人分蛋糕。

留給蕭衍的時間並不多，他必須在最短的時間內掃掉眼前這幾個礙事的，夜長夢多的道理他自然明白。征虜將軍王茂和軍主曹仲宗奉蕭衍之命率水師進攻加湖（今湖北武漢長江北），全殲官軍吳子陽所部上萬人。

官軍在加湖的慘敗讓本還有一絲希望的江夏和魯山二壘全都洩了氣，知道這回是真沒救了。

蕭衍圍困魯山有一段時間了，房僧寄已經病死，軍權由軍主孫樂祖代理。面對強悍的雍州軍，孫樂祖也沒咒念了，沒糧食吃，只好讓弟兄們在江邊捕小魚充饑。吃不飽的軍隊是沒有戰鬥力的，孫樂祖想棄軍逃到夏口，但雍州軍已經切斷他的後路。七月二十五，走投無路的孫樂祖跪在蕭衍面前請降。

魯山的失陷，直接將江夏暴露在蕭衍的兵鋒之下，江夏是大郡，城中有十萬多百姓，在被圍的大半年裡，因為缺糧，餓殍遍地，慘不忍睹。守城的程茂和薛元嗣雖然被蕭寶卷封為大州刺史，但不過是畫餅充饑，解決不了實際問題。在旨意下達的當天，程薛二人就開城投降蕭衍。

江夏是長江中上游的軍事重鎮，拿下江夏，進攻建康的路就是一片坦途。蕭衍留下上庸太守韋叡守郢州，他相信韋叡的能力。韋叡可以說是大器晚成的典型，快六十歲才開始在政壇嶄露頭角，但他人生最輝煌的時刻是在七年後那場驚心動魄的鍾離大戰。

拿下郢州後，下一步怎麼走？許多將領的意思是不如在夏口休整，但蕭衍卻反對。他想擒賊先擒王，只要端掉蕭寶卷，陳伯之和吳子陽等人也蹦躂不了幾天了。

張弘策和寧遠將軍庾域支持蕭衍的方案，這事就定了下來。蕭衍從不打無準備之仗，張弘策手上有一份行軍地勢圖，村莊碼頭和險要地點標得一清二楚。從江夏至建康，最快捷的就是走水路，而且還能保持體力，充沛的體力是戰鬥力的重要組成部分。

蕭衍東下的同時，還注意掃清周邊，他的背後仍有幾個不安分的，尤其是司州刺史王僧景。蕭衍的一支軍隊北上進攻司州，很快就吃掉大半個司州。王僧景知道打不過蕭衍，只好拜了蕭衍的門子，打發兒子到蕭衍那裡做人質。

搞定了王僧景，蕭衍可以全力對付蕭寶卷。老半天沒提到蕭寶卷了，這個小變態在做什麼？

他還能做什麼？窮折騰唄，把建康城折騰得雞毛滿天飛。

七　荒唐皇帝的荒唐事

蕭衍在長江上游玩得風生水起，蕭寶卷也一直沒閒著，他有的是事做。

上次蕭寶卷沒殺巴陵王蕭昭胄，算是對得起他了，沒想到蕭昭胄根本不領堂叔的情面，私通前巴西太守蕭寅和父親蕭子良的老部下桑偃，準備廢蕭寶卷自立。桑偃打算率幾百人突入萬春門殺掉昏君，蕭昭胄卻猶豫不決。隨後因內部矛盾，被人告發，蕭昭胄的下場只能是死。

為了保命，許多人都想幹掉蕭寶卷，比如好久沒動靜的新任雍州刺史張欣泰。張欣泰早就瞧蕭寶卷不順眼了，也想幹票大買賣，於是勾搭上了太子右衛率胡松和直合將軍鴻選、南譙太守王靈秀等十幾位軍界強人，準備先幹掉蕭寶卷身邊的茹法珍和梅蟲兒那幾個小人，再推翻蕭寶卷改立建安王蕭寶夤。

動手的地點選擇在中興堂，因為張欣泰要率軍上前線和蕭衍作戰，茹法珍和梅蟲兒等人來中興堂給他餞行。眾人剛坐好，張欣泰的人馬就出手了，先砍死中書舍人馮元嗣和制局監楊明泰，堂中大亂。梅蟲兒雖然負傷，但還是跟著茹法珍僥倖逃了出去。

另一路的王靈秀按計劃去接建安王蕭寶夤，準備入城即位，幾千個百姓不知什麼原因，詭異地跟著蕭寶夤入城。還是茹法珍腳長，先行入城，告發了張欣泰和蕭寶夤，蕭寶卷立刻下令關城。城上守軍得到命令，萬箭齊下，射倒了不少百姓。眾人大亂，丟下蕭寶夤四處逃竄，蕭寶夤終於做了「孤家寡人」，三天後去宮裡自首，乞求二哥寬大處理。蕭寶卷沒捨得殺弟弟，羞辱一番，放了人。倒是張欣泰和胡松那夥反賊一個也不能饒，「皆伏誅」。

搞定了以上兩路叛賊，雖然前線還有蕭衍，但蕭寶卷覺得他一時半會打不過來。曹操有詩曰：「對酒當歌，人生幾何？」能多玩一天就賺一天，以後的事情再說吧。

蕭寶卷在閱武堂內修建了一座園林，起名芳樂苑，從各地運來奇石堆成假山，塗上五彩顏色，在陽光的照耀下閃閃發光。有山就要有花草樹木，宮裡沒有怎麼辦？好辦，搶！

蕭寶卷派人到大街小巷，發現誰家種了上好樹木、花草，二話不說，連根拔起，扛回宮裡栽上。當時正值七月，樹木根本不能成活，剛栽下就枯死了。蕭寶卷很掃興，命人將枯死的樹木都扔到宮牆外，真是「憔悴損，滿地黃花堆積」。

這都不是最荒唐的，最搞笑的是蕭寶卷在芳樂苑的水池邊修建了幾座小樓，樓裡的牆壁上都畫著一些不堪入目的春宮圖，他整日嬉皮笑臉地摟著潘貴妃欣賞，口水流了一地。

蕭寶卷對潘尼子百依百順，只要她發話，上天攬月，下海捉鱉，沒他不敢幹的。為了討潘尼子的歡心，蕭寶卷建造了神仙殿、永壽殿、玉壽殿，並把京城名剎中的金玉寶飾全都拆下來裝在潘尼子的寢殿上，他臉皮厚實，不怕佛祖責罵。

為了讓潘尼子有足夠的脂粉錢，蕭寶卷下令將京師各地收上來的酒稅都折成現錢，納入潘尼子的小金庫，供她揮霍。

還有一件可笑的事情，蕭寶卷不知是聽了誰的主意，在芳樂苑裡建造了一座集市，讓太監宮女們扮做賣菜甲和買菜乙，潘尼子做市令，即市場管理人員，蕭寶卷則扮做市場錄事，凡發現有人在市中作奸舞弊，立刻揪出來責打。

蕭寶卷覺得做錄事不過癮，乾脆親自上陣，開了一家肉鋪，蕭屠戶擼袖操刀，剁肉叫賣。潘尼子也沒閒著，緊挨著肉鋪開了家小酒肆，潘娘娘捏著細嗓子賣酒，眾幫閒在旁邊手舞足蹈，宮中一片烏煙瘴氣。

蕭寶卷的荒唐勾當早在京師傳開了，有句民謠唱得好：「閱武堂，種楊柳；至尊屠肉，潘妃沽酒。」但他根本不在乎外人怎麼說，只要自己高興就行。

雖然蕭寶卷大腦經常短路，但要玩起花樣來絕對是人中龍鳳。他還是一個了不起的發明家，不但直接「製造」出梁朝，還創造了一個充滿美感的成語：步步蓮花。

蕭寶卷讓工匠把黃金雕刻成蓮花的形狀，鋪在潘尼子的寢殿裡，讓她走在金蓮花上面，美人出蓮花，傾國傾城。四百多年後，南唐後主李煜也鑿金為蓮，讓寵妾杳娘在金蓮上跳舞，應該是從蕭寶卷這裡學來的。

蕭寶卷眼裡只有潘尼子，連死鬼老爹都不當回事。有一次他在樂遊苑裡騎馬狂奔，坐騎突然受驚，他很迷信，向據說能白日見鬼的神漢朱光尚詢問凶吉。朱光尚胡說八道，說聽到了明皇帝（蕭鸞）罵陛下，不讓陛下出門。

蕭寶卷聽完大怒，立刻抽刀下馬，和朱光尚一起捉拿「蕭鸞」。胡鬧一場後，當然什麼都沒捉到，蕭寶卷不解氣，命人用菱草紮成蕭鸞的模樣，將這個草人按著跪在地上，一刀砍下草頭，懸在芳樂苑的門前示眾，簡直荒謬絕倫。

看來蕭鸞真是不得人心，連寶貝兒子都這麼糟蹋他，和蕭鸞相比，蕭寶卷的大伯蕭賾要幸運多了。有一回蕭寶卷來到興光樓遊玩，興光樓是蕭賾在位時修建的，樓外塗上青漆，俗稱「青樓」。蕭寶卷看見後，笑罵大伯：「老頭子是個大笨蛋外加鐵公雞，放著琉璃不用，用什麼青漆，拔幾根雞毛會死啊？」當時琉璃是很貴重的物品，價值不菲，蕭賾勤儉持家，當然捨不得用，哪像蕭寶卷這個敗家子。

也活該齊朝氣數已盡，攤上這麼個變態的小主子，正在蕭寶卷在建康城中玩得天花亂墜的時候，他的敵人蕭衍已經離開郢州（今湖北武漢）東下了。

八　長驅直入

蕭衍雖然拿下郢州，打掉了東進道路上的第一個攔路虎，但前方的道路依然兇險，沒人知道明天會發生什麼。

蕭衍制定的軍事計畫是順江東下，奇襲建康，但郢州和建康之間還盤桓著一個江州，走水路東下必須要經過江州地面。

這時的江州刺史是陳伯之，陳伯之是典型的土匪脾性，少年時代就是鄉里一霸，經常頭戴獺皮冠，拿著磨好的刀，竄到別人的田地偷割長熟的稻子。

有一次陳伯之行竊時被田主發現，田主指責他偷東西，陳伯之不服：「不過拿了你一擔稻子，值得大驚小怪麼？」田主要拿他問罪。他急了，舞刀大罵：「想找死麼！」田主哪吃得起刀子，嚇跑了，陳伯之哼著小曲將偷來的稻子擔回了家。

陳伯之雖然斗大的字不識一個，卻狡猾得很，是個騎牆行家。蕭衍特意從俘虜中挑出了陳伯之的心腹蘇隆之，派去潯陽勸降，並承諾讓他繼續留在江州做霸王。

陳伯之撥了一會兒算盤，覺得兩頭不得罪最符合自己的利益，就答應了蕭衍。但他不希望雍州軍過來，他信不過蕭衍。蕭衍就知道這廝不安分，決定壓一壓他的銳氣，光耍嘴皮子不行，關鍵時候還要看拳頭硬不硬。

冠軍將軍鄧元起、左衛將軍楊公則奉蕭衍之命，率精銳直襲柴桑（今江西九江城郊），蕭衍率主力部隊隨後跟進。人人都有欺軟怕硬的毛病，陳伯之看到蕭衍要吃人，果然軟了，立刻開門請罪。

蕭衍還要繼續東進建康，但不放心陳伯之，決定留下鄭紹叔守江州，負責前線軍糧運輸，陳伯之跟他連兵東下，實際上是就近監視。不只是陳伯之，遠在江陵的蕭穎胄也是蕭衍的懷疑對象，畢竟蕭穎胄在後方控制蕭寶融，萬一有什麼風吹草動，對蕭衍是非常不利的。

蕭衍東進後，巴西太守魯休烈突然發兵進攻上明（今湖北枝江南），距江陵不過幾十里，蕭穎胄有些坐不住了。

按蕭穎胄的意思，是想請蕭衍把楊公則的部隊拉回來救駕，蕭寶融絕不能落到蕭寶卷手裡。蕭衍不同意蕭穎胄的意思，他告訴來人：「遠水救不了近火，楊公則趕回江陵已經來不及了。何況魯休烈的人馬不過是一群烏合之眾，有什麼好怕的。」

江州已經拿下，建康城近在咫尺，蕭衍可不想在這個時候功虧一簣。自己的利益永遠在別人的利益之上，何況江陵也不是他的地盤。只要他控制住建康，無論是誰，都蹦躂不出他的手掌心，更何況魯休烈只是一隻小螞蚱。

和魯休烈相比，蕭寶卷才真正是塊肥肉，天底下最大的一塊肥肉。

蕭衍的行軍速度夠快，這是南朝軍隊的一個優勢。江南水網縱橫，走水路是最方便的，「朝辭白帝彩雲間，千里江陵一日還」，雍州軍戰艦如雲，藉著風勢，浩浩蕩蕩地來到了襄垣（今安徽蕪湖），準備和駐守姑孰（今安徽當塗）的輔國將軍申胄決戰。

蕭衍太高看申胄了，這廝膽小如鼠，哪敢和他過招？他剛到蕪湖，申胄就帶著二萬弟兄作鳥獸散了。天上掉餡餅，蕭衍不客氣，張嘴就接著了，吃得噴噴香。

姑孰是建康西邊門戶重鎮，拿下姑孰後，唯一能給建康城擋風遮雨的只有江寧。蕭衍把這個光榮而艱巨的任務交給了將軍曹景宗，曹景宗是南朝著名悍將，打起架來不要命。

朝廷方面派出的是太子右衛率李居士，李居士帶著一千精銳騎兵來到江寧決戰。官軍看到雍州軍穿著破舊，武器老化，沒瞧得起曹景宗，傲慢地上來掐架。曹景宗正愁沒飯吃呢，帶著弟兄們就殺了過去，沒過幾回合，官軍大敗，雍州軍乘勝進逼皁莢橋。

曹景宗首戰告捷，蕭衍提兵大進，在新林設臨時指揮部，準備和蕭寶卷進行戰略決戰。

蕭衍開始布局落子，王茂佔據越城，鄧元起佔據道士敦，陳伯之佔據籬門，呂僧珍佔據白板橋，進一步勒緊蕭寶卷頸上的絞索。

蕭寶卷當然不會坐以待斃，再派李居士出來搗亂，這回李居士帶了一萬多悍兵，聲勢很大。李居士瞅準了呂僧珍人數最少，就決定先拿他開刀。

呂僧珍知道雙方實力懸殊，不敢力拼，帶著三百個不怕死的弟兄抄到李居士後面偷襲。白板橋上的雍州軍見呂僧珍得手，大叫著出城，裡外合擊，大敗李居士。李居士不服氣，在請示蕭寶卷後，燒掉大半個建康外城，開闢新的戰場，和蕭衍再賭一把大的。

齊永元三年（西元五〇一年）十月十三，蕭寶卷痛下血本，派寧朔將軍王珍國率十萬精銳步兵屯於朱雀航南首，對外號稱二十萬，背對著秦淮河下陣，和蕭衍玩命。不過蕭寶卷不放心王珍國，這小子和他老爹王廣之一樣油滑，於是另外派太監王寶孫執白虎幡督戰。

蕭寶卷要玩命，蕭衍奉陪就是。蕭衍方面出馬的是王茂、曹景宗和呂僧珍，王茂的任務是衝擊官軍的東翼，曹景宗跟在王茂後面，呂僧珍負責放火箭。

主將在拼命，雍州軍的弟兄們都不甘落後，個個奮勇向前。官軍雖然人多，但多是臨時拼湊起來的烏合之眾，哪經得起雍州軍這麼玩命地打。加上直合將軍席豪受不了王倀子的辱罵，憤然上陣，結果不幸戰死，官軍更沒心思打了，一哄而逃。

他們能逃到哪裡？逃到哪兒雍州軍也不會放過他們。朱雀航的慘敗基本上瓦解了官軍各部的士氣，官軍將士紛紛望風而逃，他們都明白，蕭寶卷已經沒救了。沒骨氣的都逃了，有骨氣的都投降蕭衍，李居士也棄暗投明，並獻出新亭要塞。

蕭衍不給蕭寶卷絲毫反擊的機會，立刻率兵進擊宣陽門，陳伯之圍西明門，準備攻城。不過蕭衍聽說陳伯之和城裡的人勾勾搭搭，知道這廝不太安分，就嚇唬他：「昏君聽說將軍倒戈，恨你入骨，準備活捉將軍，生吃將軍肉，痛飲將軍血，我提醒你了，你自己看著辦吧。」陳伯之膽小，果然怕了，他現在已經被蕭衍拴在一根繩上了，沒有後路，只好跟著蕭衍繼續做賊。

十月二十一，蕭衍坐鎮石頭城，督令各部進薄建康城。蕭寶卷見外城要守不住了，也不和蕭衍糾纏，立刻下令燒掉外城建築，所有人員全部逃進內城。

蕭寶卷想做烏龜那就成全他，蕭衍下令四面合圍內城，挖戰壕工事，打不死也要餓死這個小變態。

面對城外咄咄逼人的蕭衍，蕭寶卷卻跟沒事人似的，照樣在宮裡跑馬玩耍，甚至叫囂要和蕭衍一對一單挑。蕭寶卷輕視蕭衍也是有理由的，當初陳顯達、崔慧景造反時，聲勢何其大，不也瓦解冰消了？在蕭寶卷看來，蕭衍不過是陳顯達、崔慧景的翻版。

這時城中還有七萬多精銳部隊，足夠和蕭衍掰腕子，但蕭寶卷之前覺得蕭衍好對付，只準備了夠吃一百天的糧食和物資。現在雍州軍圍住內城，看樣子蕭衍是準備餓死他們了，「眾情洶懼」。

俗話說，人為財死，鳥為食亡。只要蕭寶卷肯掏銀子，重賞之下必有勇夫，不愁沒人出來賣命。但他卻是隻鐵公雞，一根毛都捨不得拔。茹法珍雖然是個小人，但還算明白，蕭寶卷再不掏錢，人心真要散了，大夥全都得完蛋。

茹法珍勸蕭寶卷放血，結果卻被噴了一臉唾沫：「蕭衍攻城，又不是衝著我來的，憑什麼讓我掏錢充大頭！」看來蕭寶卷大腦又短路了，蕭衍不衝著他，還能衝著誰來？

蕭寶卷捨不得掏錢的消息傳到外面，弟兄們一聽全都洩了氣，本來還指望趁機撈一把呢，現在沒戲了。攤上這麼一隻鐵公雞，弟兄們直叫晦氣，雖然暫時還沒有大規模逃亡事件發生，但人心已經亂了。

這樣一支士氣低落的軍隊，雖然人數眾多，但根本沒什麼戰鬥力，幾次突圍全被雍州軍給打了回來。對不起，上峰有令，一隻鳥都甭想飛過去，何況你們這些鳥人，老實待著吧。

官軍的士氣跌到谷底，許多人開始絕望，再跟著蕭寶卷，吃飯的傢伙早晚要充公。寧朔將軍王珍國和兗州刺史張稷聽說茹法珍、梅蟲兒在蕭寶卷耳朵邊嚼舌頭，勸蕭寶卷誅殺大臣，為了自保，二人決定投降蕭衍，這當然不能怪他們，完全是蕭寶卷逼出來的。

王張二人先派心腹秘密出城聯繫上了蕭衍，蕭衍巴不得有內線呢，自然好言安慰。二人也知道蕭衍說的不過是場面話，真要讓蕭衍拿他們當人看，那只有做一場天大的買賣，讓蕭衍掂量出他們的分量。

他們準備做什麼買賣？

刺殺蕭寶卷！

王珍國趁著夜色溜到張稷的府裡，二人附耳密談，制定刺殺計畫。做這種事情，只能成功不許失敗，必須有周密的計畫，否則一旦失敗，九族俱毀。

九　江山易主

齊永元三年（西元五〇一年）十二月初六晚上，王珍國和張稷膽戰心驚地率本部人馬悄悄來到雲龍門下，由事先買通的後閣舍人錢強打開門，亂兵一擁而入。

他們已經打聽到，此刻蕭寶卷正坐在含德殿上對著月亮吹笙，抒發對美好生活的嚮往，於是大隊人馬直撲含德殿。

蕭寶卷其時確實在吹笙，曲名叫《女兒子》，估計也是淒婉柔美的曲子，潘尼子此時並不在身邊，他是否也會感覺寂寞？吹了一會兒，蕭寶卷覺得累了，就轉身上床休息。

正在輾轉反側的時候，他隱約聽到殿外有動靜，還沒反應過來，亂兵已經踹開殿門闖了進來。蕭寶卷嚇得臉都綠了，準備跳過北牆，逃往後宮避難。怎料還沒等他跳牆，跟在身邊的太監黃泰平突然獰笑不已，抽刀從背後砍了過來。

蕭寶卷慘叫一聲，撲倒在地，這時才看清是黃泰平這個小閹害他，於是破口大罵：「狗奴才，你想造反嗎？」廢話！不造反砍你幹什麼？

這是蕭寶卷十九年短暫人生中說的最後一句話，他本想忍痛再說些什麼，卻被突然趕到的張稷中兵參軍張齊一刀剁下了人頭，連個喊疼的機會都沒有。南北朝最著名的荒唐皇帝蕭寶卷就這麼死了，死得沒有蕭昭業恥辱，但足夠滑稽。

從資質上來說，蕭寶卷明顯遜於蕭昭業，但要講政治手腕，蕭寶卷深得蕭鸞的真傳，只要他肯用心，做個安穩的太平天子是沒問題的，至少他對權力的掌控能力很強，這點非常重要。

可惜的是，蕭寶卷把心思全用在吃喝玩樂上面，成天吊兒郎當，誅殺大臣，弄得人人自危，裴叔業攜豫州叛國，陳顯達、崔慧景興兵謀反，蕭衍襄陽起兵，最終逼得王珍國等人弒君作亂。

雖然這些人都不算什麼好鳥，王夫之說他們「身為大臣，不定策於顧命之日，不進諫於失德之始，翹首以待其顛覆」，但他們都是因為在蕭寶卷身上看不到希望才鋌而走險的。

王夫之對蕭寶卷是持否定態度的，「東昏之虐，非蒼梧（劉子業）、鬱林（蕭昭業）之比也」。蕭寶卷在位僅三年，這三年卻是南朝一百六十九年中最為血腥混亂的，王夫之嚴厲批判：「嗚呼！君臣道亡，恬不知恤，相習以成風尚，至此極矣！」

蕭寶卷的倒臺，雖是他個人的不幸，卻是整個南朝的幸運。自從蕭鸞以來，齊朝在和北魏的較量中頹勢明顯，先丟北雍州，再丟豫州，戰略主動權完全喪失。蕭衍起兵後，北魏朝野紛紛勸皇帝元恪趁齊內亂南伐，必能統一天下，這幾乎就是三國時「蜀漢伐吳，魏當乘其弊」的翻版。

元恪沒有同意，以北魏強大的實力，一旦蕭寶卷繼續賴在皇位上，南朝有可能會被北魏打成篩子。

蕭寶卷一死，南齊朝野一片歡呼，這個小變態早就該死了。張稷得手後，立刻召集百官，讓大佬們簽字畫押，準備賣身給蕭衍。其實這些大佬們除了右僕射王亮外，早就私下和蕭衍勾搭上了，現在只不過走個過場罷了。

簽完名後，張稷將黃絹抹上油，包了蕭寶卷的人頭，出城獻給他們未來的新主子蕭衍。雖然江陵城還有一個皇帝蕭寶融，但誰都知道蕭寶融只是個木偶，真正掌握最高權力的是蕭衍。

江陵城的大總管不是蕭穎胄麼？其實早在一個月前，蕭穎胄就因魯休烈在西線騷擾江陵，憂憤成疾病故了，死時四十歲。當時因為局勢飄搖不定，江陵朝廷決定秘不發喪，穩定人心，這事蕭衍知道，只不過他也有意隱瞞蕭穎胄的死訊。

等蕭衍攻克建康後，江陵朝廷這才公開給蕭穎胄發喪，贈侍中、丞相，風風光光地下葬。蕭穎胄死了，蕭衍心裡非常高興，畢竟蕭穎胄和他只是暫時聯盟，兩人早晚都要為了各自利益翻臉，現在老天替他除去了蕭穎胄，江東天下都是他蕭衍一個人的了。

雖然建康城已經被蕭衍劃到自己的戶頭上，但因為城中形勢尚不明顯，他沒有貿然進城，而是派呂僧珍和張弘策先進城清查府庫戶籍，做好建立新朝的準備工作。

現在他還需要做一件事，就是廢除蕭寶卷的皇帝稱號。和幾年蕭鸞廢除蕭昭業一樣，蕭衍同樣請來了宣德皇太后王寶明出來演串場戲，跑跑龍套。王寶明一介庸嫗，無權無勢，但她的金字招牌卻價值連城。

齊永元三年（西元五〇一年）十二月初十，蕭衍以宣德皇太后的名義下令，廢蕭寶卷為東昏侯，皇后褚令璩和皇太子蕭湧並廢為庶人。

蕭衍是這場戰爭的最大贏家，當然要吃最大的那塊蛋糕，被封為大司馬、錄尚書事、驃騎大將軍、揚州刺史，晉爵建安郡公，食邑萬戶。建安王蕭寶夤因為要避諱，改封為鄱陽王，時兼揚州刺史的晉安王蕭寶義改封為司徒，名聲上好聽，但實際上他們都不過是蕭衍掌上的玩物。

路鋪好了，十二月十九，蕭衍以勝利者的姿態耀武揚威地進入建康城，入居閱武堂。隨後以大司馬的名義下令廢除蕭寶卷時代不合理的制度，並清查冤獄，建康城中一片晏然。

搞定了建康，蕭衍還要收拾周邊那些不太聽話的蕭寶卷殘部，比如豫州刺史馬仙琕。蕭衍不想和馬仙琕動武，於是先派馬仙琕的朋友姚仲賓去做說客，曉明形勢，勸其歸降。沒想到馬仙琕大怒，立斬姚仲賓。

馬仙琕是忠臣麼？難說他不是在演戲，以便日後從蕭衍那裡撈條大魚。殺掉姚仲賓之後，他哭號著遣散部下，說弟兄們家有父母，他自己做忠臣，讓弟兄們都回家做孝子。隨後自投大營，被蕭衍的人馬捆綁著來見大司馬，一同被綁來的還有「寧死不降」的吳興太守袁昂。

蕭衍自然不能虧待這兩位「忠臣」，給他們戴高帽：「不意今天見二義士。」馬仙琕的回答很有趣：「小人只是一條沒有主人的狗，後主（蕭寶卷）給我骨頭啃，我當然要為主人效命了。」蕭衍大笑。馬仙琕的話外音很明白，只要有骨頭啃，他照樣會做蕭衍的忠實走狗。

經過一段時間的努力，蕭衍已經完全控制了建康城，明眼人都瞧得出來，他早晚是要篡位的。但蕭衍明白，飯要一口口吃，大餐沒做好，可以先吃幾盤甜點開開胃。

蕭衍眼中所謂的甜點其實就是蕭寶卷留下的那幾個絕色美女，他不僅要接管蕭寶卷的江山，還要接管蕭寶卷的女人。首當其衝的就是潘貴妃，其實蕭衍早已經被潘尼子的國色天香給迷倒了，口水流了一地。

這也不能怪蕭衍，面對這樣一個尤物，哪個男人不想咬一口？蕭衍的髮妻郗徽三年前病故，他膝下只有一個兒子，就是出生三個月的長子蕭統，蕭統的生母丁氏留在襄陽照看兒子。

蕭衍起兵一年多，一直打著光棍，也不容易。他是個大善人，看到這幾位美女在失去丈夫後悽楚哀怨的眼神，心都碎了，於是決定發揚人道主義精神，把她們都接收過來。不過領軍將軍王茂對蕭衍貪戀美色有意見，勸他以大事為重，不要因為這些事落人口實。

蕭衍覺得王茂說得有理，便將威福享盡的潘尼子縊殺於獄中，同死的還有蕭寶卷的篾片朋友四十一人。但還是將蕭寶卷的側妃余氏、吳氏、阮氏攬入懷中調情取樂，滿足了男人最基本的生理需求，其中吳氏還懷有蕭寶卷的「能種」。

阮氏本姓石，芳名令嬴，在她六十七年的人生中，先後有過三個男人。第一個是蕭遙光，蕭遙光被殺後，蕭寶卷跟進；蕭寶卷被殺後，蕭衍再跟進。蕭衍也是她最後一個男人，梁天監七年（西元五〇八年），阮氏給蕭衍生了一個兒子，即後來的梁元帝蕭繹。

玩弄女人的同時，蕭衍也沒有忘記王茂所說的「大事」。所謂大事，無非就是玩「禪讓」的老把戲。這個遊戲非常簡單，曹丕、司馬炎、劉裕和蕭道成等老前輩玩得爐火純青，蕭衍直接抄現成的就行。

齊中興二年（西元五〇二年）正月十二，宣德皇太后下令，晉蕭大司馬都督中外諸軍事，劍履上殿、入朝不趨、贊拜不名，正式拉開改朝換代的序幕。

雖然蕭衍是從雍州起兵，但其政治起家卻是從建康開始的，所以建康城中的老朋友非常多。在建康官場混的時候，他是竟陵八友之一，而今一朝得志，老朋友們聞到腥味，紛紛湊了過來。

如今蕭衍也需要人手，只要肯為新朝效力，來者不拒。拜黃門侍郎范雲為諮議參軍、司徒右長史任昉為記室參軍、司徒左長史沈約為驃騎參軍。沈約在官場上了混了大半輩子也沒混出什麼名堂，本已經死心，但沒想到半路殺出個蕭衍，沈約知道他的機會來了。

他料到天下早晚是蕭衍的，為了當上開國元勳，就跑到大司馬府裡煽風點火，勸蕭衍建立新朝。蕭衍不傻，哪能輕易讓人抓住話柄，並不理沈約的那一套。

沈約見蕭衍又想做婊子，又想立牌坊，不禁暗笑，繼續勸道：「士大夫想攀龍附鳳，這也是人之常性，現在黃毛小兒都知道齊朝要完蛋了，天下非大司馬您莫屬。這是上天的旨意，大司馬要順天應人，不可逆天背人。」

蕭衍還是沒什麼反應，只隨口敷衍道：「事關重大，讓我考慮一下吧。」

沈約再勸：「當初大司馬龍興襄陽之時，就應該考慮這事，現在大事已成，您還考慮什麼？難道考慮把建安公爵的位子傳給小世子嗎？現在天子尚在江陵，如果有人把天子迎還京師，君臣名分定了下來，那時大司馬再想做大事就來不及了。」

沈約最後一句最狠：「天子長大，君明臣賢，到時看還有誰願意跟著大司馬您做鼠竊賊！」這句話果然刺痛了蕭衍，蕭衍也知道夜長夢多，這事不能再拖。他讓沈約先回去，隨後把范雲拽了過來，范雲比沈約還要熱衷名利，自然也勸蕭衍稱帝。蕭衍讓范雲通知沈約，次日一早過來議事。

范雲把這事告訴沈約，並約好次日在大司馬府前會合，一起去見大司馬，沈約微笑著答應了。第二天天剛放亮，范雲就跑來了，可等了半天也不見沈約的人影。正在納悶的時候，卻看見沈約春風滿面地從大司馬府裡走了出來，范雲這才知道被老沈給耍了。

范雲不好發作，只得垂頭喪氣地問：「沈公，不知道大司馬將來如何安排我？」沈約大笑，舉左手晃了晃，范雲知道要做左僕射了，臉上笑開了花。沈約已經奉蕭衍之命擬好了受禪詔書和人事安排名單，蕭衍對范雲明顯有好感，所以他雖然來晚了，卻沒損失什麼。

按照計畫，正月二十四，遠在江陵的蕭寶融「順從天意人心」，下詔封蕭衍為相國、總百揆，從南豫州、南徐州、揚州劃出十郡，分封給蕭衍做梁公，備九錫禮，置梁國百司。

先做國公，再做國王，然後稱帝，這是歷代實行禪讓的三部曲。蕭衍是個文化人，比無賴朱溫強多了，蔣玄暉勸朱溫按禪讓的潛規則走程序，朱三卻衝著蔣玄暉破口大罵，一點涵養也沒有，不值得後人學習。

十 歷史的輪迴

蕭衍要做皇帝了，但在做皇帝之前，他必須除掉任何有可能威脅到他皇位的人，不管這個人是誰。

第一個被蕭衍盯上的是湘東王蕭寶晊，蕭寶晊是蕭鸞的親侄子，這個草包王爺不太老實，張稷等人殺蕭寶卷的時候，他竟然坐在府裡眼巴巴地等人迎他入宮做皇帝，結果空歡喜一場。

蕭衍知道後冷笑，你想做皇帝，那就去地下做吧。齊中興二年正月十一，蕭衍以謀反的罪名拿下蕭寶晊及他的兩個弟弟蕭寶覽和蕭寶宏，殺！

在殺人的間隙，二月初五，蕭衍自動給自己提高級別，晉爵梁王。

蕭衍還要繼續殺人，接下來輪到了蕭鸞的兒子們，二月十九，邵陵王蕭寶攸、晉熙王蕭寶嵩和桂陽王蕭寶貞以謀反罪被蕭衍當豬一樣給宰了。蕭衍是不會同情他們的，這就是賭場的規矩，你賭輸了，我就有權利決定你的命運。

唯一讓蕭衍感到遺憾的是，鄱陽王蕭寶夤不知去向。蕭衍派人捕殺蕭寶夤，沒想到蕭寶夤府上的太監顏文智速度太快，和幾個同夥穿牆破壁，帶著十六歲的蕭寶夤，穿著破衣服，光著腳逃往北魏。

一路上都有蕭衍的人馬駐防，一旦被捉，只有死路一條。可憐的蕭寶夤晝伏夜行，住山洞，吃野果，算他命大，終於踉踉蹌蹌地逃到了壽陽城下。

魏揚州刺史元澄聽說蕭寶夤來了，立刻派人迎接。他知道蕭寶夤的價值，如同當年的劉昶一樣。

元澄一看蕭寶夤這身打扮，好傢伙，這是齊朝的富貴王爺？簡直就是被拐賣的奴隸。蕭寶夤的人生是一部傳奇，劉昶雖然也是外逃，但畢竟是從邊境上逃的，而蕭寶夤是從蕭衍的刀口下逃生，後來竟然成為北魏重臣。

雖然蕭鸞的長子蕭寶義還在，但因身有殘疾，不招蕭衍忌諱，僥倖保全性命，安享富貴。除了蕭寶義，南朝明帝諸子中，只剩下江陵皇帝蕭寶融了。蕭衍要稱帝，是絕對離不開蕭寶融這個第一號男配角的，不然這齣戲就沒法演下去。

蕭衍留下九弟蕭憺任荊州刺史，命人強行將蕭寶融接到建康，給他安排戲份。眼看著蕭衍飛黃騰達，他那幫老哥們無不歡喜異常，可就在這時候，蕭衍稱帝一事突然沒了下文。

范雲一打聽緣由，差點沒氣死。原來蕭衍的魂兒已經被蕭寶卷的余妃給勾去了，天天在府裡和余氏尋歡作樂。范雲曾勸過他，但他不聽。范雲暗罵蕭衍沒出息，心說不能讓他這麼胡來，自己下半生的富貴可都指望他了。

范雲拉上蕭衍的心腹、領軍將軍王茂闖進大司馬府，指著蕭衍的鼻子罵：「當年漢高祖入關中，不近女色，范增歎為可畏。今日大司馬登龍在望，海內無不頷首加幸，沒想到明公竟然墮落成跟昏君蕭寶卷一個級別，太讓人失望了。」

王茂當然要說話的，他指著站在一邊目瞪口呆的余氏勸蕭衍：「范公說的有道理，主公當以天下蒼生為念。奈何戀此亡國禍水！」蕭衍被二人痛罵了一頓，啞口無言。

范雲真夠缺德的，罵了還不算，還勸蕭衍大方點兒，把余氏賞給王茂做小妾，算是犒賞功臣。

蕭衍是聰明人，王茂說余氏是亡國禍水？那就把這禍水引到王茂的田裡吧，順手就把余氏送給了王茂。王茂平白得了美女，回家後笑得嘴都合不上了。

經過范雲和王茂這麼一鬧，蕭衍明白他該做些正事了，比如廢掉蕭寶融，建立屬於自己的王朝。

這時江陵皇帝蕭寶融還沒到建康，禪位詔書就飛到了蕭衍的案子上，當然是有人替蕭寶融代勞。

齊中興二年四月初五，齊宣德皇太后王寶明告訴天下臣民：「皇帝（蕭寶融）的禪位詔書已經到了，明天早上我將派使者送印璽於梁王。」

自從嫁給「齊世宗文皇帝」蕭長懋以後，王寶明一直平平庸庸地活著，哪知道蕭長懋死後，她卻「飛黃騰達」，成為齊朝當仁不讓的頭面金字招牌。

當初蕭鸞廢掉她的親生兒子蕭昭業時，就把她抬出來壓場面，沒想到現在又要演同樣一齣戲，只不過這次要親手廢掉的是仇人蕭鸞的兒子。王寶明心裡有一絲復仇的快感，她相信這是蕭鸞的報應。

第二天一早，心情複雜的王寶明最後一次以皇太后的名義發出策書，派尚書令王亮、中書令王志奉璽授赴梁王宮，恭請梁王殿下順天應人，即皇帝位。

蕭衍臉皮真夠厚的，都這時候了，還要裝純潔，三辭三讓，無非就是說些「臣無才無德，不足副天下望」之類的陳詞濫調。根據劇本安排，齊豫章王蕭元琳等齊朝官員八百一十九人、梁台官員一百一十七人聯名上表，恭請梁王即位，蕭衍還是不同意。

這時太史令蔣道秀適時站出來，裝神弄鬼地舉出天文符讖六十四條，說上天降瑞，梁王得天下這是天意，非人力所能違，請大工順天應人。蕭衍知道，這台戲早晚都要收場，現在是時候了。天下人都不是傻子，再裝下去，大尾巴真的掖不住了。

四月初八，有關部門在建康南郊設祭台，柴燎告天，舉行禪讓大典。甲士十萬橫戟於台下，王公大臣兩排並列，齊聲恭請蕭衍即位。蕭衍身穿法服，志得意滿地坐在權力金字塔的頂端，在眾人的山呼萬歲聲中開始了屬於他的時代。

蕭衍的帝國國號被定為大梁，改齊中興二年為梁天監元年。歷史實在是太諷刺了，當年蕭道成篡宋時，國號定的就是梁，但崔祖思說「金刀利刃齊刈之」，這才改國號為齊。哪知道二十四年後，梁朝橫空出世，取代的恰就是蕭道成的帝國。

蕭衍表面上繼承的是蕭道成打拼下來的江山，實際上他真正的繼承的是蕭鸞的天下。螳螂捕蟬，黃雀在後。蕭鸞作夢都沒有想到，當初勸自己殺盡高武子孫的心腹蕭衍，竟然成為自己子孫的掘墓人。

血濺江東：南北朝蕭氏帝國往事 / 姜狼著. -- 一版.-- 臺北市：大地, 2012.06
面： 公分. --（History：48）

ISBN 978-986-6451-53-9（平裝）

1. 南朝史 2. 通俗作品

623.52 101010463

血濺江東——南北朝蕭氏帝國往事

HISTORY 048

作　　者：姜狼
創 辦 人：姚宜瑛
發 行 人：吳錫清
主　　編：陳玟玟
出 版 者：大地出版社
社　　址：114台北市內湖區瑞光路358巷38弄36號4樓之2
劃撥帳號：50031946（戶名　大地出版社有限公司）
電　　話：02-26277749
傳　　眞：02-26270895
E - mail：vastplai@ms45.hinet.net
網　　址：www.vastplain.com.tw
美術設計：普林特斯資訊股份有限公司
印 刷 者：普林特斯資訊股份有限公司
一版一刷：2012年6月

大地

定　　價：250元